Jochen Dieckmann
Geschlafen wird am Monatsende

PIPER

Zu diesem Buch

Lkw-Fahrer sind die Könige der Landstraße? Weit gefehlt! Dieses Klischee hat nichts mit der Wirklichkeit eines Fernfahrers zu tun. Respektlosigkeit, Einschüchterung, Ausbeutung, Kontrolle – daraus besteht der Alltag der Trucker vielmehr. Jochen Dieckmann ist ein erfahrener Insider und berichtet haarsträubende Geschichten von den Straßen Europas, auf denen knallharte Regeln gelten.

Jochen Dieckmann, geboren 1959, jobbte seit seinem 18. Lebensjahr als Lkw-Fahrer mit Zielen wie Türkei oder sozialistische Ostblockländer. Ende der Achtziger schulte er um zum Journalisten und arbeitete mehrere Jahre für den Hessischen Rundfunk. Als er arbeitslos wurde, fuhr er für eine niederländische Spedition wieder Lkw quer durch Europa und bis nach Nordafrika.

Jochen Dieckmann

GESCHLAFEN WIRD AM MONATSENDE

Ich, mein Truck und der alltägliche Wahnsinn
auf Europas Straßen

Piper München Zürich

Mehr über unsere Autoren und Bücher:
www.piper.de

MIX
Papier aus verantwortungsvollen Quellen
FSC® C014496
FSC
www.fsc.org

Ungekürzte Taschenbuchausgabe
April 2013

Umschlaggestaltung: semper smile, München
Umschlagabbildung: John Turner/Getty Images
Fotos Innenteil: Jochen Dieckmann
Satz: Fotosatz Amann, Aichstetten
Gesetzt aus der Charter
Papier: Munken Print von Arctic Paper Munkedals AB, Schweden
Druck und Bindung: GGP Media GmbH, Pößneck
Printed in Germany ISBN 978-3-492-30106-0

Inhalt

I have been a rover
I have walked alone
Hiked a hundred highways
Never found a home
Still in all I'm happy
The reason is, you see
Once in a while along the way
Love's been good to me

Rod McKuen

Einleitung: Verschollen im Niemandsland

Seit letzter Nacht gibt es mich nicht mehr, ich bin ein Niemand im Niemandsland. Ich stehe mit meinem Vierzig-Tonner-Sattelzug mit Kühlauflieger in einer idyllischen Gegend an der Theiß, im Grenzgebiet zwischen Ungarn und der Ukraine, kann weder vor noch zurück und habe keine Ahnung, wie dieses Problem nun gelöst werden soll. Ich hatte die Chefs gewarnt, aber ich bin ja nur ein Trucker, und auf uns hört sowieso niemand. Und ich habe plötzlich etwas, was in meinem Beruf sehr, sehr selten ist: Zeit! Viel Zeit, sogar mehr Zeit, als mir lieb ist.

In gut zwei Metern Umkreis um mich herum habe ich in meiner Fahrerkabine alles, was ich brauche, um halbwegs komfortabel überleben zu können, selbst wenn ich hier mehrere Tage warten müsste. Ich hatte erst kürzlich all meine Wäsche waschen können und auf der Durchreise irgendwo in Tschechien Wein, Brot und Käse eingekauft. Auch meine Trinkwasservorräte sind aufgefüllt, ich habe fast zwanzig Liter dabei. Hinter dem Sitz befindet sich mein Bett, ich habe eine Taschenlampe, meinen privaten Werkzeugkasten, gute Bücher und Hörbücher, Laptop und noch einige DVDs. Außerdem ein Handy mit deutschen, ungarischen und ukrainischen SIM-Karten sowie einen dicken Stapel guter Straßenkarten von vielen Ländern. Aber die brauche ich gerade nicht, denn an Fahren ist derzeit nicht zu denken.

Um mich herum ist alles dunkel und wunderbar ruhig. Ab und zu bellt von weitem ein Zollhund, und irgendein Nachtvogel singt ein Klagelied. Das wäre ja ganz romantisch, wenn ich nicht in dieser misslichen Lage im Niemandsland wäre.

Eigentlich sollte ich auf dem Weg nach Kiew sein. Letzte Nacht kam ich von Budapest und habe nach »nur« wenigen Stunden die ungarischen Grenzformalitäten im Grenzdorf Zàhony hinter mich gebracht. Ich habe offiziell die EU verlassen, was mir durch viele wichtig aussehende Stempel auf meinen diversen Papieren bestätigt wurde. Um Mitternacht verlasse ich Ungarn, überquere den Grenzfluss Theiß und gelange nach wenigen hundert Metern zur ukrainischen Grenzstation. Die Gegend hier nennt sich Transkarpatien, die ukrainische Grenzstadt heißt je nach Schreibweise Chop oder Tschop, auf den Schildern steht aber nur auf Kyrillisch: Чоп.

An der Grenzstation beginnt die übliche Prozedur: Waage, Laufzettel, erste Kontrolle der zahlreichen Papiere, dann fünfzig Meter Fahrt zum Zollparkplatz. Nun sollte eigentlich der Hürdenlauf an den diversen Abfertigungsschaltern beginnen, doch bereits am ersten Schalter gibt es Probleme. Hier residiert die in Truckerkreisen gefürchtete Behörde SMAP, die nationale ukrainische Transportkontrollbehörde. Zuerst scheint alles reibungslos zu verlaufen, an den rund zwei Kilo Zoll- und Fahrzeugpapieren gibt es nichts zu beanstanden. Als der uniformierte Beamte jedoch die Taschenlampe aus dem Schrank holt, ahne ich schon, was nun folgen wird: Fahrzeugkontrolle. Ich weiß, was er sehen will, sie kontrollieren immer das Gleiche. Unter anderem die Reifen an den drei Hinterachsen. Zumindest auf jeder einzelnen Achse sollte links und rechts das Profil gleich sein. Die Vorschrift ist sinnvoll, in EU-Ländern wird das allerdings eher selten kontrolliert. Nicht so bei der SMAP. Meine holländische Firma hatte schon oft Probleme damit, und ich verstehe einfach nicht, wieso die Büromenschen nicht darauf achten, dass dieses Detail eingehalten wird – im Allgemeinen wegen der Verkehrssicherheit und im Besonderen bei Fahrten in die Ukraine wegen der SMAP. Nun haben wir den Salat, und ich muss innerlich ein wenig grinsen.

Viele ukrainische Polizisten und Zöllner sind korrupt. Man kann durch die diskrete Überreichung eines kleineren Euro-Scheins viele Probleme aus der Welt schaffen. Ausgerechnet bei der SMAP sind allerdings relativ wenige Beamte bestechlich, von »meinem« Kontrolleur weiß ich von früheren Grenzübertritten, dass ich es gar nicht erst zu versuchen brauche. Er bleibt sehr freundlich, weist mich aber darauf hin, dass ich mit diesen Reifen mit Sicherheit nicht in die Ukraine einreisen dürfe. Zurück im Büro, sammelt er die Papiere zusammen, gibt mir den ganzen Packen zurück und fordert mich auf, mitsamt meinem Lkw die Ukraine wieder zu verlassen. Ein Kollege erklärt mir das alles auf Englisch. Man habe meine Firma schon lange im Auge, jedes Mal gebe es Beanstandungen an den Fahrzeugen, nun reiche es, ihre Geduld sei zu Ende, ich dürfe nicht einreisen, und damit basta.

Irgendwie sehe ich sogar ein, dass sie recht haben. Ich verlasse also die Ukraine wieder, ohne überhaupt richtig eingereist zu sein. Die Ungarn aber wollen mich nicht wieder in ihr Land lassen. Ich habe keine Einfuhrpapiere für die Ware, denn deren Ausfuhr aus der EU war ja erst vor wenigen Stunden amtlich bestätigt worden. Da es weder vor noch zurück geht, bleibt mir keine andere Wahl, als im Niemandsland zu warten und für heute Feierabend zu machen. Dieses Problem sollen morgen Leute lösen, deren Meinung höher bezahlt ist als meine.

In der Kantine der ukrainischen Grenzstation habe ich mir noch ein kühles Feierabendbier kaufen können. Während ich es genieße, überdenke ich meine Situation. Seit einem Jahr bin ich also nun wieder Fernfahrer. Seitdem bin ich fast pausenlos unterwegs in ganz Europa und darüber hinaus. Ich war in 24 Ländern, immer eilig und getrieben, fast jeden Tag in einem anderen Land. Weihnachten war ich in Kiew, Ostern in Istanbul, Pfingsten in Leicester und an meinem 50. Geburtstag stand ich in einem Industriegebiet in der Vorstadt von Marseille. Zu Hause in meinem eigenen Bett habe ich schon seit Monaten nicht mehr geschlafen. Kurz gesagt: Ich habe einen ganz normalen Truckerjob.

Mit Romantik hat diese Arbeit allerdings ungefähr so viel zu tun wie das Weihnachtsgeschäft am vierten Adventssamstag mit Besinnlichkeit und Frieden. »Kapitän (oder gar König) der Landstraße«, »Freiheit und Abenteuer«, »lonesome Cowboy« – all diese Klischees haben mit der Wirklichkeit eines Fernfahrers absolut und überhaupt nichts zu tun. Diejenigen, die das am besten wissen und – wenn sie ehrlich sind – bestätigen können, sind wir selbst.

Jede Sekunde meiner Arbeit wird dokumentiert, über Satellitenpeilung kann die Firma nicht nur meinen aktuellen Standort sehen, sondern auch, ob ich fahre, stehe oder die Türen öffne. Für jede Pinkelpause habe ich mich zu rechtfertigen, ich muss sieben Tage die Woche 24 Stunden der Firma zur Verfügung stehen, der kleinste Fehler kann mich noch Wochen später bei einer Lkw-Kontrolle teuer zu stehen kommen. Oder zwei Monate später zu einem Lohnabzug führen.

Auch die Tatsache, dass ich oftmals in Gegenden fahren muss, die meine Landsleute normalerweise nur mit Urlaub assoziieren, reißt mich nicht mehr vom Hocker. Dafür habe ich dort schon zu viel hinter die Kulissen schauen können. Nach Griechenland zum Beispiel fahre ich nur, weil es mein Job ist und ich Geld dafür kriege. Ich würde niemals mehr Geld dafür ausgeben, um dort meinen Urlaub zu verbringen.

Ich fahre für einen niederländischen Familienbetrieb mit einigen Dutzend Lkw, der dieses Geschäft in der dritten oder vierten Generation betreibt. Daher habe ich leider auch gleich mehrere Chefinnen und Chefs. Neben dem Buchhalter und der Putzfrau arbeiten als Angestellte in dem Betrieb noch zwei bis drei sogenannte Disponenten, das sind die Planer der Touren. Sie sind zwar eigentlich Kollegen und auf unsere Zusammenarbeit angewiesen, aber diese Schreibtischhengste behandeln alle Fahrer so, als wären sie ebenfalls unsere Vorgesetzten. In dieser Firma herrscht ein rauer Ton. Vorher hielt ich Niederländer immer für freundlich und tolerant. Von diesem Bild ist nichts mehr übriggeblieben. Sowohl den Chefinnen und Chefs als auch den Disponenten scheint es wichtig zu sein, die Fahrer so schlecht wie möglich zu behandeln. Zu den niederländischen Kollegen sind sie unfreundlich, zu uns Ausländern geradezu feindselig. Die Chefs sind zudem launisch und oft auch cholerisch. Es herrscht ein Klima von Angst, Einschüchterung und guter Miene zum bösen Spiel. Wir Fahrer sind immer froh, wenn wir endlich wieder auf Tour gehen und uns dieser aggressiven Atmosphäre entziehen können.

Möglicherweise ist dieser Betrieb extrem ausbeuterisch und verstößt mit geradezu krimineller Energie gegen zahlreiche Gesetze, aber das Muster kennt fast jeder Trucker. Folgende Dinge gehören in der gesamten Branche zum Alltag der Fahrer: Respektlosigkeit, Einschüchterung, Kontrollen, Unregelmäßigkeiten bei der Abrechnung von Spesen und Arbeitsstunden, Lohnkürzung, Lohnausfall, Lügen gegenüber Kunden und Fahrern, Verstoß gegen zahlreiche Sicherheitsauflagen sowie der ständige Druck, gegen alle möglichen Gesetze verstoßen zu müssen. Aber begleiten Sie mich doch am besten auf einigen Touren und machen Sie sich selbst ein Bild von den Lebensbedingungen der sogenannten »Könige der Landstraßen«.

On the road: Mein Weg vom Kleinlasterfahrer in Bielefeld zum internationalen Trucker

Meinen ersten Lkw-Job hatte ich gleich mit 18. Ich durfte damals mit dem frisch erworbenen Autoführerschein einen 7,5-Tonner fahren, so habe ich mir eine Zeit lang mein Studium finanziert. Zuerst fuhr ich für ein Baugeschäft Ware aus, da musste ich immer Garagentore oder ein paar Dutzend Zementsäcke quer über irgendwelche Baustellen schleppen. Später jobbte ich für eine Spedition im Nahverkehr, da gab es dann »nur« Kartons zu tragen. Das Geld reichte mir nicht, die Arbeit gefiel mir nicht, deswegen machte ich gleich mit 21 den Führerschein für große Lkw. Im Verhältnis zu heute war das damals ein Kinderspiel, sowohl in Bezug auf die Anforderungen als auch auf den Preis.

Ich kam schnell an eine Anstellung in Bremen. Der Speditionsmarkt war damals – Anfang der achtziger Jahre – anders strukturiert als heute. Um in Deutschland gewerblichen Fernverkehr zu betreiben, brauchte man eine Konzession für jedes einzelne Fahrzeug – ähnlich wie heute noch im Taxigewerbe. Ohne dieses Papier durfte man nur in einem Umkreis von fünfzig Kilometern um den Heimatort gewerblich fahren. Auch in den meisten anderen Ländern Europas war die Anzahl der Konzessionen beschränkt, sie wurden daher praktisch nie an die Behörde zurückgegeben. Stattdessen entwickelte sich ein Markt dafür. In den achtziger Jahren konnte man eine solche sogenannte »rote Konzession« für etwa 250 000 Mark kaufen, sie kostete also mehr als der Lkw selbst. Diese nach Planwirtschaft riechenden Beschränkungen wurden erst Anfang der neunziger Jahre europaweit aufgehoben. In Griechenland wurde das sogar erst im Jahr 2010 nachgeholt, gegen den Widerstand der betroffenen Fuhrunternehmer.

Ins Ausland sind nur diejenigen gefahren, die keine Konzession für den nationalen Fernverkehr ergattert hatten, denn hier waren die Gewinnspannen deutlich niedriger. Für eine Tour von Hamburg nach Marseille gab es kaum mehr Geld als für eine Tour von Hamburg nach München. Ich bin damals jahrelang nach Frankreich gefahren, manchmal auch nach Italien und Spanien. Die Firmenstandorte lagen nahe einer Grenze, da die Spedition ja keine innerdeutsche Konzession hatte. Wenn ich etwa von Bremen nach Italien fahren musste, bin ich damals also erst einmal Richtung Groningen gestartet, dann durch die Niederlande, Belgien, Frankreich nach Italien. Heute nur noch schwer vorstellbar: An jeder Grenze musste man warten, Formulare ausfüllen, beachten, wieviel Diesel man für das jeweilige Land im Tank haben darf, und so weiter. Lediglich zwischen Holland und Belgien gab es damals schon eine offene Grenze. Sonntagabends losfahren und dienstagmorgens in Montpellier ausladen war damals normal …

Die Lkw im nationalen Fernverkehr waren fast alle mit zwei Fahrern besetzt, denn die Konzession sollte ja möglichst viel Geld erwirtschaften. Auch damals gab es zwar Gesetze, die maximale Lenkzeiten vorschrieben, aber sie wurden noch konsequenter ignoriert als heute. Zudem gab es noch weniger Kontrollen. Daher waren Lkw mit roter Konzession praktisch rund um die Uhr unterwegs; mit zwei Fahrern ließ sich das noch intensiver organisieren. Im internationalen Verkehr hingegen ließen die Gewinnspannen keinen zweiten Fahrer zu, was mir persönlich sehr recht war. In einem Punkt war das Gewerbe aber für die damalige Zeit sehr »modern« strukturiert: Die großen Speditionen wälzten das Risiko auf kleine Subunternehmer ab. Sie hatten schon damals oft keine eigenen Fahrzeuge mehr oder nur einige wenige für die lukrativsten Aufträge. Es gibt diese Konstellation heute noch: Auf dem Auflieger steht ganz groß der Name der seriösen Firma und auf der Fahrertür ganz klein der Name des Subunternehmers, der die Arbeit erledigt.

Das Herzstück einer großen Spedition bestand und besteht in einer guten Telefonanlage, einem guten Disponenten und dessen gutem Adressbuch. Der Disponent teilt die Fahrzeuge ein, telefoniert einerseits mit den Kunden, andererseits mit den Fahrern und koordiniert die Transportaufträge. Dieser Job wird sehr gut bezahlt. Nicht nur, weil er der wichtigste in der Spedition ist, sondern vor allem, weil jeder Spediteur immer Angst haben muss, dass der Disponent sonst wegläuft. Das wäre ja eigentlich nicht so schlimm, dumm ist nur, dass er dann auch sein Adressbuch mit den ganzen Kundenkontakten mitnimmt. Die Auftraggeber fühlen sich oftmals mehr den Disponenten persönlich verpflichtet als den Speditionen. Wechselt ein Disponent, nimmt er seine besten Kontakte (und die daraus resultierenden Aufträge) oft einfach mit.

Disponenten sind meistens gelernte Speditionskaufleute. In Fahrerkreisen erzählt man sich, dass die Lehrlinge in diesem Beruf im ersten Lehrjahr vor allem lernen, überzeugend zu lügen – und manche von ihnen bestätigen das auch. Dem Kunden wird etwa gesagt, dass »die Ware jeden Moment bei Ihnen auf den Hof rollen müsste«, auch wenn sie den Speditionshof noch gar nicht verlassen hat. Oder der Fahrer wird gefragt: »Kannst Du bitte mal eben da noch vorbeifahren und die zwei Kisten hinten drauf schmeißen«, auch wenn er weiß, dass die beiden Kisten so groß sind, dass der Wagen danach mit Überbreite ohne Genehmigung weiterfahren muss, niemand da ist, um beim Beladen zu helfen und der Umweg mehrere Stunden Fahrzeitüberschreitung bedeutet.

Die Subunternehmer wiederum waren damals oft windige Klitschen, viele Chefs standen mit einem Bein im Knast und dem anderen kurz vor der Pleite. »Hire and fire« war an der Tagesordnung, schriftliche Arbeitsverträge waren die absolute Ausnahme, und gesetzliche Vorschriften dienten bestenfalls als Küchenpapier. Daran hat sich bis heute nichts geändert. Schon damals musste ich oft meinem Geld hinterherlaufen und habe die Arbeitsstelle gewechselt. Ich erinnere mich an einen Chef, der besonders krass war. Wir hatten oft Ladung für Andorra. Das Land kam mir vor wie ein einziger Duty-free-Shop, die Ladung bestand daher auch immer aus allem, was gut und teuer ist, Kameras oder Hi-Fi etwa. Der Chef stand kurz vor der Pleite, vergriff sich an der Ladung und vertickte viele Kartons unter der Hand an finstere Halbweltgrößen.

Heute würde ich sagen, dass es unverantwortlich war, ohne Erfahrung gleich diese Arbeit zu beginnen. Aber die Chefs hat das alle nicht gestört. Ich bekam einen Schlüssel in die Hand gedrückt und sollte 24 Tonnen Altpapier von Hamburg nach Bordeaux fahren. Darüber, was bis heute so an sinnlosen Sachen kreuz und quer durch Europa reist, wird noch zu reden sein.

In der zweiten Hälfte der achtziger Jahre habe ich dann die Sparte gewechselt und bin seitdem nur noch für Textilspeditionen gefahren. Die Branche wird oft auch mit dem zynischen Begriff »Lohnveredelung« beschrieben: Materialien aus dem reichen Norden werden in Länder transportiert, wo Menschen für einen Apfel und ein Ei die gesamte Arbeit erledigen. Die Ware verlässt einzeln, auf Bügeln mit Plastiküberzug und mit einem deutschen Sticker versehen, so wie man sie dann im Kaufhaus vorfindet, die Fabrik. Das ist zum Fahren relativ angenehm, da man erstens nie hohes Gewicht und zweitens keinen Ärger mit Plane und Gestänge hat, was zum Be- oder Entladen gelegentlich mühsam abgebaut werden muss. So macht man lediglich die Tür auf, setzt zurück an die Rampe, und das war's. Die Textilauflieger haben Kofferaufbauten, also feste Außenwände statt einer Plane. Die Innenwände sind perforiert und bieten Platz für hundert Eisenstangen, die in jeder beliebigen Höhe quer eingerastet werden können. Auf denen hängen dann die Bügel mit Jacken, Röcken, Hosen oder Kinderkleidung.

Die Produktionsstätten lagen in Portugal, Spanien, Süditalien, Jugoslawien, Rumänien, Griechenland oder der Türkei. Heute haben sich die meisten Ziele weiter nach außen verschoben. Die Textilproduktion für die heimischen Märkte findet immer weniger in EU-Ländern statt, sondern in Moldawien, Albanien, Weißrussland, Marokko, Tunesien und natürlich nach wie vor in Asien. Im Bereich der Textilspeditionen war der Markt damals unter wenigen Großen aus Deutschland, Belgien, den Niederlanden, Österreich und der Türkei aufgeteilt. Ich fuhr für einen Subunternehmer in Eichstätt und der wiederum für eine große Spedition aus Norddeutschland. Die Ziele waren die Türkei, Jugoslawien und Rumänien. Damals hatten die Trips hinter den Eisernen Vorhang noch etwas von Abenteuer. Handys gab es nicht, und das sozialistische Telefonnetz konnte man getrost vergessen, von Satellitenpeilung ganz zu schweigen. Man war also über viele Tage weder für den Chef aus Eichstätt noch für den Disponenten aus der Zentrale in Osnabrück erreichbar.

Ich erinnere mich an eine lustige Szene, das muss 1988 gewesen sein. An der Grenze zwischen Ungarn und der Tschechoslowakei stutzte ein Grenzer über die zwei verschiedenen Verantwortlichen in Osnabrück und in Eichstätt. Ich erklärte ihm das mit Händen und Füßen so: »Wenn ich ausgeladen habe, muss ich zweimal telefonieren: Einmal nach Osnabrück, die sagen mir, wo ich Rückladung bekomme, und einmal nach Eichstätt, von da kriege ich mein Geld.« Weil der Grenzer rätselnd guckte, fragte ich ihn, ob er das verstanden habe, und er antwortete: »Ja, ich schon verstanden. Perestroika! Zweimal telefonieren!«

In Eichstätt hatte ich einen meiner beiden nettesten Chefs der Welt, dessen Name ich hier gerne nenne: Michael Osiander. In jungen Jahren war er lange Zeit selbst gefahren und das hatte er nicht vergessen. Er tat alles, um seinen Fahrern die Arbeit leichter zu machen. Er war sehr konservativ und katholisch und zugleich sehr menschlich, tolerant und kollegial. Es kam vor, dass ich – eilig wie immer – auf der Durchreise von Istanbul nach Osnabrück keine Zeit fand, den Umweg über Eichstätt zu fahren. Dann habe ich an der Autobahnraststätte vierzig Kilometer entfernt Pause gemacht. Er kam dorthin, hat am Auto dies und das repariert und mich erst danach mit frischem Kaffee geweckt. Nach allen Erfahrungen davor und fast allen danach erscheinen mir solche Chefs wie eine vom Aussterben bedrohte Art.

In einige der damaligen Ostblockländer bin ich erst nach zwanzig Jahren wieder gekommen, und zwar wieder mit dem Lkw. Was sich geändert hat und ob auch noch etwas gleich geblieben ist, auch darüber wird noch zu reden sein.

Ende 1988 habe ich den Fernfahrerberuf dann wegen Rückenproblemen an den Nagel gehängt. Ich habe eine Ausbildung gemacht, bin Journalist geworden und habe für den Hessischen Rundfunk Radio gemacht. Doch 1996 holte mich die Vergangenheit wieder ein. Als ich die Stellenanzeige sah, wusste ich, dass ich den Job haben will und auch bekommen werde: »Hessisches Kultusministerium sucht pädagogischen Mitarbeiter mit Lkw-Fahrpraxis«. Das »Kulturmobil« ist ein Showtruck, der immer für mehrere Tage auf einem Schulhof irgendwo in Hessen aufgebaut wird und der Lehrerfortbildungen anbietet. Für den Auflieger wurde ein Prototyp in Auftrag gegeben, den man auf die doppelte Breite ausfahren kann. Die Inneneinrichtung wurde geld-spielt-keine-Rolle-mäßig ausgestattet. Ein Lkw, der seine Funktion erfüllt, während er steht, ist eine große Ausnahme und eine angenehme Sache für den »Fahrer«. Auch hatte ich während dieser Zeit den zweiten nettesten Chef der Welt, Roland Kunkel. Er war eben kein Fuhrunternehmer, sondern Pädagoge. In den gesamten zwei Jahren musste ich nicht ein einziges Mal auf Anweisung gegen irgendwelche Gesetze verstoßen, das war für mich eine völlig neue Erfahrung. Ich wurde allerdings auch nicht ein einziges Mal in den zwei Jahren angehalten und kontrolliert, man sah dem Truck die Behörde auf zehn Kilometer Entfernung an. Geschlafen habe ich nicht in der Fahrerkabine, sondern in Hotels. Nach zwei Jahren hatte ich allerdings die Nase voll vom ständigen Unterwegs-Sein und hängte den Fernfahrerberuf ein zweites Mal für immer an den Nagel, wie ich dachte.

Aber es kam anders. Viele Jahre später rettete mich dieser Beruf als letzte Lösung aus der Arbeitslosigkeit. Nach der Jahrtausendwende wurden nicht nur in Deutschland Fernfahrer gesucht, der Berufsstand kämpfte mit Nachwuchsproblemen: Immer weniger junge Leute entscheiden sich für die immer umfangreichere und teurere Ausbildung zum Fernfahrer. Ich knüpfte also an meine alten Erfahrungen an und begann bei einem Subunternehmer, der im Auftrag einer Aschaffenburger Textilspedition die Strecke Barcelona-Mönchengladbach im Linienverkehr fuhr. Der entpuppte sich jedoch schnell als betrügerischer Pleitegeier. Heute denke ich, er hatte von vornherein gar nicht vor, mich zu bezahlen. Als ich nach sechs Wochen noch kein Geld gesehen hatte, habe ich gleich wieder dort aufgehört.

Überhaupt hat sich in den Jahren viel weniger geändert, als ich es angesichts der zahlreichen neuen nationalen und europaweiten Gesetze zu Arbeitszeiten, Sicherheitsbestimmungen und Arbeitnehmerrechten vermutet hätte. Nach wie vor wird in der Branche flächendeckend gegen Gesetze und Sicherheitsauflagen verstoßen; Vorschriften über Ruhezeiten, Geschwindigkeitsbegrenzungen oder Sicherheitsauflagen für Fahrzeuge sind nach wie vor für etliche Spediteure nur etwas, was so clever und konsequent wie möglich umgangen werden sollte.

Die deutschen Spediteure haben vor der großen Finanzkrise laut geheult über die fehlenden qualifizierten Fahrer. Gleichzeitig haben sie aber nur sehr geringe Löhne gezahlt. Daher habe ich es wie viele andere Kollegen gemacht: Ich bin ausgewandert. In einem Job, bei dem man sowieso nie zu Hause ist, ist es schließlich auch egal, ob der Arbeitgeber um die Ecke wohnt oder in Urundi Bimbamba. Ich erinnerte mich an eine niederländische Firma, die ich noch von früher kannte und bekam dort auch sofort Arbeit. Diese Firma transportiert unter anderem Textilien. Die geschlossenen Kofferauflieger bieten sich aber auch an für Werttransporte wie Zigaretten und Computer. Manche Auflieger haben zudem ein Kühlaggregat und können daher verderbliche Ware befördern, wie zum Beispiel Obst und Gemüse oder Schnittblumen. In der paneuropäischen Truckersprache werden sie kurz Frigo genannt. Ich mag keine Frigos, denn zum einen steht man dort wegen des Terminguts noch mehr unter Zeitdruck und muss auch immer sonntags fahren, zum anderen macht das Kühlaggregat rund um die Uhr einen solchen Lärm, dass ich schlecht dabei schlafen kann.

In dieser Firma wird für jede Tour der Auflieger gewechselt, manchmal sogar während der Tour. Auf dem Rückweg aus Italien oder Marokko kommt einem dann auf halber Strecke jemand aus Holland entgegen, man wechselt die Trailer, bekommt neue Papiere und fährt wieder zurück. So kann es passieren, dass man wochenlang nicht nach Holland in die Firma kommt, nach Hause in die Wohnung erst recht nicht. Gelegentlich fährt man aber auch mal eine Woche lang in Holland, Belgien oder Deutschland be- und entladen. Im Sommer hatte ich diese seltenen »Heimspiele« ganz gern, da es im Mittelmeerraum eine schweißtreibende Angelegenheit sein kann, sich permanent in der Blechkiste aufhalten zu müssen.

Bevor wir nun auf große Tour gehen, möchte ich noch einige Worte verlieren über die mittlerweile in der gesamten EU geltenden gesetzlichen Bestimmungen zu den Lenk- und Ruhezeiten. Sie wurden nicht nur zum Schutz der anderen Verkehrsteilnehmer erlassen, sondern auch zu meinem eigenen.

Lenk- und Ruhezeiten: Gut gemeint, aber flächendeckend missachtet

Die Vorschriften über Lenk- und Ruhezeiten für Lkw-Fahrer sind mittlerweile einheitlich in der gesamten EU. Die Verordnung (EG) 561/2006 ist sehr ausgefeilt, dadurch jedoch hochkompliziert und bietet auch an Fernfahrerstammtischen immer wieder Anlass zu ausgiebigen Diskussionen. Dennoch wird von jedem Trucker in ganz Europa erwartet, dass er sie kennt und befolgt. Nicht mal von den kontrollierenden Polizisten verlangt man das – sie haben ein Gerät, mit dem sie die digitalen Tachos auswerten können. Nicht selten meldet diese Technik irgendeinen Verstoß, und die Beamten müssen dann selbst erst mal lange nachblättern, ehe sie herausfinden, gegen was genau verstoßen wurde.

Die Verordnung ist zudem ein Musterbeispiel für effektiven Lobbyismus. Gerade die deutschen Regierungen jedweder politischer Couleur haben sich immer vehement gegen eine sozialere (und dadurch verkehrssichere) Gestaltung dieser Arbeitszeitregelung gewehrt – die Interessen der Wirtschaft sind SPDCDUFDPGRÜNEN offensichtlich wichtiger als die Verkehrssicherheit der Allgemeinheit. Begriffe wie Acht-Stunden-Tag oder Vierzig-Stunden-Woche klingen für Trucker wie Märchen aus einer fremden Welt. Die Brüsseler Bürokraten haben extra für sie den Begriff der Doppelwoche erfunden. Neunzig Stunden Lenkzeit dürfen es in einer Doppelwoche maximal sein, jedoch immerhin bis zu 56 Stunden innerhalb einer Woche. Das sind wohlgemerkt nur die Lenkzeiten, hinzu kommen noch Wartezeiten, Be- und Entladen, Reparaturen, Grenzabfertigungen, Tanken, und so weiter. Diese Zeiten sind zwar eigentlich auch Arbeitszeit, da das Fahrzeug nicht bewegt wird, ist das jedoch schwer zu kontrollieren und wird meistens als Freizeit eingestuft. Übrigens gilt das auch für den Lohn: Viele Speditionen bezahlen nur für die Zeit, in der der Wagen rollt, bei mir war das auch so. Wenn ich also selbst ausladen musste, bekam ich diese Zeit noch nicht einmal bezahlt.

Ein paar weitere Zahlen: Jedes Wochenende muss/darf der Fahrer 24 Stunden Pause einlegen, jedes zweite 45 Stunden.

Die tägliche Lenkzeit darf bis zu neun Stunden und zweimal pro Woche auch bis zu zehn Stunden betragen. Nach spätestens viereinhalb Stunden muss man 45 Minuten Pause einlegen. In der Praxis werden Be- und Entladezeiten, Grenzabfertigungen oder Verzollung oft offiziell als Pause deklariert, der Wagen ist ja schließlich nicht gerollt. Dann hat also nur der Truck Pause, der Fahrer steht währenddessen in irgendeiner Schlange am Schalter, wuchtet Paletten durch die Gegend, wechselt einen Reifen oder betankt das Fahrzeug.

In der Pause darf das Fahrzeug nicht einen Meter bewegt werden. Wenn ein Fahrer nach 25 Minuten Pause den Lkw einige Meter weiter bewegen muss, etwa damit jemand anderes aus- oder einparken kann, ist die (offizielle) Pause im Eimer. So etwas kann dann zwei Wochen später tausende Kilometer entfernt in einer Kontrolle richtig teuer werden, wenn ein Polizist schlechte Laune hat oder seine Arbeit tausendprozentig ernst nimmt: Der Fahrer muss die letzten 28 Tage Arbeitszeit lückenlos nachweisen können. Dieses Detail der ansonsten sehr sinnvollen und eigentlich noch viel zu liberalen Gesetzgebung finde ich diskriminierend. Es ist ja richtig und berechtigt, dass die Einhaltung der Ruhezeiten kontrolliert wird. Dass das aber gleich für die kompletten letzten 28 Tage gilt, halte ich für übertrieben. Ob man ausgeschlafen im Straßenverkehr unterwegs ist, ergibt sich aus den Lenk- und Ruhezeiten der letzten zwei bis drei Tage und nicht der letzten vier Wochen.

Auch die Einhaltung der anderen Bestimmungen sollte kontrolliert werden, aber das könnte ja – wie in jeder anderen Branche – bei jährlichen Betriebsprüfungen geschehen anstatt bei täglichen Polizeikontrollen, schließlich sitzen dort auch die Verantwortlichen für eventuelle Vergehen. Dass es in den Niederlanden mit den Betriebsprüfungen nicht weit her ist, schließe ich aus der Tatsache, dass meine Arbeitgeber mit ihrer Urlaubsscheinpraxis seit Jahren nicht auffliegen – dazu gleich mehr. In Frankreich etwa kommen die Behörden ihrer Aufsichtspflicht sehr viel gewissenhafter nach, die Chefs können sich solche kriminellen Tricks nicht erlauben.

Uns Fahrern hingegen drohen ständige Kontrollen, die oftmals auch schikanös ausfallen. Man muss bezahlen für kleinste bürokratische Verfehlungen. Wer die Tachoscheibe erst nach 24 Stunden und fünf Minuten wechselt, kann dafür in Spanien oder Ungarn ein halbes Monatsgehalt abgeknöpft bekommen. In Istanbul musste ich mal drei Tage warten und bin in ein Hotel gegangen. Weil ich in dieser Zeit aber die Tachoscheibe nicht gewechselt habe, sollte ich in Bulgarien mehrere hundert Euro Strafe bezahlen. Da nutzte weder die Hotelrechnung etwas noch die Tatsache, dass der Wagen in dieser Zeit null Kilometer zurückgelegt hatte.

Stellen Sie sich vor, ein Metzger verkauft einem Kunden irrtümlich Mett statt Mettwurst. Oder eine Sekretärin klebt eine Briefmarke zu wenig auf einen Brief. Oder ein Buchhändler verwechselt Stefan Zweig und Stefanie Zweig und bestellt ein falsches Buch. Stellen Sie sich dann des weiteren vor, dass vier Wochen später die belgische oder ungarische Polizei in diesen Betrieb kommt und alles kontrolliert. Wenn dem Metzger, der Sekretärin oder dem Buchhändler dann eine Geldstrafe von einigen hundert oder gar tausend Euro für diese Verfehlung aufgebrummt würde, käme man der Fernfahrerrealität sehr nahe.

Neben der reinen Lenkzeit gibt es auch Höchstgrenzen für die Schichtzeiten. Eine Schicht darf bis zu dreizehn Stunden und dreimal wöchentlich unter bestimmten Bedingungen sogar bis zu unglaublichen fünfzehn Stunden betragen! Doch selbst diese arbeitgeberfreundlichen Gesetze werden von vielen Spediteuren systematisch übertreten. Zwar gibt es mittlerweile in den meisten europäischen Ländern viele Kontrollen, aber es gibt auch viele Tricks, mit denen versucht wird, die Kontrolleure hinters Licht zu führen. Und wenn die Kontrolleure nicht extra auf solche Vergehen spezialisiert sind, gelingt das auch oft. Aber spätestens in einer Kontrolle, die auf Lkw-Transporte spezialisiert ist, oder bei einem Unfall fliegt das alles sowieso auf.

Bei den Spezialkontrollen wird auch regelmäßig entlarvt, wie flächendeckend die Gesetze im Speditionsbereich übertreten werden. Üblicherweise liegt der Anteil der Fahrzeuge, an denen die Kontrolleure etwas zu beanstanden haben (Ladungssicherung, Mängel am Fahrzeug, Arbeitszeitüberschreitungen und vieles mehr) bei über fünfzig Prozent, nicht selten sogar bei über achtzig Prozent. In der Presse liest man hin und wieder von diesen Spezialkontrollen, aber außer den Kontrolleuren scheint das kaum jemanden zu stören. Ich wundere mich immer wieder darüber, dass es so gut wie keinen Politiker und keinen Verkehrsteilnehmer stört, was da für rollende Zeitbomben auf unseren Autobahnen unterwegs sind. Verkehrstote werden scheinbar so widerspruchslos hingenommen wie Nieselregen oder Schnupfen.

Bis vor wenigen Jahren wurde die Arbeitszeit nur durch einen Fahrtenschreiber dokumentiert, alle 24 Stunden muss der Fahrer die Tachoscheibe wechseln. Seit Mai 2006 ist jedoch der elektronische Fahrtenschreiber europaweit Pflicht bei allen Neufahrzeugen. Alle Daten werden 365 Tage lang auf einem Chip im Fahrzeug und 28 Tage lang auf der Chipkarte des Fahrers, der sogenannten Fahrerkarte, gespeichert. Manipulationen und Tricksereien sind mit dem digitalen Tacho zwar sehr viel schwieriger, aber immer noch möglich. Manch eine Spedition legt sich nur deswegen keine Neuwagen zu, weil der alte Fahrtenschreiber mehr Manipulationsmöglichkeiten bietet.

Die gängigste Manipulationsmethode ist der sogenannte Urlaubsschein, auf Niederländisch »Vakantiebrief«. Diese Urkunde bescheinigt dem Fahrer, dass er die letzten vier Wochen nicht gearbeitet hat, weil er Urlaub hatte oder krank war. Das Gesetz schreibt Format und Inhalt dieses Schreibens bis ins Detail vor. So kann ein Polizist in einem fremden EU-Land die Bescheinigung sofort erkennen, selbst wenn sie in einer anderen Sprache ausgestellt ist, und sieht das Ausstellungsdatum und von wann bis wann der Urlaub gedauert hat. Das Dumme und Unglaubliche daran ist nur: Das kann erfunden und gelogen sein, denn jeder Spediteur darf dieses Dokument für seine Fahrer selbst ausstellen! Ich bekam einen solchen Vakantiebrief von meiner Firma zu Beginn jeder

Tour, also alle ein bis zwei Wochen. Der Chef hat dadurch gleich drei Vorteile: Er muss sich erstens nicht um die maximal erlaubte Arbeitszeit in der Doppelwoche kümmern, kann seinen Fahrer also jede Woche 56 Stunden fahren lassen. Er braucht ihm zweitens auch kein langes Wochenende zu gestatten, 24 Stunden am siebten Tag reichen dann – ich habe zeitweise über Monate kein Zwei-Tage-Wochenende gehabt. Der dritte Vorteil für den Chef ist schließlich der für die Verkehrssicherheit gefährlichste: Ich bekam den Vakantiebrief meistens nachmittags oder abends in die Hand gedrückt und hatte an diesen Tagen oft schon zwölf Stunden gearbeitet, hätte also eigentlich elf Stunden Pause machen müssen. Mit diesem frischen, oder besser gesagt, frisch gefälschten, Dokument musste ich dann ohne Pause an die volle Schicht eine weitere anhängen.

Bei Polizisten erregt dieser Urlaubsschein selbstverständlich Misstrauen. Mir ist es mehrfach passiert, dass die Polizei meine Kabine durchsucht hat, wenn ich den Schein bei einer Kontrolle vorgezeigt habe. Ob sie das ohne richterlichen Durchsuchungsbefehl überhaupt darf, ist gar nicht so klar, aber sie tut es eben. In der Praxis musste ich in den unterschiedlichsten Ländern mit geballter Faust in der Tasche zusehen, wie Polizisten und sogar privater Werkschutz bei allen möglichen Anlässen mein Bettzeug, meine persönlichen Sachen, ja sogar meine Dreckwäsche durchwühlt haben. Die Polizisten suchen nach Belegen dafür, dass ich in der Vorwoche sehr wohl gearbeitet habe. Hätten sie auch nur eine einzige Quittung gefunden, ein von mir unterschriebenes Formular oder irgendeinen anderen Beleg, dann hätte mich das mehrere tausend Euro gekostet. Denn dann wäre nicht nur eine satte Geldstrafe wegen Überschreitung der zulässigen Lenkzeit fällig gewesen, sondern auch ein Strafverfahren gegen meinen Chef und gegen mich wegen Betrugs und Urkundenfälschung. Als Fahrer befindet man sich mal wieder in der Zwickmühle: Einerseits soll man das befolgen, was der Chef sagt, ansonsten droht die Kündigung. Andererseits soll man die Gesetze einhalten, ansonsten drohen Geldstrafen, Führerscheinentzug, Punkte in Flensburg, Strafverfahren und Schlimmeres. Wenn nun das Gesetz und der Chef unterschiedliche Dinge von einem wollen, dann muss man, will man den Job nicht verlieren, gezwungenermaßen zum Rechtsbrecher werden. Das erinnerte mich an den alten Sponti-Spruch: »Du hast keine Chance, nutze sie!«

Da ich immer einen gefälschten Urlaubsschein bei mir hatte, war es auch nur schwer möglich, Aufzeichnungen über meine Touren zu machen, gar Tagebuch zu führen sowie die gefälschten Dokumente aufzubewahren. Aber ich habe einen Weg gefunden, zahlreiche Beweise für die ständigen Gesetzesverstöße zu dokumentieren.

Die Urlaubsscheine müssen vom Chef sowie vom Fahrer unterschrieben werden. Das habe ich nie gemacht, da ich mir die illegale Praxis nicht zu eigen machen wollte. Einmal bin ich in Frankreich nachts um drei Uhr an der Autobahnzahlstelle bei Tours in eine große Kontrolle gekommen. Zum Glück hat es mir in Frankreich oftmals geholfen, dass ich recht gut französisch spreche, das freute die Polizisten immer. Der Beamte betrachtete den Urlaubsschein mit größtem Misstrauen. Er sagte, den müsse ich ja noch unterschreiben, »vergaß« aber zum Glück, darauf zu bestehen – ich hätte das nämlich nicht gemacht. Stattdessen sah er mir in die Augen und fragte mich, ob ich denn wirklich letzte Woche nicht gearbeitet hätte. Da war es wieder, das unlösbare Dilemma: Was auch immer man antwortet, es kann jede Menge Ärger einbringen. Ich wollte ihn nicht anlügen und mich so zum Komplizen meines Chefs machen. Ich dachte an den braven Soldaten Schwejk und antwortete ihm: »Das ist jetzt eine schwierige Frage. Mein Chef hat gesagt, wenn mich ein Polizist danach fragt, dann solle ich ihm dieses Papier in die Hand drücken. Und darüber hinaus kann ich Ihnen nur Folgendes erklären: Wenn Sie das denken, was ich denke, dass Sie es denken, dann sind Sie ein guter Polizist. Mehr kann ich Ihnen dazu nicht sagen.« Damit hatte ich mal wieder Glück gehabt. Der Polizist sah mich an, grinste, gab mir meine Papiere zurück und ließ mich weiterfahren.

In der Slowakei hingegen hat mich ein Polizist einmal aufgefordert, das Papier zu unterschreiben. Ich habe das verweigert mit der Notlüge, das sei auf Niederländisch und ich wisse nicht, was ich da signiere. Dass ich damit durchkam, war ebenfalls nur Dusel, kurz vor Feierabend wollte der Polizist anscheinend keinen Stress mehr haben. Ich hatte beschlossen, andernfalls die Wahrheit zu sagen, egal in welchem Land ich kontrolliert werde. Dann wäre nur mein Chef wegen der Straftat der Urkundenfälschung dran. Teuer wäre es jedoch auch für mich geworden, weil immer noch die Ordnungswidrigkeit der erheblichen Arbeitszeitüberschreitung bliebe.

Wir Fahrer bekommen oft vorgehalten, dass wir uns mitschuldig machten, wenn wir uns bereiterklären, gegen die einschlägigen Gesetze zu verstoßen. Auch die wenigen Kollegen, die das Glück haben, dass sie in ihrem Job ganz legal bleiben dürfen, äußern sich oft dahingehend. Dieser selbstgerechte Vorwurf ist jedoch lebensfremd, besonders in Krisenzeiten. Wer sich weigert, Arbeitszeiten zu überschreiten, fliegt in vielen Betrieben ganz schnell raus. Wer zehn Stunden an einer Grenze oder einer Ladestelle warten muss und danach Feierabend macht mit Verweis auf die Gesetze, wird in diesen Klitschen keine große Zukunft haben. Natürlich wird irgendeine andere Begründung vorgeschoben, die Spediteure sind ja nicht blöd. Gerade in Zeiten wirtschaftlicher Krisen ist es sehr schwierig, eine neue Arbeit zu finden – und praktisch unmöglich, wenn man nur Jobs annehmen will, bei denen man hundertprozentig legal bleiben kann.

Wenn die Politik nicht so von Lobbyismus zerfressen wäre, sondern ein ernsthaftes Interesse hätte, dieses Problem zu lösen, dann gäbe es dazu eine ganz einfache erste Maßnahme: Straffreiheit bei Selbstanzeige – aber das gibt es nur für Steuerbetrüger. Wie gern hätte ich manches Mal die Polizei gebeten, mich aus dem Verkehr zu ziehen, weil ich so müde war. Aber selbst der verständnisvollste, freundlichste Polizist hat rechtlich gar nicht die Möglichkeit, dann ein Auge zuzudrücken. Würde das geändert – nicht wenige Fahrer würden davon Gebrauch machen, da bin ich mir sicher, und außerdem würde die Verkehrssicherheit garantiert verbessert. Wenn man die Vernunft als Maßstab nähme und nicht wirtschaftliche Interessen, dann gäbe es überhaupt keinen Grund, der gegen eine solche Gesetzesinitiative einzuwenden wäre.

Doch nun springen wir an einem beliebigen Tag rein in das Leben eines internationalen Fernfahrers. Alle Begebenheiten aus dem folgenden Logbuch sind wirklich so passiert – teilweise mir, teilweise meinen Kollegen. Ich hatte viel Streit mit meinen Chefs, weil ich auf der Einhaltung der geltenden Vorschriften bestand. Da ich weiß, dass wir Lkw-Fahrer zu Übertreibungen neigen, habe ich Selbsterlebtes noch einmal kritisch Revue passieren lassen, war akribisch in der Recherche, habe mir Tachoscheiben und Schriftliches zeigen lassen oder war gemeinsam mit den befragten Kollegen unterwegs und stehe dafür ein, dass der Ich-Erzähler im Folgenden leider nichts als die reine, traurige Wahrheit erzählt.

Logbuch erste Tour: Von Rotterdam nach Istanbul und zurück

Donnerstagmorgen, 5.50 Uhr

Werkstatt in Rotterdam – Neue Tour, neues Glück – DHL in Eindhoven – Zollprobleme in Venlo – Autohof Wertheim

Die beiden Wecker klingeln so hartnäckig, dass ich sie nicht mehr ignorieren kann. So war es ja auch gedacht, denn um sechs Uhr ist Arbeitsbeginn in der Vertragswerkstatt der Firma Carrier im Rotterdamer Industriegebiet Hoogvliet. Carrier ist einer der Weltmarktführer in der Herstellung von Thermoaggregaten für Lkw, die benötigt werden, um die Ladung während des Transports zu kühlen oder zu heizen.

Mir brummt der Schädel, denn die Nacht war mal wieder viel zu kurz. Am Vortag hatte ich nach dreizehn Stunden Schichtzeit abends vom Chef einen neuen Urlaubsschein bekommen sowie die Anweisung, einen leeren Kühlauflieger aufzusatteln und zur jährlich vorgeschriebenen Überprüfung der Kühlung zu bringen. Dank des unvermeidlichen Staus auf dem Autobahnring von Rotterdam bin ich erst gegen 22 Uhr bei der Werkstatt angekommen. Gerne wäre ich noch etwas essen und ein Feierabendbier trinken gegangen, aber das war mal wieder nichts: Das nächtliche Industriegebiet ist etwa halb so groß, aber doppelt so tot wie der Friedhof von Chicago, keine Menschenseele auf der Straße, keine Kneipe, nicht mal eine Nachttankstelle.

Um kurz nach sechs Uhr betrete ich also das Büro, bewaffnet mit den Aufliegerpapieren, meiner Zahnbürste und einer leeren Kaffeetasse. Doch Zähneputzen und Kaffeetrinken müssen warten, denn ich soll den Frigo sofort in die Werkstatt fahren. Und schon stellt sich das erste Problem des Tages: Eigentlich dürfte ich das Fahrzeug nach frühestens neun Stunden, also um kurz vor sieben Uhr, wieder bewegen. So lange will man aber keinesfalls warten. Da ich das am Vorabend schon geahnt hatte, habe ich den Lkw in unmittelbarer Nähe der Werkstatt geparkt. So muss ich auf einen der uralten Tricks zurückgreifen, den Wechsel der Tachoscheibe. Das funktioniert so: Man nimmt die alte Scheibe raus, fährt die fünfzig Meter und legt erst danach die neue ein. Eine genaue Untersuchung könnte diesen Betrug offenlegen, aber eine oberflächliche Kontrolle kann man mit diesem Trick locker täuschen.

Also: Scheibe raus, Motor an und ab in die Werkstatt. Das mag sich harmlos anhören, aber nach deutschem Recht beginnt dieser Tag gleich mit einer Straftat. Das bleibt sie auch dann, wenn der Fahrer belegen kann, dass er vom Chef ausdrücklich die Anweisung dazu erhielt.

Statt des Kaffees gibt es in der Werkstatt als Wachmacher einen Anschiss. Mein Chef hatte gesagt, es wäre gut, wenn ich warten und den Auflieger mit neuer Prüfplakette versehen direkt wieder mitbringen könnte. Ich frage die Mechaniker, ob das ginge, doch das war anscheinend ein Fehler. Der Meister wird richtig böse und motzt, es sei doch klar, dass Wartung, Überprüfung und eventuelle Reparaturen mindestens einen halben Tag dauerten. Drängeln nütze nichts, meine Firma wisse das doch, aber sie würden es jedes Mal auf diese Tour versuchen. Ich habe das Gefühl, dass sie einem holländischen Kollegen diesen Sachverhalt sehr viel freundlicher erklären würden. Der Tag fängt ja mal wieder gut an. Also Stützen runterkurbeln, Schläuche abklemmen, Sattelkupplung entsichern, absatteln, Formulare ausfüllen – und dann eine kleine Verschnaufpause, denn den Disponenten erreiche ich im Büro sowieso erst ab sieben oder acht Uhr, um nach meiner nächsten Tour zu fragen. Also endlich Zeit zum Zähneputzen und Kaffeetrinken.

Der Disponent ist am Telefon unfreundlich wie immer. Er ist verärgert darüber, dass ich den Frigo nicht gleich wieder mitbringen kann. Er behandelt mich so, als wäre das meine Schuld, und raunzt mich an, dann eben nur mit der Zugmaschine wieder zurückzukommen. Hoogvliet liegt am westlichen Rand von Rotterdam, das heißt, ich muss einmal um die ganze Stadt herumfahren. Das bietet morgens um sieben Uhr eine hundertprozentige Staugarantie. Eigentlich stören mich Staus schon lange nicht mehr. Wenn man Staus als Lkw-Fahrer nicht mit einer professionellen Gelassenheit hinnehmen kann, bekommt man in dem Beruf sehr schnell Magenprobleme. Ich habe gelernt, das so zu sehen: Ich befinde mich im Zustand des Wartens, wie lange das dauert, weiß ich nicht und habe auch keinen Einfluss darauf. Ich habe mir an einer Tankstelle ein überteuertes Sandwich gekauft, habe ein gutes Hörbuch dabei, die Heizung funktioniert, die ersten Hürden des Tages sind gemeistert, was will ich mehr.

Nur über eine Sache kann ich mich immer wieder ärgern. Ich weiß jetzt schon, was ich zu hören kriegen werde, wenn ich nachher ins Büro komme: »Wo warst Du denn die ganze Zeit?« Das Fragezeichen hinter diesem Satz ist rein rhetorisch, gemeint ist eigentlich ein Ausrufezeichen. Ich werde mich rechtfertigen müssen gegen den unausgesprochenen Vorwurf, die Zeit am Strand, im Puff oder in einem Coffee-Shop vertrödelt zu haben.

Mittlerweile habe ich mir abgewöhnt, vorab darüber zu spekulieren, wohin sie mich als nächstes schicken. Auch wenn der Disponent schon weiß, wofür er mich eingeplant hat, sagt er mir das am Telefon nicht. Meine Freunde sind immer entsetzt darüber, dass ich niemals vorher weiß, wohin die nächste Tour gehen wird. Das ist aber das Geringste, was mich stört. Denn es macht sowieso keinen Unterschied, in welchem Industriegebiet oder an welchem Truckstop ich das nächste Wochenende verbringen werde, die sind sowieso alle fast gleich.

Heute bekomme ich die Anweisung, einen Textilauflieger zu nehmen und zu DHL nach Eindhoven zu fahren, um dort Sammelgut zu laden für Istanbul. Sammelgut bedeutet, dass eine Spedition viele einzelne Ladungen zusammenstellt und sie erst auf die Reise schickt, wenn eine komplette Lkw-Ladung zusammengekommen ist. Man hat daher bei Sammelgut-Transporten dicke Dokumentenstapel dabei, teilweise für jeden großen oder kleinen Karton gesonderte Lieferscheine, Rechnungen und weitere Dokumente.

Zum Glück fällt mir gerade noch ein, in den leeren Auflieger hineinzugucken. Ich stelle fest, dass mindestens fünfzig Querstangen fehlen. Frage im Büro: »Brauche ich die für die Rückladung?« Antwort: »Natürlich! Geh tanken und dann ab ins Lager und bau die Dinger ein. Aber beeil Dich, Du sollst um 14 Uhr in Eindhoven zum Laden sein.«

Nach einer Stunde Schufterei komme ich nassgeschwitzt wieder ins Büro, oder besser: an den Schalter vor dem Büro. Denn jeder Gast, jeder Kunde, jeder Arbeiter darf das Büro betreten, aber die Fahrer haben kategorisches Zutrittsverbot. Sie werden grundsätzlich am Schalter abgefertigt. Von der Tochter der Chefin bekomme ich alle für die Tour notwendigen Dokumente, die verschiedenen Auslandsgenehmigungen, Reisegeld, Formulare wie TIR-Carnet (wird benötigt, wenn man die EU verlässt) und andere Zolldokumente. Außerdem soll ich die heutige Tachoscheibe und den Urlaubsschein, den ich erst gestern bekommen habe, wieder abliefern – ich bekomme schon wieder einen neuen. Dann brauche ich erst wieder in sechs Tagen 24 Stunden Pause zu machen und »darf« heute wieder länger arbeiten: Der Countdown auf der neu eingelegten Tachoscheibe fängt wieder an, von null an hochzuzählen.

Ich schaffe es gerade eben, pünktlich um 14 Uhr bei DHL zu sein. Wäre ich auch nur eine Viertelstunde zu spät gekommen, hätte das schon wieder Ärger geben können. Nun ist erst einmal Warten angesagt. Warten bei DHL heißt allerdings, dass man jede Viertelstunde zum Schalter gehen und nachfragen muss. Es gibt hier mehrere hundert Rampenplätze und nicht einmal jeder zehnte davon ist besetzt. Dennoch muss man warten. Nicht, weil die Ware noch nicht da wäre, sondern weil das »computertechnisch« nicht anders ginge. Computer lösen Probleme, die man sonst nicht hätte.

Wenn man wenigstens schon an eine der Rampen fahren könnte, müsste man sich die Pausenzeit nicht zerschießen durch die 200-Meter-Fahrt auf dem Firmengelände. Man würde niemandem im Weg stehen, niemanden behindern oder Platz wegnehmen. Am Warteschalter bekomme ich mit, wie einem tschechischen Kollegen gesagt wird, er sei erst um 23 Uhr an der Reihe, aus computertechnischen Gründen gehe das nicht anders. Er bittet inständig darum, dann wenigstens jetzt schon an die Rampe fahren zu dürfen, um eine Neun-Stunden-Pause vollständig zu haben. Eine solche Bitte um Rücksichtnahme auf die Belange von uns Fahrern erscheint bei DHL jedoch völlig zwecklos, das hätte ich dem Kollegen auch vorher sagen können. Die Frau am Schalter reagiert so, als hätte er gerade vorgeschlagen, eine Sexorgie zu veranstalten.

Die Wartezeit verkürzt mir ein Anruf des Disponenten: »Du hast die Zulassungspapiere für den Auflieger vergessen.« Ich verkneife mir die Bemerkung, dass nicht ich diese Papiere vergessen habe, ich bin nur der Fahrer. Das vollständige Zusammenstellen der Papiere ist sein Job, er ist der Disponent. In vorwurfsvollem Ton teilt er mir mit, dass gleich ein Kollege zu DHL käme, der dort auch für Istanbul lade und mir die Papiere mitbringe.

Gerade, als ich an die Rampe zum Beladen fahren soll, sehe ich im Rückspiegel besagten Kollegen Jürgen auf den Warteparkplatz fahren. Ich weiß, dass er einer der wenigen Kollegen ist, die lieber allein im eigenen Rhythmus fahren – die meisten Kollegen lieben das Fahren im Konvoi. Ich mag das nicht, ich habe nichts davon, fahren muss ich ja trotzdem selbst und allein. Man muss dann immer auf irgendwen warten, sich nach den anderen richten, und in den Pausen wird man außerdem noch ohne Ende vollgequasselt mit den immer gleichen Themen.

Das Beladen der Palettenware dauert nur eine Viertelstunde. Dann muss ich aber wieder auf den Warteparkplatz, denn dank des DHL-Computers sind die Papiere noch lange nicht fertig. Das dauert digitale zwei Stunden, mit der Hand hätte man die Formulare in einem Bruchteil der Zeit ausfüllen können.

Als nächstes muss ich zum Zoll, um die Ausfuhr zu deklarieren, da die Ware ja die EU verlassen wird. Im Fachjargon heißt das: Ich muss »das TIR-Carnet eröffnen« und brauche zudem noch eine Zollplombe für den Auflieger. Da es nun schon nach 18 Uhr ist, kommt dafür nur noch das Zollamt in Venlo in Frage, die haben sechs Tage die Woche 24 Stunden lang geöffnet. Zoll und Finanzamt sind in den Niederlanden das Gleiche und haben den schönen Namen Belastingsdienst. Ich übergebe dem Beamten den dicken Umschlag mit den zahlreichen Papieren, die ich von DHL zusätzlich zum (für mich einzig ausschlaggebenden) Frachtbrief mitbekommen habe. So ein Umschlag enthält kiloweise Rechnungen, Ausfuhrbescheinigungen, Erklärungen über die einzelnen Posten der Ladung sowie weitere für den niederländischen Ausfuhr- und den türkischen Einfuhrzoll wichtige Dokumente.

Wie so oft ist der niederländische Zollbeamte so freundlich, wie man es in Deutschland oder anderen Ländern bei Zöllnern und Polizisten sehr selten erlebt. Die Freundlichkeit von niederländischen Uniformierten steht im krassen Gegensatz zu der Unfreundlichkeit und Ausländerfeindlichkeit nicht weniger Spediteure, Kollegen und Arbeiter an den Ladestellen. Bei der Durchsicht der vielen Papiere bemerkt der gewissenhafte Beamte einen kleinen Fehler, den DHL beim Ausfüllen gemacht hat. In der ATR ist irgendeine Ziffer falsch und stimmt nicht mit den Angaben in den anderen Papieren überein. Das ATR ist eine sogenannte Freiverkehrsbescheinigung für die Ausfuhr von Waren aus der EU in die Türkei. Mit dieser Bescheinigung braucht der Empfänger keine oder nur wesentlich weniger Zollabgaben in der Türkei zu entrichten. Wofür ATR eine Abkürzung ist, konnte ich bis heute nicht herausfinden, nicht einmal beim zuständigen Bundesfinanzministerium. Ist doch schön zu wissen, dass die Behörden sogar sich selbst nicht mehr verstehen können.

Der Zöllner sagt mir: »Seien Sie froh, dass ich das zufällig in den Papieren gefunden habe. In der Türkei hätten Sie mit diesem Dokument größte Schwierigkeiten bei der Einfuhrverzollung bekommen.« Statt wie geplant etwas essen zu gehen – denn seit dem Frühstückssandwich im Stau bei Rotterdam hatte ich keine Gelegenheit dazu – ist nun eine Runde Kampftelefonieren angesagt. Zum Glück erreiche ich noch jemanden im Büro. Der Schreibtischkollege ist sauer, weil er eigentlich gerade nach Hause gehen wollte. Er telefoniert mit dem Zöllner, mit DHL, gibt mir telefonische Anweisungen und geht dann in seinen Feierabend. Bei DHL ist das Büro rund um die Uhr besetzt, am Zoll ebenfalls. Jetzt telefonieren sie miteinander, faxen sich gegenseitig irgendwelche wichtigen Zahlen zu, und irgendwann teilt mir der Zöllner mit, dass nun alles auf gutem Weg und in einer Stunde fertig sei. Nun habe ich endlich Zeit für mein »Mittagessen«. Ich bin heute bisher zwar nicht einmal 200 Kilometer ge-

Phantasie-Verkehrsschild bei DHL Eindhoven:
Hier darf nicht mal am Monatsende geschlafen werden.

fahren, bin jedoch seit morgens sechs Uhr ununterbrochen im Einsatz.

Um 22 Uhr bekomme ich die fertigen Papiere und die Zollplombe an den Trailer und kann endlich meiner originären Aufgabe nachgehen: fahren, fahren, fahren! Diesmal die komplette A3 von Anfang bis Ende. Oder von Ende bis Anfang?

Die von DHL falsch eingetragene Ziffer auf dem ATR-Formular sollte für mich acht Wochen später übrigens noch ein Nachspiel haben. Da man das Gehalt erst zwei Monate später bekommt, fällt das dann auch nur bei genauerem Hinsehen auf. Für diesen Vorfall bekam ich 72,99 Euro abgezogen. Auf dem Lohnstreifen steht als Begründung: »DHL, ATR vergeten.« Das ist selbstverständlich illegal, und das wissen die auch. Aber man kann es ja mal versuchen, denn wenn auch nur die Hälfte der Fahrer das akzeptiert, haben sie ein gutes Zusatzgeschäft gemacht. Vor allem den ausländischen Fahrern bleibt oft kaum etwas anderes übrig, als diesen Lohnbetrug zähneknirschend zu akzeptieren, da sie keine Ahnung haben, wie sie in diesem fremden Land zu ihrem Recht kommen könnten.

Daher werden die Ausländer in dieser Firma auch wesentlich öfter bei der Lohnabrechnung übers Ohr gehauen. Immerhin war es eine Premiere, denn in diesem Monat wurden gleich zwei »Geldstrafen« gegen mich verhängt: Für eine weitere Verfehlung – einen Versicherungsschaden – wurden mir nochmals 375 Euro abgezogen. Da kommt so richtig Freude auf …

Seit dem neuen Vakantiebrief habe ich erst weniger als neunzig Minuten Fahrzeit auf dem Konto. Da ich zwischenzeitlich drei Stunden Stehzeit hatte (offiziell »Pause«, auch wenn ich bis zum Essen eigentlich gar keine Pause hatte), darf die Schichtzeit bis zu fünfzehn Stunden dauern. Ich bekam den Vakantiebrief um 13 Uhr, kann also pseudo-legal bis morgens um vier Uhr fahren. Das wird auch von mir erwartet, schließlich soll ich am Dienstag in Istanbul sein.

Vom Zoll geht es nun endlich wieder auf die Autobahn, aber bereits nach wenigen Kilometern steht der nächste Halt an. An der letzten Raststätte vor der Grenze muss ich noch mal anhalten und die Toll-Collect-Gebühr für die deutschen Autobahnen bezahlen, da ich kein Toll-Collect-Gerät im Wagen habe, von den deutschen Bürokraten On-Board-Unit genannt.

Zum ersten Mal seit Wochen fahre ich kurz darauf mal wieder durch Deutschland. Die Autobahn ist relativ leer. Nachts ist in Deutschland mit wesentlich weniger Staus zu rechnen. Und auch mit wesentlich weniger Kontrollen, da sind die deutschen Behörden sehr berechenbar. Die europäischen Trucker feixen darüber oft an ihren Stammtischen. Wer etwas zu verbergen hat, braucht nur nachts zu fahren oder freitagnachmittags oder wenn gerade wichtige Fußballspiele im Fernsehen laufen. Wenn man nicht gerade grobe Verkehrsverstöße begeht oder einen Unfall fabriziert, geht die Wahrscheinlichkeit einer Verkehrskontrolle gegen null. Auch bei mir geht alles reibungslos. Ich kämpfe gegen die Müdigkeit an mit lautem Singen, spannenden Hörbüchern und Telefonieren mit den paar Freunden, die ich noch spät abends anrufen darf.

Am Kölner Ring komme ich gut durch. Ich schrecke kurz auf, als wie so oft jemand grell von einem Radargerät geblitzt wird, während er mich überholt. Dann kommen auf der Autobahn bis Wiesbaden viele kilometerlange Strecken mit Lkw-Überholverbot. Man ist auch gut beraten, sich an diese zu halten, da das manchmal kontrolliert wird – hier ausnahmsweise sogar auch nachts. Die vorgeschriebene 45-Minuten-Pause lege ich wie meistens am Autohof bei Ransbach-Baumbach ein. Fahrer entwickeln oft Gewohnheiten bei solchen Dingen. Ein kleines Stückchen Illusion von heimatlicher Vertrautheit, weil die Bedienung sich meinen Vornamen gemerkt hat …

Auch im Rhein-Main-Gebiet ist kein Stau in Sicht, nicht einmal am Frankfurter Kreuz. Natürlich ist auch zu jeder Nachtzeit eine Menge los auf der A3, aber der Verkehr fließt zügig. Im Morgengrauen komme ich am Autohof in Wertheim-Lengfurt an. Ich finde auch ohne weiteres einen Parkplatz dort, denn die Mehrzahl der Kollegen bricht jetzt gerade auf und beginnt den Arbeitstag.

Als ich dort den Motor abstelle, zeigt sich wieder dieses erstaunliche Phänomen: Ich komme todmüde und kaputt an, schließlich arbeite ich ja seit gut 22 Stunden, aber nun löst sich die Spannung und ich kann keinesfalls sofort schlafen gehen, das funktioniert einfach nicht. Also rein in den Rasthof, etwas trinken und den Arbeitstag langsam ausklingen lassen. Immerhin kann/darf/muss ich ja mindestens neun Stunden stehenbleiben.

Wäre ich ein Polizist, dann würde ich selbst einen Fahrradfahrer nach einer solchen Schichtzeit ein für allemal aus dem Verkehr ziehen. Eigentlich müsste nach einem solchen Arbeitstag mein Führerschein entzogen werden und Spediteur sowie Disponent wegen Mordversuch in den Knast gehen. Doch es geht ja um die Wirtschaft, die Arbeitsplätze und die Konjunktur. Da werden so verdammt viele Augen zugedrückt, Verkehrsleichen als »Unglück« in Kauf genommen. Und wenn doch mal etwas schiefgeht und ein Tanklastzug explodiert, ein Bus eine Böschung hinunterfällt oder ein Sattelschlepper drei Kleinfamilien auslöscht, dann wird das Ganze maximal für zwei, drei Tage zum Thema. Kleinere Unfälle gelten sowieso als business as usual. Das Schlimme daran: Es *ist* business as usual!

Freitagmittag, dreizehn Uhr

Wertheim – Supermarkt für Trucker – Autohof Wels – Autobahnraststätte in Schwechat

Mittags ist meine Nacht zu Ende. Schnell eine Apfelsine gegessen (Vitamin C ist ein effektives und legales Aufputschmittel, das kenne ich aus langjähriger Erfahrung), einen Kaffee geschlürft, einen weiteren Kaffee zum Mitnehmen und ab auf die Piste. Der Wochenendverkehr hat zwar schon eingesetzt, aber zum Glück habe ich das Rhein-Main-Gebiet schon hinter mir. Aber auch die Baustellenstaus vor Würzburg sind so selbstverständlicher Bestandteil meiner Arbeit wie die cholerischen Anfälle meiner Chefs. Es herrscht dichter Verkehr auf der A3. Ich plane die Pause erst für den Autohof Hengersberg, kurz vor Passau. Die 340 Kilometer in viereinhalb Stunden Fahrzeit zu schaffen, ist zwar sehr knapp geplant, aber trotz eines weiteren kleinen Staus bekomme ich das gerade eben legal hin. Immerhin schafft der Volvo erschreckende 89 Kilometer pro Stunde, wenn nichts dazwischenkommt …

Aus zwei Gründen war es wichtig, es bis dorthin zu schaffen. Zum einen weiß ich, dass ich morgen um 15 Uhr Österreich hinter mit lassen muss, dann beginnt dort bereits das Wochenendfahrverbot. Und zum anderen ist der Autohof Hengersberg selbst zwar nicht besonders attraktiv, aber es gibt eine Waschmaschine und direkt neben dem Autohof gleich zwei Supermärkte. Wenn man ununterbrochen mit dem Brummi unterwegs ist, wird das Einkaufen in Mitteleuropa zu einem großen logistischen Problem, denn es gibt wenige Supermärkte an der Strecke mit siebzehn Meter langen Parklücken vor der Tür.

Die Pause muss nun gut eingeteilt werden, sie sollte kaum länger als die erforderlichen 45 Minuten ausfallen – ich muss noch Strecke machen in dieser Schicht. Zum Glück finde ich einen Parkplatz, freitagabends ist das nämlich Glücksache, weil viele Fahrer dort am Wochenende stranden. Auch die Waschmaschine ist noch nicht belegt, heute scheint ein guter Tag für mich zu sein. Also schnell einen Kurzwaschgang einstellen und dann rüber in den Supermarkt hasten und einen Großeinkauf starten. Ich hatte mir schon vorher überlegt, was ich alles brauche. Ich kaufe bestimmte Produkte immer in bestimmten Ländern, weil sie dort besonders gut oder besonders preiswert sind. In Deutschland kaufe ich zum Beispiel haltbares Graubrot, Joghurt sowie Gummibärchen und Bier als Bestechungsgaben für die Strecke. Nach einem schnellen, teuren und schlechten Raststättenkaffee ist auch schon die Waschmaschine durchgelaufen. Nun noch die nasse Wäsche (für den Trockner ist keinesfalls Zeit) in der gesamten Fahrerkabine ausbreiten – schon sind die 45 Minuten um, und ich bin wieder auf der Autobahn.

Erholungszeit war das zwar nicht wirklich, aber meiner gesetzlichen Pflicht habe ich zumindest Genüge getan. Ich möchte heute Nacht noch bis Wien kommen. Der Plan ist knapp wie immer. Da ich nur neun Stunden »große« Pause hatte, muss die nächste elf Stunden betragen. Es sieht aber so aus, als könne ich dennoch bis Samstag 15 Uhr in Ungarn sein, ich habe noch eine bis zwei Stunden Reserve. Mehr Zeit darf ich nicht »vertrödeln« durch Staus, Pannen oder Kontrollen, sonst bleibe ich in Österreich hängen und »mir« gehen eineinhalb Tage verloren. Ich habe Freunde und Verwandte in Wien, aber seit einem Jahr musste ich immer an Wien vorbeihetzen und konnte sie nicht besuchen. Bis Wien muss ich noch eine weitere Pause einlegen, denn man darf nur maximal viereinhalb Stunden am Stück fahren, und ich habe heute zehn Stunden eingeplant. Die zweite Pause mache ich in Österreich am Autohof in Wels. Nachts findet man hier wochentags keinen freien Parkplatz mehr, aber heute klappt einfach alles. Wels soll angeblich eine sehr schöne Altstadt haben, aber auch an dieser Stadt bin ich hundertmal vorbeigefahren, ohne jemals die Gelegenheit für diesen Abstecher zu finden.

Mittlerweile ist es später Freitagabend, und ich komme ohne Komplikationen durch. Da ich relativ wenig Gewicht geladen und einen schnellen Wagen habe, fahre ich nicht durch Wien, sondern die etwa fünfzehn Kilometer längere Strecke über die Umgehungsautobahn durch den Wienerwald. Das ist stressfreier, jedenfalls wenn man nicht gegen die Müdigkeit ankämpfen muss. Nachts um Viertel nach eins komme ich am Autobahnrasthof Schwechat kurz hinter Wien an. Dort gibt es einen dermaßen großen Parkplatz, dass man fast immer etwas findet. Heute Nacht ist besonders viel Platz dort, denn wer es irgendwie schafft, fährt noch die gute Stunde weiter bis Ungarn. Ich habe allerdings wieder meine Lenk- und Schichtzeit voll und freue mich auf elf Stunden Pause.

Die Autobahnraststätte hat ein Mövenpick-Restaurant, das so teuer ist, dass sich dort eigentlich nur FDP-Stammwähler die dicken Menüs leisten können. Es gibt hier auch ein Internetterminal, aber das ist das teuerste, das mir jemals untergekommen ist, eine Viertelstunde kostet sechs Euro. Dafür ist der Hotspot gratis, wenn man einen eigenen Laptop besitzt. Die Laptop-Besitzer bekommen also den Internetzugang von denen gesponsert, die sich keinen Laptop leisten können, das sagt einiges aus über die Firmenphilosophie von Mövenpick. Zum Glück habe ich einen eigenen Laptop dabei. Das trifft sich gut, denn in Hengersberg und Wels hatte ich keine Zeit, meine E-Mails abzurufen, dort gibt es sehr viel preiswertere Terminals. Ich nehme mir fast zwei Stunden, um meine jüngsten Fotos auf meine Homepage einzustellen, die Mails der letzten Tage zu lesen und zu beantworten und ein wenig mit Freunden zu chatten. Danach kann ich trotz Fluglärm vom nahegelegenen Flughafen Wien-Schwechat gut schlafen. Zeit für den Verwandtschaftsbesuch war natürlich wieder nicht, aber sie nachts um halb zwei zu bitten, raus zur Autobahnraststätte am Flughafen zu kommen, erschien mir auch suboptimal.

Samstagmittag, 12.15 Uhr

Schwechat – Gabor, der Tramper – Landstraße ab Szeged – schikanöse EU-Binnengrenze – kriegsähnliche Zustände auf der Transitstrecke – Türk Tir Parking Illia

Auch heute gibt es wieder kein »Frühstück«, das hole ich mir nachher in Ungarn. Westungarn ist mittlerweile zwar nicht mehr so viel billiger als Österreich, billiger als das Schwechater Mövenpick ist es aber allemal. Ich fahre die knappe Stunde bis zur Grenze und komme dort noch vor 14 Uhr an. Ich bin selbst immer wieder überrascht, wenn diese eng gestrickten Zeitpläne hinhauen. An der Grenze in Nickelsdorf/Hegyeshalom könnte ich zolltechnisch zwar durchfahren, ich muss aber trotzdem anhalten, um mir die Lkw-Vignette für Ungarn zu holen. Ich kaufe sie nur für diesen Tag, denn ich möchte abends schon in Rumänien sein – in Ungarn gilt das Lkw-Fahrverbot ab Sonntagmorgen acht Uhr.

Solche Vorausplanungen muss man täglich machen. Wenn einem dann etwas dazwischenkommt, wird das in manchen Ländern kompliziert. In Ungarn kann man die Vignette an vielen Stellen verlängern, in Rumänien wird das schon schwieriger. Die Vignette ist in Ungarn nicht nur für die Autobahnen erforderlich, sondern auch auf den großen Landstraßen. Ob die jeweilige Landstraße vignettenpflichtig ist oder nicht, wird durch Verkehrsschilder angezeigt. Wenn man ohne Vignette erwischt wird, kann das sehr, sehr teuer werden. Nach Spanien gilt Ungarn in Fahrerkreisen als das zweitteuerste Land in Bezug auf Geldstrafen bei Fehlverhalten. Ich hatte in Ungarn immer Glück, die letzte Geldstrafe waren fünf Mark, die ich 1987 bezahlen musste, weil ich vergessen hatte, bei nachlassendem Nebel die Nebelscheinwerfer am Brummi auszuschalten.

Bei Tatabánya, etwa fünfzig Kilometer vor Budapest, gönne ich mir die erste warme Mahlzeit seit Tagen. Dort gibt es an und neben der Autobahn mehrere erschwingliche Restaurants. Je weiter man in Ungarn nach Osten und Süden kommt, umso niedriger werden die Preise, auch wenn sie sich seit dem EU-Beitritt mit zunehmender Geschwindigkeit an das Euro-Preisniveau angleichen. Zwischen Györ und Tatabánya gibt es auch einen Lomo-Autohof. Aber ich mag diesen Autohof nicht besonders, hier rasten oft viele deutsche Kollegen und die sind meistens genauso unangenehm laut und raumgreifend wie die niederländischen Kollegen.

Die Autobahn in Ungarn ist sehr gut. Neunzig Prozent des Landes sind flach wie Holland. Bei Tatabánya gilt es das Geretsche-Gebirge zu überqueren, und dann geht es wieder runter, bis man bei Budapest über die hier schon recht breite Donau fährt. Samstagnachmittag ist eine gute Zeit, auf der Umgehungsautobahn von Budapest nehme ich nur zwanzig Minuten am Stau teil. Hier sollten

Fernfahrer unbedingt das Lkw-Überholverbot beachten: Die Polizei lauert hier nur darauf, einen bei einem Verstoß dagegen zu erwischen.

Am Beginn der Südautobahn nehme ich einen der auch in Ungarn selten gewordenen Tramper mit. Gabor hat Urlaub in Kroatien gemacht, aber in Zagreb war ihm die Brieftasche mit allen Papieren und sämtlichem Geld geklaut worden. Ohne dass er danach fragt (oder genau weil er nicht danach fragt), schenke ich ihm zehn Euro und zwei Schachteln marokkanische Duty-Free-Marlboro, worüber er überglücklich ist. Er spricht weder Englisch noch Deutsch, daher gestaltet sich die Kommunikation nicht ganz so einfach, wir müssen uns mit Händen und Füßen und meinen etwa zehn angelernten russischen Worten begnügen. Er will noch an diesem Tag versuchen, per Anhalter bis nach Hause zu kommen, nach Niyrbator, und ist sehr erstaunt, dass ich diese wunderschöne Kleinstadt in Ostungarn sogar kenne. Klar, dort musste ich mal einen Tag warten, um bei Procter & Gamble Hungary Reinigungsmittel zu laden. Ich erinnere mich aber auch deswegen so genau daran, weil ich dort einerseits 24 Tonnen Chlorix geladen hatte und andererseits zugleich die ekligsten, kaputtesten, dreckigsten, verstopftesten Fahrertoiletten des Jahres vorfand.

Gabor steigt aus an der Ausfahrt nach Kecskemét.

Die Autobahn endet kurz vor Szeged. Demnächst wird wohl die Autobahnumgehung dieser Stadt fertig, die weiteren Bauabschnitte bis zur rumänischen Grenze und weiter nach Arad werden sicher noch lange auf sich warten lassen. Von hier bis zur Türkei gibt es nur noch einmal hundert Kilometer Autobahn von Piteşti nach Bucureşti, ansonsten liegen jetzt um die tausend Kilometer anstrengende Landstraße vor mir mit hoher Verkehrsdichte und teilweise in schlechtem Zustand.

Auch Szeged ist einer dieser Orte, wo ich zwar schon oft war, aber nicht ein einziges Mal die Zeit und den erforderlichen 17-Meter-Parkplatz gefunden habe, um diese alte Stadt besichtigen zu können, das bedaure ich sehr. Die sechzig Kilometer von Szeged bis zur ungarisch-rumänischen Grenze Nagylak/Nadlak sind der Beginn des mörderischen Teils der Transitstrecke in die Türkei. Vor den Bürgerkriegen in Ex-Jugoslawien ging fast der gesamte Transitverkehr Richtung Türkei, Iran, Irak und der arabischen Halbinsel über die dortige Transitstrecke, den sogenannten »Autoput«. »Put« heißt eigentlich nur »Straße«, aber die Deutschen hatten sich diesen Begriff vor allem deswegen gemerkt, weil dort wochen-, manchmal auch monatelang am Straßenrand kaputte, zerbeulte und ausgebrannte Autowracks nicht weggeräumt wurden, sondern als Mahnmale in der Sonne vergammelten. Viele meinten, daraus auf die zahlreichen Unfälle auf dieser Strecke schließen zu können, aber wenn man in Deutschland Unfallwracks nicht zügig wegräumen würde, lägen dort sicherlich mehr herum als jemals auf dem Autoput zu sehen waren. Seit Ungarn, Rumänien und Bulgarien zur EU gehören, rauscht fast der gesamte Transitverkehr auf der zwar recht gut asphaltierten, aber kleinen, engen Landstraße Szeged-Arad-Sebeş-Sibiu-Bucureşti-Ruse-Haskovo-Türkei durch die Dörfer. Zwar stehen alle paar Kilometer Polizeiautos, die Raser und Überholer rausziehen, aber sie werden der Übermacht an halsbrecherischem Transitverkehr nicht Herr.

Ein eher hilfloser Versuch der Polizei, die Raserei auf ungarischen Landstraßen in den Griff zu bekommen

Machogehabe, Rowdytum und äußerst verantwortungsloses, ja lebensgefährliches Verkehrsverhalten gehen hier hauptsächlich von den Truckern aus. Der Ausdruck »kriegsähnliche Zustände« könnte auf dieser Strecke erfunden worden sein. In den Dörfern Ungarns und Rumäniens darf man zwar auch nur fünfzig Kilometer pro Stunde fahren, aber daran hält sich fast niemand. Alle fahren mindestens siebzig, manche deutlich schneller. Ich bin immer etwa 55 gefahren und habe damit gelegentlich die gefährlichsten Überholmanöver provoziert. Getreu dem Motto »Wer bremst, verliert« werden die wenigen Fahrer mit meinem Fahrstil beim Überholen innerhalb der Dörfer auch noch beschimpft, ich vermute mal, als Weichei, Spießer und noch sehr viel Unflätigeres. Ich habe mich in den Dörfern an die Geschwindigkeitsbeschränkung wenigstens annähernd gehalten, weil mir die Menschen in diesen Orten leidtun. Was für eine Gewalt sie erleiden müssen von einem Verkehr, der mit ihrer Region eigentlich nichts am Hut hat, scheint den Fahrern egal zu sein. Und der brutale Verkehrsstrom reißt zu keiner Zeit ab, er wird in den Sommermonaten sogar noch getoppt.

Immer wieder mal erzählen Kollegen, man müsse so schnell durch die Dörfer fahren, weil sonst die Kinder die Lkw mit Steinen bewerfen würden. Da vertauschen sie jedoch Ursache und Wirkung. Wenn überhaupt, dann werfen die Kinder genau deswegen mit Steinen, weil mal wieder einer wie bescheuert durch das Heimatdorf rast. Ich habe »sogar« an Zebrastreifen gehalten, und mich hat niemand beworfen. Im Gegenteil, wenn ich den Kindern gewinkt habe, haben sie freundlich zurückgewinkt.

Kurz vor der Grenze spaltet sich der Lkw-Strom, ein Teil wählt die Grenze bei Vărşand, das liegt etwa zwanzig Kilometer weiter nordöstlich. (Anmerkung: Ich schreibe fast alle Ortsnamen in der jeweiligen Landessprache. Ich hatte mir das angewöhnt, weil man nur mit diesen Namen nach dem Weg fragen kann.) Der Umweg führt zwar über eine noch schlechtere Straße, aber dafür hat man in Vărşand oft sehr viel kürzere Wartezeiten. Es ist ein bisschen wie Pokern. Der Umweg kostet eine knappe Stunde Zeit, kann aber oftmals um ein Vielfaches durch die schnellere (beziehungsweise etwas weniger langsame) Grenzabfertigung wettgemacht werden.

Zu Sozialismus-Zeiten in den achtziger Jahren war Ungarn mit Abstand das lässigste und liberalste Ostblockland. Das hat sich enorm verändert. Die Zollabfertigung ist umständlich, bürokratisch und pedantisch, und das, obwohl es sich mittlerweile um eine EU-Binnengrenze handelt und die meisten Fahrzeuge nicht mal Aus- oder Einfuhrzoll erklären müssen, sondern sich lediglich im Transit befinden. An allen anderen Binnengrenzen werden Lkw nur in den seltensten Fällen, also zum Beispiel bei begründetem Verdacht oder bei Stichproben, geöffnet und kontrolliert – so hatte es die Politik ja auch vorgesehen. Nicht so jedoch in Nadlak und Vărşand. Vor allem in Nadlak kann es passieren, dass die Zöllner nicht nur stichprobenartig Zollverschlüsse öffnen und sowohl Ware als auch Fahrerkabine genau kontrollieren, sondern buchstäblich bei jedem Lkw. Die ungarischen Zöllner tun dies sicherlich nicht aus Vergnügen oder Schikane, die Anweisungen scheinen von höherer Stelle zu kommen. Mich wundert, dass Brüssel das durchgehen lässt.

Aus dem Bauch heraus entscheide ich, dass ich heute Nadlak riskiere – und habe wieder Glück. Die Lkw-Schlange ist weniger als einen Kilometer lang, bewegt sich sogar langsam vorwärts, und eine Stunde später stehe ich bereits beim rumänischen Zoll. Die Rumänen wiederum wollen vor allem die Wagen wiegen und prüfen, dass die zulässige Achslast von zehn Tonnen nicht überschritten wird.

Von hier bis Istanbul gibt es nun keine Wochenendfahrverbote mehr, außer in der Urlaubszeit. Wo wir gerade bei Wochenende sind: Es ist Samstagabend, aber durch den neuen Urlaubsschein geht mir das Wochenende zum dritten Mal in Folge völlig flöten. Das kotzt mich ziemlich an. Anstatt der paar Euro fuffzig mehr hätte ich gerne wenigstens am siebten Tag mal Zeit für mich. Ausschlafen, entspannen, lesen, etwas besichtigen, meine Ruhe haben. Ich halte das auf Dauer eigentlich auch für erforderlich aus Gründen der Gesundheit und auch der Verkehrssicherheit, von persönlichen Gefühlen und Interessen ganz zu schweigen. Am vergangenen Mittwoch, also vor drei Tagen, war ich noch in Frankreich und seitdem hatte ich so gut wie keine Verschnaufpause, abgesehen von dem Minimum an Stunden, die mir Gesetzgeber und Polizeikontrollen über die Jahre erkämpft haben. Ja, so sehe ich das, die Gesetze sind für mich als Fahrer gut.

Doch zurück zur rumänischen Grenzabfertigung. Im Gegensatz zu Ungarn gilt hier wieder der europäische Standard. Rumänien hat in den letzten Jahren unglaublich aufgeholt. Korruption und Bürokratie existieren zwar noch, wurden jedoch immens zurückgedrängt. Nach der Waage werfen die Zöllner einen kurzen Blick auf die Papiere, kontrollieren noch die niederländische Zollplombe, und das war's schon. Die Vignette kann man direkt an der Grenze kaufen, ich bevorzuge jedoch die benachbarte Tankstelle, denn dort kann ich auch tanken, Geld wechseln und mein rumänisches Mobiltelefon aufladen. Wenn man solche kleinen Synergieeffekte bei der Planung der Stopps nicht berücksichtigt, verliert man auf Dauer zu viel Zeit.

Ich muss nun genau ausrechnen, wieviel ich noch tanken darf. Ich hatte, wie immer, an der firmeneigenen Zapfanlage auf dem Speditionshof in den Niederlanden vollgetankt. Damit käme ich zwar knapp bis Istanbul, aber man weiß ja vorher nie, von wo es Rückladung gibt. Spätestens wenn ich von Istanbul noch nach Izmir, Ankara oder gar Denizli geschickt werde, reichen die 1200 Liter auf keinen Fall. Und in der Türkei funktionieren die UTA-Kreditkarten (noch) nicht, selbst wenn das entsprechende UTA-Schild an manchen Tankstellen das signalisiert. Es gibt in Europa (und darüber hinaus) zwei weit verbreitete Kreditkartensysteme, die Trucker zum Tanken benutzen: UTA und DKV. An zahlreichen Tankstellen kennzeichnen kleine rote oder orange Schilder, ob man hier mit der jeweiligen Plastikkarte die hunderte oder tausende Liter Diesel bezahlen kann. Pkw-Fahrern werden die Schilder kaum auffallen, wenn sie nicht besonders darauf achten, aber der geschulte Truckerblick erkennt bereits von weitem, ob er hier tanken »darf«. Ich habe die Anweisung, in den Ländern zu tanken, wo der Diesel etwas billiger ist oder es irgendwelche Steuerrückerstattungen für den Chef gibt; das sind Österreich, Rumänien, Luxemburg, Spanien, Marokko, Moldawien und die Ukraine.

In der Türkei müsste ich das Tanken also bar bezahlen. Ich habe zwar einige hundert Euro Reisegeld, aber die spare ich lieber auf, für unvorhergesehene Zwischenfälle oder für mich selbst. Alles, was ich nicht für den Wagen verbrauche, kann ich am Ende der Tour entweder zurückgeben oder es wird mir als Vorschuss auf meine Spesen angerechnet. Da die Firma mit der Auszahlung der Spesen etwa vier bis fünf Monate im Rückstand liegt und ich nicht gerne ungefragt so viel Geld zinslos an meinen Chef verleihe, verfahre ich immer nach dem Motto »Was ich habe, habe ich« und versuche, möglichst viele der für den Wagen erforderlichen Ausgaben über die Plastikkarte zu tätigen.

Andererseits darf ich keinesfalls zu viel tanken, denn bei der Einreise in die Türkei darf ich nicht mehr als 250 Liter (Pi mal Daumen je nach Laune des Kontrolleurs) in den Tanks haben, sonst kann das teuer für mich werden.

Auf den dreißig Metern von der Ausfahrt aus der Grenzstation bis zur Zapfsäule versucht eine Heerschar von Händlern, den Einreisenden irgendwelche Waren anzudrehen. An der linken Seite ist das Angebot der Händler abgestimmt auf die Autoreisenden, an der rechten auf Trucker. Die angebotenen Waren sind von guter Qualität, die Preise nur dann günstig, wenn man sie kennt und die Händler dementsprechend bis genau dahin runterhandelt. Für Lkw gibt es etwa Holzaufsätze für die Mittelkonsole, so entsteht ein praktischer Tisch in der Kabine. In Deutschland würde ich dafür bis zu achtzig Euro bezahlen, hier werden die Händler nach bösem Feilschen wieder freundlich, wenn man sich letztlich auf zehn Euro einigt. Auch die kleinen zusammenklappbaren Hocker kommen von hier, die viele südosteuropäische Kollegen – vor allem türkische – nutzen, um nach Feierabend neben den Staukästen ihrer Auflieger Tee und Abendessen zu sich zu nehmen. Die Hocker kann man auf drei Euro runterhandeln. Ich nutze meinen auch bei Ämtergängen, wenn ich eine lange Warteschlange zu befürchten habe.

Wenn man von den Händlern nichts kaufen möchte, wird das schwieriger, denn das wollen sie partout nicht akzeptieren. Am nervigsten sind die offensiven Scheibenputzer. Sie kommen ungefragt mit Eimern, die sie in einem großen Schwall über die Scheiben kippen. Unmittelbar darauf fangen zwei oder manchmal gleich drei Jungs an zu schrubben, ob man will oder nicht. Das ist zwar nervig und ärgerlich, andererseits darf man nicht vergessen, dass dies die ärmsten Teufel sind, meistens Roma, die es in Rumänien nicht leicht haben. Ich wechsele Geld und mache, dass ich weiterkomme.

Die 45 Kilometer bis Arad sind erst kürzlich neu asphaltiert worden, was wiederum viele Kollegen als Aufforderung zur Erstellung neuer Geschwindigkeitsrekorde interpretieren. Arad lasse ich rechts liegen und sehe es nur aus der Ferne. Für die Nachtruhe fahre ich bis zum Türk Tir Parking nach Illia. Überall entlang dieser Transitstrecke in die Türkei haben türkische Unternehmer Lkw-Parkplätze eröffnet. Das gilt für die gesamte Strecke zwischen Istanbul und Deutschland. Ihre Zielgruppe sind zwar hauptsächlich ihre Landsleute, aber jeder andere ist natürlich auch willkommen. TIR ist ja eigentlich eine Abkürzung für das internationale Transportabkommen (Transports Internationaux Routiers); da die internationalen Lkw in der Türkei früher mit dem blauen TIR-Schild gekennzeichnet sein mussten, hat sich dieses Kürzel im Türkischen zu einem Wort verselbstständigt: Ein kleiner Lkw heißt Kamyon, ein großer heißt Tir.

Die Tir Parkings bieten immer gewisse Mindeststandards: Duschen sorgen für Sauberkeit, preisgünstiges Essen rund um die Uhr stillt den Hunger, und die obligatorischen Huren helfen, die Doppelmoral nicht nur der türkischen Macho-Trucker aufrechtzuerhalten. Ich wähle das, was ich immer gern esse, wenn ich in Rumänien bin: die gehaltvolle Rindfleischsuppe wie früher bei Großmuttern, auf Rumänisch Ciorba de Vacuta. Sie wird zusammen mit einem kleinen Schälchen Schmand und einer Peperoni serviert. Von Letzterer lasse ich in Rumänien lieber die Finger, denn die sind hier waffenscheinpflichtig scharf.

Da ich vergangene »Nacht« in Schwechat elf Stunden stand, kann ich jetzt wieder die verkürzte Neun-Stunden-Pause machen. Sie sollte eigentlich die Ausnahme darstellen, aber »meine« Firma geht davon aus, dass ich die beiden verkürzten Pausen jede Woche ausschöpfe. Morgen (beziehungsweise später, denn es ist schon nach

Mitternacht) liegt ein arbeitsreicher Sonntag vor mir: Ich will es schaffen, durch ganz Rumänien zu fahren und bis zur bulgarischen Grenze zu kommen. Hoffentlich war es nicht zu optimistisch von mir, nur für Samstag und Sonntag die Rumänien-Vignette zu kaufen.

Sonntagmorgen, elf Uhr

Illia – Dauerstau in Sebeş – ab in die Karpaten – ein absurdes Überholverbot – Bucureşti – Polizist per Anhalter – Schön willkommen in Bulgarien – Türk Tir Parking Ruse

Nach einem türkischen Mokka geht es weiter in Richtung Deva. Ich habe mir Ortsnamen immer nur in der jeweiligen Landessprache gemerkt. Es bringt mir nichts, wenn ich in Italien Einheimische aus Engstirnigkeit nach Neapel frage oder in Rumänien aus Chauvinismus oder Revanchismus nach Diemrich. Das versteht niemand. Ich war nicht in Neapel, Diemrich oder Hermannstadt, sondern in Napoli, Deva, und Sibiu, das ist meine Realität.

Um das einmal pauschal zu klären: In Rumänien fand ich nur ein einziges Mal die Gelegenheit und einen Parkplatz, um mir eine Stadt genauer ansehen zu können – nämlich das wunderschöne Sibiu. Von Ias, Tirgu Mures, Sebeş, Brasov und Bucureşti kenne ich immer nur die Umgehungsstraßen, Ortsdurchfahrten oder irgendwelche Industriegebiete am Stadtrand, wo ich aus- oder einladen musste. Auch die gesamte Transitstrecke erweckt einen falschen Eindruck. In Rumänien soll es wunderschöne, ruhige und verträumte Gegenden geben, faszinierende alte Stadtkerne und nette, gastfreundliche Menschen. Das weiß ich jedoch nur aus Büchern und vom Hörensagen.

Doch konzentrieren wir uns wieder auf die Straße. Das ist auch unbedingt notwendig, denn der Verkehr ist mörderisch wie immer. Dass heute Sonntag ist, macht auch keinen Unterschied – es gibt kaum weniger Lkw-Verkehr als sonst. Von Ungarn kommen zwar keine Fahrzeuge mehr nach, schließlich gibt es dort das sonntägliche Fahrverbot, aber ich bin ja schon über hundert Kilometer hinter der Grenze, und hier herrscht traffic as usual. Weiter nördlich ist zwar der Bau einer großen Autobahn geplant, aber deren Fertigstellung wird noch viele Jahre auf sich warten lassen.

Auch sonntags steht in den Dörfern gelegentlich die Polizei, um Raser aus dem Verkehr zu ziehen. Allerdings nur mit mäßigem Erfolg, denn entgegenkommende Fahrzeuge warnen immer durch Lichthupe, darauf können sich alle Verkehrsrowdies in Rumänien verlassen. Ganz nach dem Motto: »Wir Autofahrer müssen doch gegen die böse Polizei zusammenhalten.« Da ich es für absolut sinnvoll halte, in den Dörfern langsamer zu fahren und Rücksicht auf die Menschen zu nehmen, beteilige ich mich nicht an diesem Spiel und warne absichtlich nicht per Lichthupe, wenn ich Polizeiautos am Straßenrand sehe. Es gibt nur eine Ausnahme, wann ich das doch tue und entgegenkommende Raser warne, nämlich wenn in dem Dorf kein Polizeiauto steht …

Nach Deva kommt Sebeş, auch eine schöne alte Stadt. Von der bekommt man sogar aus dem Truck etwas zu sehen, denn der Transitverkehr führt mitten durch den Ortskern. Sehr oft beginnt der Stau von Sebeş bereits fünf bis zehn Kilometer vor der Stadt. Und zwar Tag und Nacht und in beide Richtungen. Zwischen Sebeş und Sibiu werden die waghalsigen Überholmanöver dann etwas seltener, denn vor Steigungen ist die Straße ab und zu zweispurig. Nur die ungeduldigsten Machos können die nächste Steigung natürlich nicht abwarten.

Die Durchfahrt durch Sibiu geht heute etwas flüssiger. Zwar gibt es nicht weniger Transitverkehr, aber zumindest der lokale Verkehr ist sonntags reduziert. Etwa fünfzig Kilometer hinter Sibiu gibt es einen großen Kreisverkehr, dort teilt sich die Straße. Links geht es ab Richtung Brasov und dann weiter nach Moldawien und Odessa. Die meisten Fahrzeuge fahren jedoch rechts Richtung Piteşti und Bucureşti. An diesem Kreisverkehr lege ich meine Pause ein. Dort gibt es ein gutes Restaurant, ich esse wie immer frische Forelle. Angeln scheint in Rumänien ein Volkssport zu sein. In diesem Restaurant läuft immer der Fernseher, meistens der Sportkanal. Und da gibt es tatsächlich oft stundenlange Live-Übertragungen von Angelwettbewerben! Die Teilnehmer tragen Trikots mit Nummern. Ich verstehe natürlich nicht, was der Kommentator erzählt, aber er redet aufgeregt und schnell, so als befänden sich die Angler auf der Zielgeraden – für mich hat das hohen Unterhaltungswert.

Etwa zwanzig Kilometer weiter beginnt ein Flusstal, das atemberaubend schön wäre, wenn nicht diese Transitstrecke durchführte. Der Fluss Olt windet sich durch die Südkarpaten, teilweise wird das Tal eng wie eine Schlucht. Ich kenne hier einen Platz, wo man gut am Straßenrand halten kann und es eine Wasserstelle gibt. Ich liebe dieses kalte und kristallklare Karpatenwasser und fülle sämtliche leere Plastikflaschen, die ich schon seit Tagen für diesen Stopp aufgespart hatte. Man muss den Platz kennen und – sehr zum Ärger der anderen Trucker – etwas langsamer fahren, denn wenn man ihn sieht, wäre es schon zu spät zum Bremsen. Nach einem kurzen Halt geht es weiter, gnadenlos vorbei an jahrhundertealten orthodoxen Kirchen und Klöstern.

Der Streckenabschnitt endet in der uralten Stadt Râmnicu Vâlcea (deutsch: Wultsch, älter auch: Königsberg). Danach ändert sich die Landschaft, denn man muss hoch in die Karpatenberge. Im Winter können die Straßenverhältnisse hier ziemlich fies sein, aber heute ist es trocken, und die Sonne scheint. Hier kommt es mir zugute, dass ich relativ wenig Gewicht geladen habe. Ob man leer, halbvoll, randvoll oder übervoll beladen ist, macht bei einem großen Lkw einen erheblichen Unterschied aus. Wenn der Wagen bis zum Limit beladen ist, sackt bei Steigungen die Geschwindigkeit bis auf unter dreißig Stundenkilometer, bei alten klapprigen sogar unter zehn. 1980 habe ich noch die Faustregel gelernt, dass man bergab nicht schneller fahren sollte, als man es bergauf schafft. Heutzutage wird das nicht mehr ganz so streng gehandhabt, weil auch die Technik weiterentwickelt wurde. Doch das birgt auch eine Gefahr: Die Fahrzeuge sind heute zwar so komfortabel gebaut, dass man kaum noch merkt, wie viele Tonnen man durch die Gegend bewegt. Die Bremsen laufen dann aber viel leichter heiß und funktionieren irgendwann möglicherweise nicht mehr. Auch die Reifen und andere bewegliche Teile werden viel mehr beansprucht.

Die Bergstrecke endet in Piteşti. Früher kündigte sich der Ort immer schon viele Kilometer vorher durch einen Stau an, verursacht durch eine Ampelkreuzung am Ortseingang. Seit es jedoch eine Unterführung für die Transitstrecke gibt, fließt der Verkehr. Jedenfalls meistens. Unmittelbar hinter Piteşti kann man ein wenig durchatmen, denn hier beginnt die einzige Autobahn auf der Strecke durch Rumänien.

Und hier gibt es eine Absurdität, die ich nie verstehen werde. Die Landschaft ist wieder total flach, die Autobahn ist sehr gut, und dennoch gibt es ein Überholverbot für Lkw. Auf Schildern steht, das gelte für die nächsten zehn Kilometer. Aber nach zehn Kilometern bekommt man eine lange Nase gezeigt, denn da steht wieder das gleiche Schild – und so geht es die ganzen hundert Kilometer bis Bucureşti. Wenn man erwischt wird beim Überholen, gibt es drakonische Strafen. Es kostet hunderte von Euro, und man ist den Führerschein für vier Wochen los, das gilt auch für Ausländer. Die Polizei ist da ganz rabiat, und im Gegensatz zu früher verschont einen auch nicht der diskret im Pass »vergessene« Zehn-Euro-Schein. Das Lkw-Überholverbot erscheint so total absurd, weil die Leute die gesamte Strecke vor und nach der Autobahn überholen wie die Bescheuerten. Und hier, wo es endlich mal gefahrlos ginge, ist es verboten. Ich würde unglaublich gern wissen, wer sich das ausgedacht hat und warum. Nun könnte man natürlich sagen »ist doch egal« und es mit der üblichen professionellen Gelassenheit hinnehmen. Aber das fällt wirklich sehr schwer, denn es sind auch jede Menge museale Trecker, Kleinlaster und Pkw unterwegs, die sich mit vierzig Stundenkilometern qualmend und knatternd voranquälen. Wenn man die nicht trotzdem überholt, werden aus der für diesen Abschnitt eingeplanten Stunde schnell zwei oder drei Stunden. Und das kann ich mir nicht leisten, dann schaffe ich es heute nicht bis Bulgarien.

Knapp zwanzig Kilometer vor der Hauptstadt geht es rechts ab auf die Umgehungsstraße. Sie führt so weiträumig um die Stadt, dass es hier praktisch keine Wohnbebauung gibt, es siedeln sich aber immer mehr Gewerbebetriebe an der Ringstraße an. Der Zustand der engen Straße ist unglaublich schlecht. Die Spurrillen sind mehr als zehn Zentimeter tief, die Schlaglöcher noch tiefer. Trotz nie abreißender Verkehrsströme in beide Richtungen versuchen auch hier ein paar Wahnsinnige zu überholen. Nach etwa zwanzig Kilometern muss man extrem aufpassen, denn sonst verpasst man das kleine Schild, das die Ausfahrt Richtung Giurgiu ankündigt. Sobald man sich auf dieser Straße befindet, hat man das Gröbste in Rumänien geschafft. Die Straße wird besser, teilweise auch vierspurig. Zum Glück für die Menschen in den Dörfern an dieser Strecke werden nach und nach einige großzügige Ortsumgehungen gebaut. Der Bau geht zügig voran, zügig nicht nur für rumänische Verhältnisse.

Ich nehme mal wieder einen Anhalter mit, einen Polizisten in Uniform. Er beherrscht etwa so viele Worte auf Englisch wie ich auf Russisch. Hinzu kommt, dass mir in diesem Land gelegentlich meine Latein- und Spanischkenntnisse zugutekommen, einige rumänische Worte kann ich mir so zusammenbasteln. Ich kriege heraus, dass der Polizist in Bucureşti arbeitet, in der Grenzstadt Giurgiu wohnt und die etwa sechzig Kilometer täglich hin und zurück per Anhalter fährt. Er möchte nicht in die Hauptstadt ziehen, zum einen weil er aus Giurgiu stammt und seine Kinder dort zur Schule gehen, zum anderen weil das Leben dort preiswerter ist. Ein Uniformierter auf dem Beifahrersitz bietet übrigens den Vorteil, dass man seltener in Polizeikontrollen angehalten wird.

Teure Flussüberquerung – aber die einzige Donaubrücke weit und breit

Fünf oder acht Kilometer vor Giurgiu geht es links ab zur bulgarischen Grenze, und die Straße wird wieder viel schlechter. Die rumänische Grenzabfertigung geht relativ zügig, ich habe ja Transitpapiere. An der Grenze muss man unverschämte 38 Euro Brückenzoll für die mit Schlaglöchern gespickte Donaubrücke zahlen. Ich empfinde das als Wegelagerei und habe wieder mal das Gefühl, Abzocker auf der Transitstrecke wollen von meiner ehrlichen Arbeit profitieren. Der freundliche Brückenzolleintreiber an der Grenze spricht französisch. Er kann ja nichts dafür, und ich erzähle ihm von der Queen-Elizabeth-II-Brücke über die Themse. Sie führt den Verkehr in sechs Spuren auf knapp einem Kilometer in fast 140 Metern Höhe über den Fluss und kostet etwa drei Pfund. Ja, das sei ja etwas anderes, erklärt er mir in verblüffender Logik, denn dort würden ja viel mehr Autos drüberfahren. Dazu fällt mir nichts mehr ein. Früher war der Brückenzoll noch teurer, fast doppelt so viel, aber dagegen hatte Brüssel interveniert.

Am Ende der Brücke liegt die bulgarische Grenzstation. Auch hier komme ich heute zügig durch. Ich kaufe eine Vignette für den morgigen Tag. Heute brauche ich keine mehr, denn ich habe gleich Feierabend, habe ja auch genug geschafft. Doch vorher gibt es noch mal Ärger. An der Ausfahrt der Grenzstation fotografiere ich vom Lenkrad aus ein Schild mit der Aufschrift »Schön willkommen in Bulgarien«. Bei der letzten Fahrt hier lang hatte ich mir das schon vorgenommen und meine Kamera bereitgelegt. Das sieht jedoch ein Polizist, der mich anhält und 150 Euro verlangt, weil es verboten sei, im Grenzgebiet zu fotografieren. Wahlweise sei er auch mit zwanzig Euro ohne Quittung einverstanden. Ich bin sauer, schließlich ist hier kein Grenzgebiet mehr und die Forderung völlig absurd. Es beginnt das übliche Feilschen, und letztlich kostet mich das Foto fünf Euro – natürlich ohne Quittung.

Auf der bulgarischen Seite liegt die Industriestadt Ruse. Ich biege links ab und fahre in die Freezone Ruse. In diesem boomenden Industriegebiet direkt an der Donau war ich schon öfter zum Laden, meistens Socken für Holland. Warum es Freezone heißt, weiß niemand, denn es ist keine Freihandelszone, sondern ein ganz normales Industriegebiet. Dort gibt es wieder ein Türk Tir Parking. Man

Schön willkommen kostet fünf Euro.

kann Geld wechseln, was an der Grenze nicht möglich ist. Außerdem gibt es gutes, preiswertes türkisches Essen sowie einen kostenlosen Internet-Hotspot. Man hat in der Kneipe das Gefühl, bereits in der Türkei angekommen zu sein. Ich stelle den Motor ab, atme tief durch und freue mich auf den Feierabend am Ende dieser (illegalen) Sieben-Tage-Woche.

Montagmorgen, neun Uhr

Ruse – absurde Umleitungen – die Preußen des Balkans – Bakschischpolizisten und andere Abzocker – nichts geht mehr an der türkischen Grenze

Ich gönne mir einen »Luxus«: Ich mache nicht die vorgeschriebenen elf Stunden Pause, sondern zwölf. Natürlich sollte ich dabei ein schlechtes Gewissen haben. Wenn die Zentrale das erfährt, kann das wieder einen cholerischen Anfall verursachen mit Drohungen von Gehaltskürzung oder Ähnlichem. Je weiter ich von Holland weg bin, umso besser geht es mir. Das ist allerdings eine Illusion. Denn über das Satellitengerät können sie mich ohnehin jederzeit orten, mir darüber auch Nachrichten schicken, und außerdem bin ich ja verpflichtet, über das dienstliche Mobiltelefon 24 Stunden täglich erreichbar zu sein.

Vor kurzem bekamen alle Fahrer ein Schreiben der Firma überreicht, in dem verkündet wurde, dass ab sofort jeder, der nicht sofort ans Telefon gehe, eine »Strafe« von 250 Euro vom nächsten Nettogehalt abgezogen bekomme sowie eine Tarifstufe niedriger eingestuft werde, im Wiederholungsfall drohe fristlose Kündigung. Im Klartext heißt das: Auch während der Schlafenszeit, an freien Tagen oder während man unter der Dusche steht, hat man unmittelbar telefonisch erreichbar zu sein, sonst wird's teuer. Das alles diene der »Qualitätssicherung« für den Kunden.

Ich gewinne übrigens immer mehr den Eindruck, dass die scheinbar spontanen cholerischen Anfälle der Chefs sehr viel rationaler sind und gezielt eingesetzt werden, um die Fahrer damit einzuschüchtern und sie gar nicht erst auf die Idee zu bringen, dass sie auch Arbeitnehmerrechte haben. Zwölf Stunden Pause sind jedenfalls für das Headquarter absolut inakzeptabel, und meistens muss man sich dafür rechtfertigen. Allerdings haben sie immer schon differenziert: Die niederländischen Fahrer scheuchen sie wesentlich weniger, die polnischen am allermeisten. In den Jahren vor der Wirtschaftskrise, als Fahrer noch dringend gesucht wurden, haben viele niederländische Speditionen bevorzugt Ausländer eingestellt. Die kennen ihre Rechte nicht so gut und lassen sich besser auspressen, einschüchtern und übers Ohr hauen. Aber ausländerfeindliche Gesinnung setzt sich gelegentlich ja sogar über ökonomische Logik und Raffgier hinweg. Auf dem Höhepunkt der Krise wurden viele Ausländer von heute auf morgen gefeuert und dafür wieder Holländer eingestellt – natürlich zu schlechteren Konditionen als vorher, schließlich will man ja die Chance der Krise nutzen. Auch in »meiner« Firma wurden mittlerweile fast alle ausländischen Fahrer »entsorgt«.

Als ich gerade aufbrechen will, fährt Jürgen auf den Parkplatz. Wenn man einige Tage in die gleiche Richtung fährt, trifft man sich fast automatisch immer mal wieder. Jetzt passt es sehr gut, denn ich hatte bemerkt, dass er mir in Holland versehentlich die Wagenpapiere für seinen Auflieger gegeben hatte und nicht für meinem. Wir haben noch mal Glück gehabt: Wäre einer von uns in eine Kontrolle geraten, hätte das einigen Ärger eingebracht. Noch größere Probleme hätte es geben können, wenn das an einer Grenze aufgefallen wäre. Und die allergrößten, wenn die Zentrale das mitbekommen hätte. Also schnell Papiere austauschen – die Zeit, noch mal in die Raststätte zu gehen und einen Kaffee zu trinken, bleibt leider nicht. Schließlich sollen wir schon morgen in Istanbul sein. Es sollte aber alles ganz anders kommen.

Vorbei geht's an der Industriestadt Ruse und dann links ab Richtung Razgrad. Denn für den Lkw-Transit Richtung Türkei gibt es eine ganz fiese Stolperfalle. Die eigentliche Strecke über Veliko Tarnovo ist wegen einer Baustelle seit Monaten für Lkw gesperrt, das sieht man aber erst, wenn man dort ankommt. Dann muss man sich entscheiden, ob man ein sehr hohes Bestechungsgeld in Kauf nimmt oder über hundert Kilometer zurückfährt. So muss man eine komplett andere Strecke durch Bulgarien fahren, erst bei Svilengrad kurz vor der türkischen Grenze kommt man wieder auf die normale Transitstrecke. Die Umleitung ist unglaublich schlecht ausgeschildert. Es ist reine Glückssache, ob an wichtigen Kreuzungen Schilder stehen. Manchmal weisen sie auch nur zum nächsten Dorf hin, also anhalten und Karte rausholen. In der steht aber leider nichts von der Unterführung mit nur 3,40 Metern Durchfahrtshöhe oder der Zwölf-Tonnen-Brücke. An manchen Kreuzungen gibt es immerhin Schilder, die die größeren Städte anzeigen, aber es steht da nicht Razgrad oder Harmanli, sondern nur Разград und Харманли. Man lernt mit der Zeit, auch diese kyrillischen Zeichen irgendwie zu lesen, anders ginge es auch nicht in Bulgarien.

Die offiziell vorgesehene Ausweichstrecke ist ein unglaublich langer Umweg, man wird bis kurz vor Burgas am Schwarzen Meer umgeleitet. Übertragen auf Deutschland wäre das mit den etwa gleichen Entfernungen folgendermaßen: Man möchte von Frankfurt nach Hannover fahren. Kurz vor Kassel ist die Strecke gesperrt. Das wird aber leider nicht in Frankfurt angekündigt, sondern erst einige Kilometer vor der Sperrung. An der Sperre selbst stehen Polizisten und halten die Hand auf. Die Sauerlandlinie ist als Auswegstrecke für Lkw gesperrt, aber auch das ist nirgendwo vorher angezeigt. Man müsste also zurück bis Frankfurt und dann die empfohlene Ausweichstrecke über Idar-Oberstein fahren, die aber nur sehr rudimentär ausgeschildert ist. Wer sich auskennt, nimmt den einzigen Schleichweg, der zwar nicht ausgeschildert, aber jedenfalls nicht ausdrücklich für Lkw verboten ist: Man fährt über Weimar.

In Bulgarien führt der Schleichweg durch das Stara-Planina-Gebirge und das 7000-Seelen-Dorf Kotel. Die Strecke wäre eigentlich sehr schön, wenn nicht tausende von Lkw dort Tag und Nacht durchbrettern würden auf dem »Schleichweg« zwischen der Türkei und Westeuropa. Ich habe Bulgarien bei jeder Durchreise verflucht und mich der Wunschphantasie hingegeben, dass das Land mal zwei Wochen von allen Truckern bestreikt wird, damit man dort mal einsieht, dass es mit Lkw schlecht geht, ohne jedoch noch schlechter.

Bulgarien hat sich in den letzten zwanzig Jahren sehr stark zum Negativen verändert. Zu Sozialismus-Zeiten war ich dort auch schon oft mit dem Lkw, und damals war es das Ostblockland mit der wenigsten Korruption, ich habe sie immer die Preußen des Balkans genannt. Ganz im Gegensatz zu Rumänien. Dort durfte ich vierzig Mark pro Tour für Bakschisch aufschreiben, aber meistens reichte das nicht einmal aus. In Bulgarien wiederum musste ich damals innerhalb von vier Jahren nicht ein einziges Mal auch nur eine einzige Mark an Bestechungsgeld bezahlen. Auch die Wartezeiten an den Grenzen waren für Ostblockverhältnisse relativ kurz.

Mittlerweile haben sich die Relationen stark verschoben. Auch in Rumänien gibt es noch Korruption, aber deutlich weniger, und man sieht, dass die Regierung viel dagegen unternimmt. In Bulgarien hingegen haben Korruption, organisierte und unorganisierte Kriminalität extrem zugenommen. Entlang der gesamten Transitstrecke bieten Prostituierte ihre Dienste an, an den großen Truckstopps gibt es die klassischen Hütchenspieler, Kleinkriminalität wie Taschendiebstahl, Dieselklau und jede Form von Abzocke. Mit europäischen Standards hat das genauso wenig zu tun wie die Qualität der Straßen, die Beschilderung und die Korruption. Ich staune in Bulgarien immer wieder, wie das Land es schaffen konnte, in die EU zu kommen. Sind den europäischen Regierenden die Geldwäschemöglichkeiten so viel wichtiger als all die hehren europäischen Ideale, die zum Beispiel der Türkei immer vorgehalten werden? Von den Standards her, die ich als Trucker mitbekomme, ist die Türkei jedenfalls de facto hundertmal europafähiger als Bulgarien (wenn man von der türkischen Grenz- und Zollabfertigung mal absieht, aber die fiele dann ja weg).

Von Razgrad geht die Fahrt über Targoviste hoch in das idyllische, einsame Stara-Planina-Gebirge und dann wieder runter in die Ebene Richtung Sliven. Von dort gibt es mehrere Möglichkeiten zur Weiterfahrt in Richtung des bulgarischen Grenzorts Kapitan Andreevo. Etwa fünfzig Kilometer weiter steht an einer Kreuzung, dass es geradeaus in Richtung Istanbul geht, nach rechts laut einem verblichenen Schild nach Тополовград, mehr nicht. Leider hätte ich dort rechts abbiegen müssen, denn so lande ich an einer neuen Grenzstation, die in meiner erst kürzlich gekauften Bulgarien-Karte noch gar nicht verzeichnet ist.

Ich kann sie leider nicht nutzen, da ich beim Zoll in Venlo gesagt hatte, dass die Ware am Grenzübergang Kapitan Andreevo die EU verlassen wird. Im europäischen Europa wäre eine solche Änderung vor Ort kein Problem, aber in Bulgarien geht das schlicht nicht. Also: Knapp vierzig Kilometer zurückfahren und Richtung Тополовград abbiegen, mittlerweile habe ich den Ort als Topolovgrad auf meiner Straßenkarte identifiziert. Entgegenkommende Fahrzeuge blinken wie wild, Truckerkollegen halten im Vorbeifahren gestikulierend leere Tachoscheiben hoch. Das bedeutet: große Lkw-Kontrolle. Das ist fies in Bulgarien, denn wenn sie wollen, finden sie immer etwas, und sei es nur, um dann Bakschisch zu kassieren. Aber ich habe keine Chance, ich muss hier langfahren, alles andere würde viele Stunden Umweg kosten. An der Kontrolle habe ich jedoch Glück, die Beamten sind damit beschäftigt, andere Kollegen auseinanderzunehmen.

Ab Topolovgrad erkenne ich die Strecke wieder, nun geht es nach Svilengrad. In der geschichtsträchtigen, jahrtausendealten Kleinstadt gelangt man wieder auf die große Transitstrecke von Sofia nach Istanbul. Schon die Thraker siedelten hier, Zeus und Hera sollen hier ihren mythischen Kampf ausgefochten haben, den Ovid in seinen Metamorphosen beschreibt, später waren hier Römer, Osmanen und andere. Vor gut 800 Jahren wollten auch schon Holländer durchziehen. Unter ihrem Anführer Balduin I. haben die flandrischen Kreuzritter im Jahr 1205 in der Schlacht von Adrianopel hier jedoch von den Bulgaren unter dem Zaren Kalojan in einer der größten Schlachten der bulgarischen Geschichte ganz gewaltig auf die Mütze gekriegt, das macht mich richtig schadenfroh. Ich weiß gerne, was geographisch und historisch in den Gegenden jeweils los ist, durch die ich fahre. Es bleibt zwar fast nie die Zeit, sich die Spuren dessen anzusehen, aber es beflügelt wenigstens die Phantasie und macht die ganze Fahrerei weniger eintönig. Von Svilengrad sind es zwei Kilometer bis zur griechischen und vierzehn bis zur türkischen Grenze.

Über Mobiltelefon verabrede ich mich mit meinem Kollegen Jürgen, damit wir die nervige Grenze gemeinsam passieren. Wir treffen uns kurz hinter Svilengrad bei einem Türk Tir Parking. Doch von da kommen wir nur noch wenige hundert Meter weit, dann beginnt die Lkw-Schlange vor dem Grenzort Kapitan Andreevo. In Truckerkreisen ist die Grenze eher unter dem Namen des türkischen Grenzortes Kapikule begannt. Für ihre enormen Wartezeiten ist sie eine der meistgefürchteten Grenzen in ganz Europa. In den achtziger Jahren dauerte diese Grenzüberschreitung für Lkw mehrere Tage, mittlerweile liegen die Wartezeiten »nur« noch zwischen zwei und 24 Stunden. In der Schlange geht es weiter per Stop-and-go, die sicherste Methode, seine Fahrzeit auf der Tachoscheibe zu ruinieren. Nachdem wir uns innerhalb von zwei Stunden etwa einen Kilometer vorangewartet haben, halten wir Kriegsrat. Es sind noch schätzungsweise neun Kilometer bis zur Grenze. Um 19 Uhr beschließen wir, es für den heutigen Tag aufzugeben. Denn wir würden noch viele Stunden Fahr- und Schichtzeit verbrauchen, legal schaffen wir es nicht mehr bis zur Grenze. Also fahren wir einige hundert Meter zurück an eine Stelle, wo wir am Straßenrand parken können.

Die Straße ist hier kilometerlang von Geschäften und Kneipen gesäumt, man hat sich eingerichtet mit der europäischen Bürokratie und versorgt die verhinderten Reisenden mit allen möglichen sinnvollen und sinnlosen Sachen. Da wir nicht die Einzigen sind, die im wahrsten Sinne des Wortes auf der Strecke bleiben, sind wir innerhalb von zwanzig Minuten hoffnungslos eingekeilt von amokparkenden Kollegen. Wer am Limit seiner Arbeitszeit angelangt ist, darf nicht mehr weit fahren, um sinnvollere Parkplätze zu finden. Unmittelbar neben einem Stop-and-go-Stau schläft es sich ziemlich unruhig. Pkw, die auf der engen zweispurigen Straße an der Lkw-Schlange vorbeiwollen, lassen sich auf halsbrecherische Manöver ein. Viele Lkw und Autos aus der Gegenrichtung fahren viel zu schnell, da sie gerade viele Stunden Wartezeit hinter sich haben und verlorene Zeit und Geduld ausgleichen wollen. So können oft nur durch Hupen, Schreien und wilde Bremsmanöver schwere Kollisionen zwischen den überholenden Autos und dem Gegenverkehr vermieden werden.

Wir rufen in Holland an und sagen, dass wir heute nicht mehr über die Grenze kommen und daher auch morgen früh nicht in Istanbul beim Kunden sein können. Die Firmenleitung ist am Telefon vorwurfsvoll, als seien wir für den Stau verantwortlich oder hätten ihn einfach nur erfunden. Da wir zu zweit sind, gehen sie vorsorglich davon aus, dass wir vermutlich in Kneipen und Bordellen rumsumpfen. Sonst müssten sie sich ja auch eingestehen, dass sie den Zeitplan mal wieder viel zu eng gestrickt haben, denn eine professionelle Planung hätte diese Verzögerung berücksichtigen müssen. Wir Fahrer werden so unter permanentem Zeitdruck und mit einem schlechten Gewissen gehalten – ein schlechtes Gewissen für Dinge, für die wir nun wirklich nichts können.

Dienstag, Morgengrauen

Grenzabfertigung – woher der »Laufzettel« seinen Namen hat – »Hoş Geldiniz Türkiye« – Ankunft in Istanbul – DHL verhängt Ausgangssperre

Über Nacht ist die Lkw-Schlange schon mindestens drei Kilometer kürzer geworden. Ohne Frühstück geht's los, gleich im Stau gibt es noch genug Zeit zum Kaffeetrinken. Zuerst müssen wir versuchen, die drei türkischen Kollegen wachzutrommeln, die uns zugeparkt haben. Das hatten wir ihnen schon gestern Abend gesagt, aber diese Macho-Kollegen wussten alles besser. Nun wollen sie ihre Fahrzeuge nicht bewegen, um die Pausenzeit nicht zu gefährden, erst ein zufällig vorbeifahrendes Polizeiauto kann uns helfen, die Kollegen doch noch dazu zu motivieren.

Während wir uns durch die letzten Dörfer bis zur Grenze warten, ist Zeit zum Kaffeetrinken, das halbe Kilo wichtiger Papiere für die Grenze zu sortieren und für Langeweile.

Nach einigen Stunden kommen wir an der bulgarischen Grenzstation an. An dieser Grenze wurde eine Neuerung eingeführt. Früher bekam man beim Einfahren in die Grenzstation einen sogenannten Laufzettel mit Autonummer, Name des Fahrers und Platz für ganz viele wichtige Stempel. Dann musste man an zahlreichen Schaltern Schlange stehen: Vignettenkontrolle, Zollausfuhr der Ware aus der EU, Passkontrolle, bei Lebensmitteln auch noch Veterinärkontrolle, jeweils mit ersehntem Stempel. Vielleicht heißt das Papier ja deswegen Laufzettel, weil man von einem Schalter zum nächsten laufen muss, um Stempel zu sammeln. Von der Ausreise trennt einen am Ende ein letzter Schalter. Dort werden die Laufzettel eingesammelt, und der Kontrolleur schaut lediglich, ob alle bunten Stempel auf dem mittlerweile zerfledderten Stück Papier sind. Nun ist man hier in Kapitan Andreevo jedoch hochmodern, vermutlich gefördert durch Mittel aus Brüssel. Es gibt nämlich keinen Laufzettel mehr, sondern für jeden Fahrer einen USB-Stick. Statt des Laufzettels muss ich an jedem Schalter den USB-Stick vorlegen, der dann in einen veralteten Windows-Computer gesteckt wird.

Einen großen Lacherfolg ernten Schlipsträger vom Ministerium aus Sofia. Sie haben Klemmbretter dabei und fragen uns Trucker, ob wir zufrieden mit Bulgarien seien und ob es beispielsweise Probleme mit Korruption gäbe. Die Ärmsten kriegen mehr zu hören als ein Schaffner der Deutschen Bahn in einem Zug mit drei Stunden Verspätung. Aber das bleibt natürlich folgenlos, denn diese Oberkontrolleure sollen nur die Qualität der Zollarbeit kontrollieren und nicht die der Polizei. Der Zoll ist jedoch das geringste Problem in Bulgarien: Wer an dieser Grenze steht, hat Bulgarien meist im Transit durchfahren, die wenigsten haben hier für die Türkei geladen. Und zolltechnisch gesehen verläuft der Transit relativ locker und erfordert kaum Bakschisch. Es entspricht mal wieder allen Klischees: Die Antikorruptionskontrolle wird an einem Ort veranstaltet, wo es für bulgarische Verhältnisse wenig Korruption gibt – so werden Statistiken geschönt.

Irgendwann mittags dürfen wir nun endlich unseren USB-Stick wieder abgeben und passieren die echte Grenze. Ein Schild kündigt an: »Hoş Geldiniz Türkiye«. »Hoş Geldiniz« heißt »willkommen«, aber an dieser Grenze hat niemand das Gefühl, in der Türkei freundlich willkommen geheißen zu werden, auch Türken nicht. Im Gegenteil, jetzt gehen Warterei und Bürokratie erst richtig los. Immerhin gibt es mittlerweile einige moderne Zollgebäude. Das bedeutet, man steht an einigen Schaltern mittlerweile in geschlossenen Räumen Schlange oder wenigstens überdacht. Früher gab es nur ein kleines Zollgebäude, und man musste stundenlang draußen warten, bei Schneesturm und üblen Minusgraden genauso wie bei sengender Sommerhitze.

Nun werden sogar Synergieeffekte genutzt. Man hat gleich die ersten drei bürokratischen Hürden zusammengezogen: Jeder Lkw wird erstens gewogen, zweitens werden Gewicht, Autonummer und Personendaten elektronisch auf einen neuen Laufzettel geschrieben, drittens darf man für diese erste Amtshandlung fünf Euro bezahlen. Überraschenderweise muss man dafür nicht mal an einem Extraschalter anstehen, das Geld wird gleich bei der Waage eingezogen. Laufzettel, Waage und Wiegegebühr, all das an einem einzigen Schalter, ohne dass man das Fahrzeug verlassen muss – das ist Modernisierung!

Ich begrüße die miesgelaunten Beamten dort immer mit meinem rudimentären Türkisch und sage: »Merhaba kantar bay.« Das ist falsch, und ich weiß es, es heißt nämlich »Guten Tag, Herr Waage«. Aber damit ernte ich meistens einen Lacher und erzeuge besseres Wetter. Der nächste Schalter, den ich passieren muss, ist dann schon weniger witzig: die Passkontrolle. Man sitzt in der Fahrerkabine und gibt durchs Fahrerfenster Pass und alles Mögliche andere, was der uniformierte Beamte noch sehen will. Irgendwann sagt er, man solle das Beifahrerfenster herunterlassen und rechts rausschauen. Dort gibt es einen Schalter, an dem ein Beamter mit einer Videokamera sitzt und jeden einzelnen Insassen des Fahrzeugs penibel ablichtet. Ich vermute, den Schäubles und Schilys dieser Welt kämen Freudentränen, wenn sie das sehen würden. Schon hier, wenige Meter nach der geographischen und viele Stunden vor der rechtlichen Einreise in die Türkei, wird klar, wieso viele Türken nicht verstehen können, dass ihr Land nicht europafähig sein soll.

Nun haben wir einen Laufzettel, unsere Gesichter wurden mit sämtlichen verfügbaren Anti-Terror-Dateien abgeglichen und die erste Gebühr wurde auch schon abgeknöpft – »Hoş Geldiniz Türkiye.« Danach darf man etwa dreißig Meter weiter fahren. Auf acht Spuren heißt es nun parken und warten. Man kann im großen Zollgebäude etwas essen und sogar duschen, zwischendurch muss man aber immer mal raus und eine Wagenlänge vorwärts rücken. Wenn man das nicht tut, drängelt sich gnadenlos jemand vor, hier heißt es jeder gegen jeden. Heute sind mal wieder sehr viele Fahrzeuge Richtung Irak an dieser Grenze. Die Transporter mit türkischen Kennzeichen haben gebrauchte Autos und vor allem Lkw aus Europa geladen. Manche Brummis hier fahren auch Richtung Iran, Syrien oder Georgien. Als ich nach drei Stunden endlich vorne am Häuschen bin, habe ich Pech. Der zivile Beamte begrüßt mich zwar noch freundlich, zieht dann jedoch ganz gelassen sein Rollo herunter, denn es ist irgendeine Pause angesagt, sie dauert eine Stunde. Natürlich plus je zehn Minuten davor und danach.

Heute meinen sie es richtig gut mit mir. Nach der Pause und der ganzen Schalter-Rallye wegen Pass, Wagenpapieren, Türkei-Genehmigung, Zollpapieren, Rechnungen, ATR, TIR-Carnet, Straßengebühren und so weiter folgt etwas, was sonst nur sehr selten passiert: Irgendein Uniformierter mit viel Blech auf der Schulter kritzelt einen Haken auf meinen Laufzettel. Er hat gerade per Ordre de Mufti bestimmt, dass ich zur Röntgenkontrolle muss. Der Röntgenscanner steht an der Grenze auf der anderen Seite, also Richtung Europa. Hier wird nach geschmuggeltem Haschisch und geschmuggelten

Menschen gesucht. Was bei mir gesucht wird, wird nicht klar, aber bei Trucks mit niederländischem Kennzeichen mutmaßen Kontrolleure immer Drogenschmuggel. Es wäre zwar total bescheuert und absurd, mit einem niederländischen Fahrzeug Drogen von Bulgarien in die Türkei zu schmuggeln, aber das interessiert den Mufti nicht.

Kollege Jürgen steht einige Wagenlängen hinter mir in der Schlange, weil er bereits auf der bulgarischen Seite herausgewunken und durch den Röntgenscanner geschickt wurde. Eigentlich ist das noch bescheuerter, was haben die denn zu fürchten? Aber auch ihm setzt der Mufti den verhängnisvollen Haken auf den türkischen Laufzettel. Sein Einwand, dass er die Röntgenprüfung doch bereits vor einer Stunde bestanden habe, wird mit einem müden Lächeln quittiert – das war schließlich in Bulgarien und nicht im Lande Atatürks.

Nun müssen wir also auf die Gegenseite, zum Abfertigungsgebäude für die Ausreise aus der Türkei. Dafür werden Tore geöffnet, weiß-rote Absperrungen entfernt und Fahrzeuge angehalten. Am Hightech-Scanner ist natürlich niemand, also muss man wieder warten. Buddha ist ein hyperaktiver Hektiker gegen das, was Truckern an dieser Grenze abverlangt wird. Zwischendurch ruft immer mal wieder die Zentrale an, was wir denn machten und wann wir denn in Istanbul seien, der Kunde wolle das wissen. Ich antworte, der Kunde – DHL – kenne möglicherweise die Gepflogenheiten am Grenzort Kapikule, mehr könnten wir jetzt noch nicht sagen.

Nach dem Scannen (Prüfung bestanden!) geht es im Zickzackkurs wieder zurück auf die Gegenseite. Doch der Mufti hat noch eine Überraschung in Form eines weiteren Schnörkels auf dem Laufzettel für uns bereit: Das verurteilt uns zur Kontrolle bei der obersten Polizeidienststelle. Sie liegt einige hundert Meter entfernt im Pkw-Bereich, da war ich noch nie, keine Ahnung, was die wollen. Damit ich nicht mehrmals laufen muss, nehme ich sämtliche Papiere mit, die ich in der Kabine finden kann, einschließlich Lohnsteuerkarte, EU-Bescheinigungen und Führerschein, und schreibe mir vorsichtshalber den Kilometerstand auf. In dem Gebäude werden an Hebebühnen Pkw auseinandergeschraubt, wir gehen vorbei an bellenden

Zollhunden, Wachstuben und Kantinenräumen. So lernt man ein Land kennen, mit Sicherheit besser als jeder Tourist. Bei der Polizei weiß ich nicht mal, was genau die nun kontrollieren will. Der Polizist sieht mir mit diesem typischen Blick tief in die Augen, zögert noch einen machtauskostenden Moment und gibt mir dann endlich den Stempel.

Nach der Dieselkontrolle und dem Stempel müssten wir jetzt endlich alles beisammen haben. Hoffentlich, das sagt einem niemand. Wenn bei der Ausfahrt aus der Grenzstation auch nur ein Stempel auf dem Laufzettel fehlt, heißt es: »Gehe zurück nach der Badstraße«. Aber es klappt alles, unsere Stempelsammlung ist vollzählig. Die Abenddämmerung kündigt sich bereits an, da verlassen wir die Grenze. Es war ein langer Tag bisher, allerdings sind wir noch keine zehn Kilometer weit gefahren – und unser Lohn bemisst sich nach den gefahrenen Stunden. Aber es ist ja noch lang nicht Feierabend. An der Grenze haben wir errechnet, dass wir es innerhalb der fünfzehn Stunden maximaler Schichtzeit noch bis Istanbul schaffen können. Diese Schichtzeit darf man ausreizen, wenn man zwischendurch mindestens drei Stunden Pause gemacht hat. Wir hatten zwar keine Pause, sondern mussten uns mit Grenzkram rumärgern, aber der Wagen hat gestanden, und nur das zählt.

Jetzt wird also Tempo gemacht, Jürgen fährt vor. Ich mag das nicht, ich muss dann seinen Stil fahren, und er überholt jeden, auch wenn er nur einen halben Stundenkilometer schneller ist – wie anstrengend! Aber die Straßen sind sehr gut – europäischer Standard im Gegensatz zu Rumänien und Bulgarien – und leer, aus der Grenze tröpfeln die Fahrzeuge nur einzeln heraus. Edirne lassen wir rechts liegen. In den achtziger Jahren musste der gesamte Transitverkehr direkt durch diese Stadt hindurch. Ich erinnere mich an Szenen, wo Kisten mit Obst und Gemüse oder ganze Marktstände weggeschoben werden mussten, wenn ein Lkw Überbreite hatte, doch das ist Geschichte.

Den europäischen Teil der Türkei nennen die Türken Rumeli (Ostrom), ein letztes Andenken an das oströmische Reich. Große Teile dieses Landstrichs sind recht dünn besiedelt. Das ist prima, denn so können wir auf der Autobahn brettern wie schon seit dem über tausend Kilometer zurückliegenden ungarischen Szeged nicht mehr. Vorbei geht's an Lüleburgaz und Corlu. Je näher wir Istanbul kommen, desto voller wird die Autobahn. Wenn man in Silivri die stinkenden Raffinerien passiert, sind es zwar noch über fünfzig Kilometer, aber der Verkehr erinnert plötzlich an den nordrhein-westfälischen Ferienbeginn. Doch Jürgen tritt weiter aufs Gaspedal, und ich bemühe mich, ihm zu folgen. Etwa zwanzig Kilometer vor der Stadt zeigen Hinweisschilder an, dass die Durchfahrt durch Istanbul für Lkw von sieben bis zehn Uhr und von 17 bis 22 Uhr verboten ist. Das stimmt aber nur halb, denn die Durchfahrt ist morgens Richtung Asien und abends Richtung Europa verboten. Das steht nicht dabei, man muss es einfach wissen.

Jürgen lässt mich überholen, da ich den Weg zum Kunden bereits kenne. DHL Istanbul liegt im Stadtteil Ikitelli. 2009 hat hier ein fürchterliches Hochwasser gewütet, es gab mehrere Dutzend Tote, unter anderem auch auf einem großen Tir Parking. Der Stadtteil wächst explosionsartig, die Wachstumsraten sind höher als beim Schuldenberg des Bundeshaushalts. Bisher machte der Bauboom nicht mal vor dem – meistens – ausgetrockneten Flussbett halt, das diesen Stadtteil durchzieht, daher waren die Schäden so verheerend.

Um 20.30 Uhr rollen wir auf das durch hohe Zäune, Stacheldraht, Werkschutz, Flutlicht und Alarmanlagen gesicherte Gelände von DHL. Wieder geht ein anstrengender Fünfzehn-Stunden-Tag zu Ende. Allerdings sind wir nicht mal 300 Kilometer gefahren, es gibt also wenig Geld für viel Arbeit.

Wir haben noch Zeit, schnell etwas essen zu gehen vor der Ausgangssperre. Ja, bei DHL in Istanbul gibt es die tatsächlich! Um 23 Uhr muss man wieder im Wagen sein, denn dann wird das Rudel scharfer Hunde freigelassen. Es sind mindestens ein halbes Dutzend zu Kampfmaschinen abgerichtete Doggen, jede fast so groß wie ein junges Kalb. Eigentlich wollten Jürgen und ich noch gemeinsam ein Bierchen im Wagen trinken, denn in dem Restaurant gab es – wie in den meisten Restaurants in der Türkei jenseits der Touristengebiete – keinen Alkohol. Aber selbst die paar Meter zum Fahrzeug des Kollegen sind zu riskant, und so hat nun jeder Hausarrest in seiner Blechkiste – mit uns Fahrern kann man's ja machen. Vor dem Einschlafen stelle ich mir vor, was die sieben schlipstragenden Vorstandsmitglieder von DHL wohl sagen würden, wenn sie bei einem Besuch ihrer Istanbuler Filiale wegen der Hunde nachts in Plastikflaschen pinkeln müssten.

Mittwochmorgen, sieben Uhr

DHL fällt mit der Tür ins Haus – erschwindelte Wochenendpause – Ausladen in Ikitelli

Der Tag beginnt mit einer nächsten Unverschämtheit. Ein DHL-Mitarbeiter kommt zum Fahrzeug (die Hunde sind wieder im Zwinger) und holt die Papiere ab. Er klopft dabei jedoch nicht nur diskret an die Wagentür, sondern versucht ganz ungeniert, diese zu öffnen. Bei mir geht das nicht, denn ich habe mich wohlweislich eingeschlossen. Wäre sie aufgegangen, hätte der Mann unvermittelt neben meinem Kopfkissen gestanden. Nun muss er eben zwei Minuten auf mich warten. Während ich mich sortiere, sehe ich, wie er beim Lkw nebenan die Tür öffnet und die untersten Stufen des Führerhauses erklimmt. Der Fahrer war noch im Tiefschlaf, er war erst mitten in der Nacht angekommen. Noch in Unterhose, unrasiert und total verschlafen wird er gedrängelt, zügig die Papiere herauszugeben. Diese kleine Unverschämtheit sagt eine Menge darüber aus, wie DHL uns Fernfahrer behandelt. Und dabei leben sie von unserer Arbeit, ohne uns hätten sie keine.

Diese Eile ist zudem albern und überflüssig, denn danach passiert über zwei Stunden gar nichts. Um halb zehn teilt man uns mit, dass wir nicht bei DHL ausladen müssen, sondern direkt beim Kunden, einer Firma mit Namen Teksim. Auf geht's ins Istanbuler Verkehrsgewühl. Es hat was vom Autoscooter auf der Kirmes. Mit dem Lkw macht mir das manchmal richtig Spaß, da hat man ja auch ganz gute »Argumente«. Man muss es nur machen wie alle anderen Verkehrsteilnehmer: Keinesfalls in den Rückspiegel schauen, einfach nur nach vorne orientieren, nicht die Hupe nutzen, denn das beeindruckt niemanden, wenn überhaupt nur Lichthupe, das signalisiert den anderen: »Schau bitte ausnahmsweise mal in deinen Rückspiegel.« Wenn man dieses Prinzip verstanden hat und obendrein einen Vierzigtonner fährt, dann kann man fröhlich mitmischen.

Ein weiterer Tipp für türkei-unerfahrene Truckerkollegen: Folgt niemals den Wegbeschreibungen türkischer Spediteure und schon gar nicht denen von DHL. Ihr landet vielleicht auf dem Ararat oder in Bielefeld, aber mit Sicherheit nicht da, wo Ihr hinwollt. Wir jedenfalls bekommen von DHL eine Wegbeschreibung, nach der wir uns binnen kürzester Zeit hoffnungslos verfahren haben. Dabei wäre es eigentlich ganz einfach gewesen, Teksim liegt ebenfalls in Ikitelli, nicht mal einen Kilometer entfernt. Nach einer Dreiviertelstunde kommen wir beim Kunden an. Wir haben's geschafft und sind geschafft. Nun heißt es wieder warten. Wenn man wenigstens wüsste, wie lang man warten muss, könnte man die Zeit sinnvoll nutzen. So heißt es aber ständig, wenn man im Büro nachfragt: »Kommt in einer halben Stunde wieder.« Zwischendurch ruft immer wieder die Firma an, entweder direkt aus den Niederlanden oder durch den Istanbuler Vertragspartner. Sie drängeln und fragen vorwurfsvoll, wann »wir« denn fertig würden mit Ausladen, wir sollten heute noch rückladen. Woher sollen wir das denn wissen, uns Fahrern sagt man das doch nicht?! Wir zucken telefonisch mit den Schultern, verweisen das niederländische Büro an das Istanbuler Büro und das Istanbuler Büro an die Verantwortlichen bei DHL und Teksim.

Es ist jetzt Nachmittag, eigentlich dürfen wir gar nicht mehr fahren, eigentlich gar nicht mehr arbeiten. Denn am letzten Donnerstag um 13 Uhr hatten wir den neuen Urlaubsschein bekommen und nach sechs Tagen Arbeit sind wir gesetzlich zu mindestens 24 Stunden Pause verpflichtet. Die fünfzig Meter auf dem Werksgelände um 16.30 Uhr vom Parkplatz an die Rampe sind schon illegal. Bei einer Kontrolle müssten wir lügen und sagen, dass wir Platz machen mussten, weil ein Kollege passieren wollte. Als um 18.30 Uhr beide Trucks entladen sind, fahren wir wieder fünfzig Meter illegal auf den Parkplatz. Nun müssten wir eigentlich fragen, ob wir auf dem Hof über Nacht parken können, denn wir dürfen die Fahrzeuge ja nicht mehr bewegen. Dieser Tag war dann unser schönes Wochenende – eine Farce! Wir brauchen aber gar nicht zu fragen, denn wir müssen sowieso noch warten, weil die Papiere noch lange nicht fertig sind. Und das werden sie auch heute nicht mehr.

Donnerstagmorgen, sieben Uhr

Auf nach Yenibosna – deutsch-türkische Missverständnisse – türkische Gastfreundschaft – niederländische Drängelei – wieder Ausgangssperre

Auch wenn ich eigentlich noch »frei« habe, ist es wieder nichts mit Ausschlafen, denn früh morgens geht um mich herum der Werksbetrieb los. Jürgen bekommt einen Drängelanruf, lässt sich davon beeindrucken und fährt zur Ladestelle für seine Rückladung, obwohl er seine Pause nicht ausgeschöpft hat und die Papiere noch nicht fertig sind – es fehlt das Triptik. Das Triptik ist die sinnloseste Erfindung nach dem Stereo-Handy und der Spaghetti-Drehgabel. Es ist ein Dokument vom türkischen Zoll, das einem bescheinigt, dass die Ladung, die man bei der Ausreise eh nicht mehr dabei hat, tatsächlich ausgeladen wurde. Das hat nichts mit der Verzollung zu tun, für die hatten wir vorher ja schon stundenlang gewartet. Aber ohne Triptik lassen einen die türkischen Behörden nicht aus dem Land.

Irgendwann mittags sind die Papiere dann endlich vollständig fertig. So habe ich zumindest auf dem Papier sogar fast 26 Stunden »Wochenendpause«. Nun bekomme ich meine Docklade-Adresse. Ich soll zur Firma Özyaman Tekstil in Yenibosna. Das ist schade, ich hatte gehofft, wieder einmal Rückladung in Ankara und Denizli zu bekommen, das wäre ein bis zwei Tagesreisen weiter weg von Holland. Yenibosna ist aber ein Stadtteil von Istanbul und liegt sogar ziemlich in der Nähe. Die hilfsbereiten Arbeiter erklären mir einen Weg, den ich natürlich – wie so oft in Istanbul – auf Anhieb verfehle. Letztlich nehme ich ein Taxi (auf eigene Kosten, logisch) und bitte den Fahrer, vor mir her zur Fabrik zu fahren. Das Dumme ist, dass sich Taxifahrer in Istanbul oft nicht auskennen, man muss ihnen sagen, wo sie langfahren sollen. Zudem gibt es so eine Sorte von Machos, die nie zugeben können, dass sie etwas nicht wissen. So irren wir durch die engen Straßen von Yenibosna, bis ich irgendwann aus dem Augenwinkel sehe, dass wir gerade an der Fabrik vorbeigefahren sind. Die Straße ist so eng, dass ich nicht wenden kann, und hinter mir so viel Verkehr, dass ich auch nicht die paar hundert Meter zurücksetzen kann. Ich zahle den Taxifahrer aus, dann suche ich nach einer Wendemöglichkeit. Während ich mit einem wilden Wendemanöver alles blockiere, klingelt das Diensthandy. Um mich herum hupende Autos, ein Bus und Mopedfahrer, die versuchen, sich vorbeizuschlängeln – und ich muss stehenbleiben und sofort drangehen, weil mir sonst wieder eine Lohnkürzung droht. Es ist der Istanbuler Vertragspartner, der wissen will, ob ich schon beim Kunden sei. In solchen Situationen lernt man entweder die totale Gelassenheit oder man bekommt über kurz oder lang ein Magengeschwür.

Als ich endlich beim Kunden eintreffe, stellt sich heraus, dass die Hektik der mich verwaltenden Büros in Istanbul und den Niederlanden mal wieder völlig überflüssig war, denn die Ware ist noch gar nicht fertig. Aber es gibt einen großen Unterschied zu vergleichbaren Ladestellen in Holland oder Deutschland: Die Leute sind unglaublich gastfreundlich. Als erstes wird mir ein Çay angeboten, ein

Kniffelige Anfahrt: eine Fabrik mitten im Wohngebiet

türkischer schwarzer Tee. Es mag ja sein, dass die Türken vor einigen hundert Jahren den Kaffee nach Europa gebracht haben, aber sie haben ihn anscheinend auch da gelassen, denn in der Türkei habe ich relativ selten Kaffee angeboten bekommen, den Çay hingegen gibt es praktisch immer.

Der Pförtner organisiert einen Stuhl, lädt mich in sein Häuschen ein und möchte mich mit Konversation bespaßen. Das gestaltet sich wegen der Sprachdifferenzen zwar sehr mühsam, ist aber einfach nur nett gemeint. Ein Arbeiter führt mich in die Kantine. Die Mittagessenszeit ist zwar schon vorbei, aber die drei Frauen dort zaubern extra für mich noch ein gutes Mittagessen – »Hoş Geldiniz Türkiye«. In diesen Situationen weiß ich, warum ich lieber in ferne Länder fahre und nicht den viel stressfreieren Linienverkehr zwischen Rotterdam und Baunatal oder Utrecht und Recklinghausen übernehme.

Es ist ein irritierendes Phänomen in der Türkei. Einerseits gibt es Machos, Egoisten und unglaublich ignorante und unfreundliche Leute, andererseits diese spontane Freundlichkeit und Gastfreundschaft, die mit Sicherheit nicht nur aufgesetzt ist, sondern ehrlich von Herzen kommt. Nach all den Jahren der Truckerei in dieses große Land glaube ich, eine Erklärung gefunden zu haben für diesen Widerspruch. Man steht in einem Geschäft und will gerade bezahlen. Jemand kommt rein, ignoriert dich völlig, drängelt sich vor und beginnt – auf Türkisch natürlich – ein Gespräch mit dem Verkäufer, der ja eigentlich gerade damit beschäftigt ist, dich zu bedienen. Spontan empfindet man das als unverschämt und kommt leicht auf die Idee, dass der das macht, weil man Ausländer ist. Das stimmt schon mal nicht, denn das passiert auch türkischen Kunden. Ich glaube, der Schlüssel zur Erklärung ist folgender: Wenn du mit jemandem nichts zu tun hast, nimmt dieser dich praktisch gar nicht wahr. Das gilt leider auch für den Straßenverkehr. Sobald du jedoch in irgendeiner Beziehung zu ihm stehst, verhält er sich völlig anders, ist freundlich, hilfsbereit, sozial und zuvorkommend. Wenn der sich vordrängelnde Kunde dich zum Beispiel plötzlich erkennt, weil man sich zufällig gestern in der Kneipe vom Bruder des Schwagers über den Weg gelaufen ist, wird er plötzlich ganz anders, sehr freundlich und wartet mit aller Geduld der Welt, bis du deinen Einkauf beendet hast. Wenn man dieses Erklärungsmuster einmal verstanden hat, fällt es einem auch in Deutschland viel leichter, rücksichtsloses Verhalten von einigen türkischstämmigen Mitmenschen nicht persönlich zu nehmen, denn so ist es nicht gemeint (auch wenn es ärgerlich und anstrengend ist).

Eines ist jedenfalls deutlich: Die meisten Menschen in der Türkei sind viel weltoffener und selbstbewusster geworden in den letzten zwanzig Jahren. Selbst als Trucker, der in Westeuropa auch damals schon ein Nichts war, war ich hier der Exot und Botschafter aus den reichen Ländern, immerhin hatte man seit Tagen nur für »meine« Ladung jede Menge Überstunden gemacht, damit alles rechtzeitig fertig wird. Heute ist der Kontakt viel alltäglicher geworden, ein Truck aus Westeuropa ist schon lange nichts Besonderes mehr. Ein Fahrer aus Bursa, Izmir, Kiew oder Barcelona würde an meiner Stelle genauso herzlich empfangen, da gibt es keinen Unterschied. Selbst wenn er aus Athen käme, auch diesbezüglich hat sich in den letzten zwanzig Jahren vieles entspannt.

Gastfreundschaft auf Türkisch: Die ganzen zwei Tage war ich von Cengiz eingeladen.

Einmal musste ich in Ankara mehrere Tage auf Rückladung warten. Ein türkischer Kollege aus meiner Firma, den ich überhaupt erst zwei- oder dreimal getroffen hatte, sagte mir, ich solle in das dreißig Kilometer entfernte Dorf Kazan rausfahren. Dort habe ein Freund von ihm mit Namen Cengiz einen Truckstop mitsamt Tankstelle und Bäckerei. Als ich dort ankam, hatte Cengiz schon die ganze Zeit an der Straße auf mich gewartet und kam mir gestikulierend entgegen. Er bot mir etwas zu trinken an, brachte mich zu einem benachbarten Restaurant und sagte dem Wirt, er solle mir das Beste vom Besten servieren. Es war mir absolut unmöglich, das Essen zu bezahlen. Abends fuhr er mich auf meinen Wunsch hin in den Ort zu einem Internetcafé. Als er mich nach knapp zwei Stunden wieder abholte, bestand er sogar darauf, die Internetgebühren zu bezahlen! Dabei war Cengiz in keinster Weise aufdringlich – als ich meine Ruhe haben wollte, ging das genauso selbstverständlich. Eine derart herzliche Gastfreundschaft für den Kollegen eines Freundes wäre an einem deutschen Autohof sicherlich unvorstellbar.

Doch zurück nach Yenibosna. Der Gang durch die Werkshallen von türkischen Textilfabriken ist immer wieder ein Erlebnis. Nicht nur, weil man die Produktion zu sehen bekommt, das heißt, hunderte wieselflinker Frauen bei eintöniger Fließbandarbeit, sondern auch wegen der subtilen Interaktionen, die in Sekundenbruchteilen geschehen. Manche Frauen flirten einen unter ihrem Kopftuch ganz ungeniert an, manche eher verschämt und heimlich. Manche versuchen auch konsequent wegzugucken, das finde ich eigentlich immer am lustigsten. In jedem Fall hat man das seltene Gefühl, als Trucker respektiert zu werden. Das ist zwar gut fürs Ego, aber man sollte sich auch nicht allzu viel darauf einbilden. Zum einen kann ich selbst ja gar nichts dafür, dass ich aus anderen ökonomischen Verhältnissen komme, und zum anderen sollte ich nicht vergessen, dass ich schon in wenigen Stunden wieder in einem völlig anderen Film bin. Was heißt hier in wenigen Stunden? Alle halbe Stunde klingelt das Diensthandy, die niederländischen Disponenten und das Istanbuler Büro drängeln. Ich finde es völlig bescheuert, dass die bei mir Druck machen, sollen sie doch hier bei der Werksleitung anrufen. Die Arbeiterinnen arbeiten jedenfalls am Limit, schneller geht es wirklich nicht. Eines verbindet sie und mich: Wir sind die Sklaven der Just-in-time-Produktion.

Nach einigen Stunden beginnt das Beladen. Im Gegensatz zur Produktion ist das reine Männersache. Die Ware ist nicht auf Paletten, sondern in einzelnen Kartons verpackt. So passt mehr in den Truck. Ich reihe mich ein und schleppe selber Kartons. Nicht weil ich muss, sondern weil die Menschen hier so freundlich zu mir sind. Das verdutzt sie anfangs völlig, aber es imponiert ihnen, denn das tut hier fast nie jemand. Im Gegenteil, viele Kollegen nutzen an solchen Ladestellen die Gelegenheit, um auch ein einziges Mal die Herrenmenschen spielen zu können, treiben die Arbeiter zur Eile und lassen dabei rassistische Sprüche ab.

Für meine zwanzig Worte auf Türkisch ernte ich Respekt, Anerkennung und manchen Lacher. Ich frage die Arbeiter mit Händen und Füßen, ob sie Kinder haben, und spätestens, als ich den stolzen Vätern für ihre Kinder jeweils eine Handvoll Luftballons gebe, die ich in einer Luftballonfabrik vor einigen Wochen in Italien abgestaubt hatte, bin ich akzeptiert – nicht mehr als Gast, sondern als Kollege. Trotz allem Gelächter und Geplänkel arbeiten die Jungs sehr konzentriert, der Trailer wird zügig beladen. Dabei fällt mir eine Situation von früher in einer anderen Istanbuler Textilfabrik ein. Manche Arbeiter sprechen ein paar Worte Deutsch und sagen etwa: »Ich vor zwansisch Jahre Ludwigsburg arbeiten. Deutschland gutt, gutt Arbeit, gutt Geld.« Und einer dieser unermüdlichen Arbeiter drehte sich damals zu mir um und sagte: »Gibt türkische Sprichwort. Wer bei der Arbeit schwitzt, wird nie reich davon.« Das ist seitdem eines meiner Lieblingssprichworte.

Die Ladearbeiter kriegen auch die halbstündigen Drängelanrufe mit und legen sich noch mehr ins Zeug. Ich versuche vergeblich, den Bürohengsten klar zu machen, dass sie nicht bei mir drängeln sollen, sondern bei der Fabrikleitung. Irgendwann am Spätnachmittag ist dann alles fertig. Die restlichen fünf Meter Ladefläche soll ich am nächsten Morgen bei unserer Istanbuler Partnerfirma zuladen, da werden dann auch die Papiere fertiggemacht. Wieder einmal muss ich nette Menschen zurücklassen und weiß, dass ich sie wahrscheinlich nie wieder treffen werde. Die Verabschiedung ist so herzlich, als wäre ich jahrelang in diesem Betrieb Kollege gewesen.

Den Rückweg finde ich leicht, denn die Istanbuler Vertragsspedition ist auf dem gleichen Gelände wie DHL in Ikitelli, sozusagen als Untermieter. Wie vorgestern habe ich wieder Ausgang bis 23 Uhr, dann lassen sie die Hunde raus. Ich habe weder genug Zeit noch Energie, um ins Zentrum zu fahren und mir irgendeine Istanbuler Sehenswürdigkeit anzusehen. Dennoch glaube ich, dass ich an diesem einen Tag mehr von dieser Stadt geatmet habe, als ein Tourist in einer ganzen Woche jemals mitbekommen könnte. Und das trotz der Ausgangssperre.

Freitagmorgen, acht Uhr

Eine überraschende Oldtimersammlung – die letzten Lademeter – Zoll in Halkali – auf nach Griechenland

Heute weckt mich kein reizender DHL-Mitarbeiter, ich stehe selbstbestimmt um kurz nach acht Uhr Ortszeit im Büro unserer Istanbuler Vertragsspedition. Ich soll auf dem Gelände 200 Meter weiter zum Lager fahren, um dort die restlichen Lademeter zu erhalten. Da ich mir schon denken kann, dass dieser Tag wieder elend lang wird und ich heute Abend Probleme mit der Schichtzeit bekommen werde, nutze ich einen alten Trick, um mich selbst und die Polizei zu betuppen. Ich wechsle die 24-Stunden-Scheibe im Tacho, indem ich zuerst die neue Scheibe ausfülle, die alte herausnehme, die 200 Meter fahre und dann erst die neue Scheibe einlege. So fehlen nur zwei Minuten, und die hätte ich auch gebraucht, um nach dem Herausnehmen der alten Tachoscheibe die neue auszufüllen. Die gefahrenen Meter wird kein Polizist an der Straße ohne technische Hilfsmittel erkennen. Ich hoffe wirklich inständig, dass der elektronische Tacho bald für alle Pflicht wird, dann ist endlich Schluss mit dieser Mauschelei.

Auch hier heißt es wieder warten, weil noch nicht alle Ware da ist. Die Eintönigkeit wird unterbrochen durch ein Highlight der ganz besonderen Art. In einem Wellblechschuppen direkt neben

Überraschung in der Wellblechhalle – mehr als 150 liebevoll restaurierte Oldtimer

der Ladestelle restaurieren vier Arbeiter einen schönen Oldtimer, einem Plymouth Savoy aus den fünfziger Jahren. Ich frage, ob ich sie fotografieren darf. Als ich ihnen auch noch mit Händen und Füßen erkläre, dass sie ihr Foto dann in einigen Tagen auf meiner Homepage wiederfinden können, freuen sie sich und bitten mich mit verschmitztem Grinsen in die Halle. Abgedeckt von grauen Tüchern schlummern hier etwa zwanzig Oldtimer-Wracks – auf die Jungs wartet hier noch eine Menge Arbeit. Dann führen sie mich sichtlich stolz in eine benachbarte Fabrikhalle, und ich traue meinen Augen kaum. In diesem unscheinbaren Gebäude steht eine der größten privaten Oldtimersammlungen der Welt!

Den Schraubern macht es sichtlich Spaß, dass ich aus dem Staunen kaum noch herauskomme. Alle Autos hier haben sie in jahrelanger Arbeit eigenhändig restauriert und auf Hochglanz poliert, sie sehen neuer aus als neu. Auf zwei Etagen stehen hier über 150 Autos, angefangen von einem originalgetreuen Nachbau des ersten Autos der Welt, dem Patent-Motorwagen von Carl Benz, über einen Cadillac von 1903 und mehrere funkelnde Rolls-Royce aus den dreißiger Jahren bis hin zu den dicken Amischlitten mit Heckflossen und Lenkradschaltung aus den fünfziger Jahren. Die Sammlung gehört dem Vermieter von DHL, einem anscheinend sagenhaft reichen Istanbuler. Trotz oder wegen meines Jobs bin ich eigentlich kein Autofan, aber hier könnte ich es glatt werden. Ich beneide die stolzen Autoschrauber ein wenig. Zwar nicht um ihr Gehalt, aber um die Möglichkeit, ihr Hobby zum Beruf zu machen. Davon kann bei mir nun wahrlich nicht die Rede sein.

Draußen im Hof holt mich wenige Meter weiter wieder die Wirklichkeit ein. Der letzte Kleinlaster mit der Ware für Holland ist angekommen, und es wird gewuchtet, gepackt, verstaut, der Wagen wird randvoll. Irgendwann mittags sind die Arbeiter fertig, und auch das Büro hat fleißig gearbeitet – ich kann losfahren. Aber noch lange nicht nach Europa, erstmal geht es etwa acht Kilometer weiter in den Stadtteil Halkali. Dort ist der größte Zollhof des Landes. Hier wird alle Ware abgefertigt, die die Türkei auf dem Landweg Richtung EU und Osteuropa verlässt. Auf dem riesigen, staubigen Gelände geht es zu wie in einem Ameisenhaufen, und zwar 24 Stunden am Tag, 365 Tage im Jahr, sogar während des Fastenmonats Ramadan, der in einigen Tagen beginnt. Gegen Ende der Woche ist hier am meisten los, und mir fällt ein, dass heute dummerweise Freitag ist. Ich hatte das ganz vergessen, für mich macht es ja keinen Unterschied.

Obwohl der Parkplatz riesig ist, finde ich erst nach langem Suchen einen Platz, etwa zehn Gehminuten entfernt von den Baracken der Spediteure. Ich suche den Agenten unserer türkischen Vertragsspedition, aber der ist weit und breit nicht zu finden. Mir läuft die Zeit weg, ich will/soll irgendwann heute ja auch noch meinem originären Beruf nachgehen, dem Fahren. Ich gehe schnell etwas essen. Das geschieht in Hektik. Ich weiß zwar, dass ich noch stundenlang warten muss, aber ich muss beim Wagen sein, wenn der Agent mit dem Zollbeamten vorbeikommt. Ich muss dann den Trailer öffnen, damit der Zöllner die Ware kontrollieren kann. Dazu liegt von jeder Sorte meiner diversen Kartons jeweils einer ganz hinten. Früher haben die Beamten bei der Gelegenheit kartonweise Bestechungsware mitgenommen, heute klauen sie nur noch Einzelstücke – Turkey goes Europe. Übrigens kann einem türkischen Kollegen beim deutschen

Zoll das Gleiche passieren. Von ausländischen Kollegen habe ich immer mal wieder gehört, dass sie in Deutschland deutlich öfter Opfer von Korruption und anderen Unregelmäßigkeiten werden als unsereiner, insbesondere wenn sie aus Süd- und Osteuropa kommen und somit als Ausländer »zweiter Klasse« gelten. Ich habe Ähnliches bei einem Verkehrsunfall bei Hamburg erlebt. Da boten die deutschen Polizisten dem deutschen Unfallverursacher an, dass sie das in ihrem Bericht auch so darstellen könnten, dass der türkische Unfallgegner die Schuld in die Schuhe geschoben bekäme.

Nach der Kontrolle bekomme ich die türkische Zollplombe. Wenn ich die habe, weiß ich, dass ich nur noch wenige Stunden warten muss. Mittwoch soll ich in Holland sein. Um 21.15 Uhr ist alles fertig. Hätte ich heute Morgen bei der Tachoscheibe nicht getrickst, dann hätte ich jetzt Feierabend, denn die dreizehn Stunden Schichtzeit sind um. Aber so sage ich »güle güle« und begebe mich wieder auf die Piste. Ich nehme jedoch nicht den gleichen Rückweg. Bei Silivri, wo die Raffinerien heute wieder besonders penetrant stinken, biege ich links ab. Ich möchte mir nicht wieder die Grenze von Kapikule antun, wo freitags und samstags garantiert der Derwisch los ist. Stattdessen fahre ich Richtung Tekirdağ, um über Griechenland auszureisen. Kurz vor Keşan mache ich Pause an einer Tankstelle, von der ich weiß, dass ich hier morgen früh duschen und Kaffee trinken kann. Für ein Feierabendbier bin ich nach diesem langen Tag zu müde und schlafe schnell ein. Da für mich offiziell die Woche quasi gerade erst angefangen hat, brauche ich nur die verkürzte Neun-Stunden-Pause zu machen.

Samstagmorgen, neun Uhr

Bakschisch für mich – türkisch-griechische Entspannung – einmal Souvlaki und dann nach Bulgarien – Fahrverbot ab 35 Grad – Türk Tir Parking Ruse

In Ipsala, an der türkisch-griechischen Grenze, ist bedeutend weniger los. Auch hier kann man sehen, dass die Türkei Europa in den letzten 25 Jahren deutlich näher gekommen ist. Früher wimmelte es hier von Militär, und die knisternde Spannung war selbst für Durchreisende auf beiden Seiten der Grenze mit den Händen greifbar.

Natürlich dauert die Grenzabfertigung auch hier noch einige Stunden, aber für einen Samstag ist das im Vergleich zu Kapikule gar nichts. Vermutlich wegen meines holländischen Kennzeichens muss ich wieder – im Gegensatz zu allen anderen Lkw – durch den Röntgenscanner. Die Abfertigungsbeamten sind alle freundlich, und keiner will Bakschisch von mir – vor zwanzig Jahren wäre das undenkbar gewesen. Alles in allem bin ich in zwei bis drei Stunden mit den türkischen Grenzformalitäten fertig. Vor dem letzten Häuschen, wo der Laufzettel wieder eingesammelt wird, gibt es eine zollfreie Tankstelle. Mit abgestempelten Ausreisepapieren kann man dort eine bestimmte Menge Diesel zollfrei tanken. Ich muss dort zwar nicht hin, denn ich habe die Anweisung, in Griechenland mit der Plastikkarte tanken zu gehen, aber ich halte dort trotzdem immer und gebe dem Tankwart meine abgestempelten Ausreisepapiere. Er legt sie auf den Fotokopierer, und wenn er sie mir zurückgibt, liegt ein Zehn-Euro-Schein für mich darin. Ich weiß nicht, was das wieder für ein Deal ist, ich will es auch gar nicht genauer wissen. Dieses eine Mal bin ich wenigstens derjenige, der Bakschisch kassiert.

Nach dem letzten Grenzhäuschen überquert man auf einer langen Stelzenbrücke den sumpfigen Grenzfluss. Auf Türkisch heißt er Meriç, auf Griechisch Evros. Hier wurden die Spannungen zwischen Griechenland und der Türkei damals bis ins Absurde getrieben. Man konnte im Vorbeifahren unten im Sumpf auf beiden Seiten Soldaten sehen, die buchstäblich mit dem Messer zwischen den Zähnen durch den Sumpf robben mussten. Ich traue mich bis heute nicht, im Vorbeifahren ein paar Fotos zu schießen. Mitten auf der Brücke ist eine weiße Linie, und direkt dahinter stehen auf beiden Seiten je zwei Soldaten. Früher mussten die armen Kerle sich tatsächlich den ganzen Tag fast Nase an Nase gegenüberstehen und böse gucken. Ich dachte mir immer, diese vier sind diejenigen, die am besten wissen, wie bescheuert dieser ganze Konflikt ist. Die Griechen hatten damals noch die traditionellen Uniformen mit den weißen Röcken und den Schlappen mit den roten Puscheln vorne drauf. Mittlerweile tragen sie normale Uniformen und sind genauso entspannt wie ihre beiden türkischen Kollegen. Wenn gerade keiner guckt, rauchen die bestimmt zusammen oder zocken ein Kartenspiel. Auch unten im Sumpf muss niemand mehr herumrobben.

Die Abfertigung auf der griechischen Seite geht genauso »zügig«, das heißt, sie dauert kaum zwei Stunden – willkommen in Europa. Nun muss ich den nordöstlichsten Streifen Griechenlands Richtung Norden durchqueren, Richtung Bulgarien. Die parallel zur wenige Kilometer entfernten Grenze verlaufende Straße ist in gutem Zustand. Hier kann ich auch wieder auf meine Plastikkarte tanken, allerdings soll ich die beiden Tanks nicht komplett auffüllen, denn es darf gerade mal so bis zum Heimathafen reichen, dort ist das Tanken aus steuerlichen Gründen für meine Chefs am billigsten. Also nachrechnen: nicht zu viel und nicht zu wenig. Außerdem halte ich auf dieser Strecke kurz vor Orestiada immer bei einem Imbisswagen, der sehr gute Souvláki anbietet. Global denken, lokal essen.

Ich erreiche den Grenzübergang nach Bulgarien beim Dorf Ormenio. Hier geht es recht locker zu, immerhin ist es mittlerweile eine innereuropäische Grenze. Außerdem ist diese Strecke überraschend wenig befahren. Ich wundere mich immer wieder, wieso der ganze Pulk über Kapikule fährt. Auf der bulgarischen Seite muss ich wieder entscheiden, für wie viele Tage ich die Bulgarien-Vignette kaufe. Kaufe ich sie für zwei Tage und benötige diese gar nicht, ist ein Anschiss zu befürchten. Umgekehrt habe ich eine Menge Ärger, wenn ich sie nur für einen Tag kaufe und heute nicht durchkomme, weil irgendetwas dazwischenkommt. Ich wähle die zweite Variante.

Es ist relativ wenig Verkehr, kein Wunder, wir haben Samstagnachmittag. Hinzu kommt, dass viele Lkw stehenbleiben müssen. Es gibt zwar kein Sonntagsfahrverbot in Bulgarien, aber sie müssen am Wochenende wegen der europaweit geltenden Verordnung zu Lenk- und Ruhezeiten pausieren. Schließlich haben nicht alle Chefs so viel kriminelle Energie, ihren Fahrern immer neue Urlaubsscheine auszustellen oder sich mit anderen Tricks über diese Gesetze hinwegzusetzen.

Für einen Herbsttag ist es heute überraschend warm geworden. Irgendwo hinter Svilengrad muss ich eine halbe Stunde stehenbleiben, denn das Thermometer zeigt über 35 Grad, und dann ist das Fahren für Fahrzeuge über zwanzig Tonnen verboten, weil der Asphalt so miserabel ist. Da ich laut Papieren nur 21 Tonnen Gesamtgewicht habe und das Wagenthermometer zwischen 34 und 36 Grad schwankt, fahre ich irgendwann einfach weiter. Wenig Lkw bedeuten auch wenig Polizei, die nach ihnen Ausschau hält …

Ich bleibe auf der gut ausgebauten Landstraße Richtung Sofia. In Harmanli könnte ich rechts abbiegen Richtung Nova Zagora, aber die Straße ist in einem schlechten Zustand. Daher fahre ich weiter bis zur Industriestadt Haskovo und biege erst hier rechts ab Richtung Stara Zagora. Auf der Umgehungsstraße verfahre ich mich, weil kein Hinweisschild auf eine mir bekannte Stadt hinweist. An einer Kreuzung weiß ich schließlich gar nicht mehr weiter, halte am Straßenrand an und frage in einem Lokal nach einem Kaffee und dem Weg. Am Eingang des Lokals hängt ein Schild, das eine durchgestrichene Pistole zeigt. Ja, Bulgarien ist in der EU, aber die Türkei sei angeblich noch nicht reif dafür …

Um 0.30 Uhr rolle ich wieder auf den Parkplatz beim Türk Tir Parking in der Freezone Ruse. Die letzte halbe Stunde war ich schon sublegal unterwegs, da meine Vignette abgelaufen ist. Aber in der Nacht von Samstag auf Sonntag ist selbst in Bulgarien mit eher weniger Lkw-Kontrollen zu rechnen. Wieder liegt eine 15-Stunden-Schicht hinter mir – was eigentlich nur erlaubt ist, wenn irgendwann eine durchgehende Drei-Stunden-Pause dazwischen liegt. An der griechisch-türkischen Grenze ist der Wagen zwischendurch aber immer mal wieder gerollt. Bei genauerem Hinsehen war also auch das sublegal. Außerdem war die Grenzabfertigung alles andere als eine Pause für mich.

Sonntagvormittag, zehn Uhr

Bakschisch nach dem Frühstück – ehrliche Rumänen – über die Karpaten – ein arbeitsreicher Sonntag

Heute gönne ich mir ein schnelles Frühstück. Denn zwei Kilometer nach dem Tir Parking kommt die bulgarisch-rumänische Grenze, und die ist auf nüchternen Magen noch unangenehmer als sonst. Es geht zügig, heute ist zumindest auf der Lkw-Seite noch weniger los als gestern, und ich frage mich mal wieder, was ich falsch gemacht habe, dass ich Depp selbst dann fahren muss, wenn fast alle anderen stehenbleiben dürfen. Mein letzter wirklich freier Tag liegt Wochen zurück, da stand ich in Bordeaux in einem Industriegebiet.

Auf der rumänischen Seite erwartet mich eine böse Überraschung. Ein Zöllner deutet mir an, die Beifahrertür zu öffnen, es fällt das jedem Trucker bekannte internationale Stichwort »Kabine Kontrol« (der Ausdruck wird nicht englisch ausgesprochen, sondern so, wie man es schreibt). Ich ahne schon, was kommt, und so passiert es auch. Der Uniformierte steigt nur aus dem Grund ein, weil niemand mitbekommen soll, dass er mich um Bakschisch anhaut. Ich habe keine Chance, ich muss ihm welches geben. Denn wenn ich das nicht tue, findet er mit Sicherheit etwas zu bemängeln. Nun heißt es zackern und verhandeln. Genau deswegen wollte ich hier nicht ungefrühstückt lang. Als der Uniformierte um das Fahrzeug zur Beifahrertür geht, lege ich schnell drei Euro auf die Mittelkonsole, vielleicht erspart das lange Verhandlungen. Das funktioniert, der Knabe steigt ein, schaut sich einmal um, sieht die drei Euro und fragt, ob er die haben könne. Ich nicke und darf das nicht mal unfreundlich tun. Damit es nicht auffällt, dass er allzu schnell wieder aussteigt, drängt er mir noch schnell ein paar Sätze auf, dass »Bayern Munschen gut« sei und »Beckenbauär« auch.

In Rumänien hängt an den meisten Grenzstationen ein Plakat der Regierung gegen Korruption. Es ist in vielen Sprachen verfasst, und am Ende steht eine Nummer, die man in einem solchen Fall anrufen solle. Ich überlege glatt, das zu tun. Aber ich kenne mich nicht gut genug aus, um beurteilen zu können, ob das was bringt oder es mir und meinen Kollegen in Zukunft eher Schwierigkeiten einbringen würde und lasse wieder ab von dem Plan. Diese Wegelagerei ist hier mittlerweile deutlich seltener geworden. Allerdings berichten rumänische Kollegen, dass sie davon nach wie vor viel häufiger betroffen seien als wir Westeuropäer.

Nach der Zoll- und Passkontrolle gibt es eine Hürde, obwohl (oder weil) heute sehr wenig los ist. An dem Häuschen, wo man die Rumänien-Vignette kaufen muss, stehen zwar nur vier oder fünf Brummis vor mir, aber nichts geht voran: Die ganze Belegschaft sitzt fröhlich lachend bei irgendeiner Pause. Und das noch eine weitere halbe Stunde, da würden weder Freundlichkeit, Unfreundlichkeit noch Bakschisch helfen. Irgendwann bin ich dann an der Reihe. Ich zahle rund dreißig Euro für zwei Tage, Wagenpapiere werden kontrolliert, Computerausdrucke angefertigt, Dokumente gestempelt und unterschrieben, mit der Lochzange Kärtchen geknipst und die Quittung ausgestellt – dann kann ich endlich weiterfahren.

Der Ring um Bucureşti ist voll wie immer, von Wochenende keine Spur. Auch auf der danach folgenden Autobahn mit diesem unsinnigen Lkw-Überholverbot ist etwas mehr los als sonst, möglicherweise wegen Sonntagsausflüglern aus der Hauptstadt. Daher ist das Überholverbot heute besonders lästig, zudem lungert viel Polizei herum.

Ich halte kurz an einer Autobahnraststätte, von der ich weiß, dass dort ein Geldautomat steht, der noch dazu recht betrugssicher erscheint, da er im Shop steht. Letztes Mal war er zwar kaputt, aber auch in Rumänien wird so etwas heutzutage recht schnell repariert. An der Theke will ich mir schnell noch einen Kaffee holen, da werde ich zurückgerufen. In Rumänien bekommt man dummerweise am Automaten erst das Geld und dann die Karte zurück, und ich hatte sie daher in der Eile prompt vergessen. Aber allen Vorurteilen über diebische Rumänen zum Trotz machen mich gleich mehrere Kunden sowie die Kassiererin auf meinen Fehler aufmerksam.

Den ganzen Tag durch Rumänien fahren ist echt harte Arbeit. Man muss ständig auf der Hut sein vor bescheuerten Überholern, plötzlich auftauchenden Eselskarren, besoffenen Fußgängern und bei Dunkelheit vor Fahrzeugen jeglicher Art ohne Beleuchtung.

Vor Sebeş gibt es wie so oft einen viele Kilometer langen Stau. Es sind vor allem zwei Kreuzungen in dieser Kleinstadt, dazu das hohe Verkehrsaufkommen und manchmal auch noch zusätzliche Baustellen, die dieses Chaos verursachen. Immerhin haben die Fußgänger hier meistens keine Probleme, die Straße zu überqueren, weil sowieso alles steht. Der Stau bei Sebeş kann einen rund um die Uhr erwarten, es gibt keine Ausweichmöglichkeit, man muss daran teilnehmen. Deswegen komme ich heute nur bis Deva. Ich schaffe also etwa vierzig Kilometer weniger als auf der Hinfahrt, habe aber mein Kontingent von zehn Stunden Fahrzeit voll ausgeschöpft.

Montagmorgen, 7.30 Uhr

Vom Gulaschkommunismus zur EU – endlich wieder Autobahn – Kopfrechnen für Trucker

Ohne besondere Vorkommnisse fahre ich über heute leider wieder vollere Straßen vorbei an Arad bis zur Grenze. Sonntags entsteht hier immer ein kilometerlanger Stau, da wegen des Brummifahrverbots in Ungarn keine Grenzabfertigung gemacht wird. Ich habe Glück, denn als ich mittags ankomme, ist der Stau bereits abgebaut. Das ist nicht immer so, denn auch in Ungarn hat es durch die Implosion des Realsozialismus sowie den EU-Beitritt für uns Trucker einige Veränderungen gegeben. Früher war Ungarn das liberalste Land des Ostblocks. Die Korruption war moderat, die Preise waren relativ niedrig, die Wartezeiten an den Grenzen nahmen nur Stunden in Anspruch, während es bei anderen Ostblockländern ganze Tage sein konnten. Es gab recht wenig Bürokratie, und man bekam nicht sehr viel staatliches Misstrauen zu spüren. Gemeinhin wurde diese lässigere Variante ja auch als Gulaschkommunismus bezeichnet. Heute hingegen erscheint dem Trucker aus dem Westen das Land bürokratischer und engstirniger als damals. Als ich zuletzt die Grenze hier überquerte, dauerte der Sonntagsstau noch bis Dienstagmorgen. Es gab keine Stichprobenkontrolle, sondern buchstäblich jeder Lkw wurde geöffnet, egal ob leer oder beladen, egal ob Einfuhr oder Transit. Wir reden hier von einer Binnengrenze der EU!

So schnell wie heute kam ich jedenfalls seit Monaten nicht mehr durch. Ich brauche für alles, also rumänische Seite, ungarische Seite und Vignettenkauf »nur« gut eineinhalb Stunden. Jetzt muss ich nur noch sechzig Kilometer fahren, Szeged durchqueren und bin wieder im Autobahnnetz des sogenannten »alten Europa«. Nach dieser elend langen Fahrt auf der Landstraße wirkt das zwar einerseits sehr entspannend, ist aber andererseits aus genau diesem Grund auch nicht ungefährlich. Obwohl es auf dieser Autobahn im Süden Ungarns eine relativ geringe Verkehrsdichte gibt, kracht es oft. Meistens auf der Strecke Richtung Norden, meistens sind Pkw beteiligt, und meistens ist überhöhte Geschwindigkeit die Ursache. Anscheinend wollen sich viele Autofahrer nach der langen Landstraßenstrecke auf der Piste endlich mal wieder austoben.

Auf halber Strecke nach Budapest, bei Kecskemét, gibt es eine Lkw-Kontrollstelle. Wenn sie besetzt ist – und das ist sie tagsüber fast immer – muss hier jeder Lkw rausfahren. Manche werden dann über die Waage geschickt, manche dürfen unkontrolliert wieder auf die Autobahn zurück. Ich versuche immer, mich in einem Pulk von Brummis dieser Stelle zu nähern und lasse noch den einen oder anderen überholen, das verringert die Wahrscheinlichkeit einer Kontrolle. Ungarn hat nach Spanien die höchsten Geldstrafen für Brummis. Schon kleine Fehler können aberwitzige Summen kosten.

Aber heute ist mein Tag, ich darf unkontrolliert weiterfahren. Da ich gestern zehn Stunden Fahrzeit hatte, darf ich heute nur neun Stunden machen. Allerdings ist nach Budapest nicht nur die Autobahn wesentlich voller, auch die Parkplätze sind es. Und wenn man bis ans Limit fährt und dann einen vollen Parkplatz vorfindet, kann das viele Tage später ein Problem bedeuten. Ich rechne also Zeit und Kilometer im Kopf genau durch und beschließe, einen Parkplatz unweit der Autobahn anzufahren, von dem ich weiß, dass man hier besser einen Platz findet als an einer Autobahnraststätte. Der Plan geht auf, aber ich hätte auch keine Ausfahrt weiter fahren dürfen. Zeitpläne für Trucker werden auf Kante genäht.

Beim Ausfüllen der neuen Tachoscheibe gibt es ein Problem, über das ich immer wieder schmunzeln muss. Auf die Tachoscheibe muss ich vor dem Einlegen Namen, Autonummer, Datum, Kilometerstand und Ort des Beginns eintragen. Und da stehst du dann irgendwo in der Walachei und fragst dich, wo du hier eigentlich bist und wie das Kaff heißt. Die Walachei ist es nicht ganz, die liegt einige hundert Kilometer entfernt, und auf der Tachoscheibe wäre es vermutlich auch eine unzulässige Ortsangabe. Alles ist dunkel, weit und breit kein Mensch, den man fragen könnte. Ich schreibe diesmal einfach Györ. Das stimmt zwar nicht ganz, aber um diese zwanzig Kilometer kann ich mich ja dann bei einer Kontrolle in 27 Tagen in Spanien streiten.

Dienstagmorgen, neun Uhr

Wieso der Tag-Nacht-Rhythmus nicht für Trucker gilt – unprofessionelle Zeitplanung – wie Statistiken gemacht werden – an meinem Lieblingstruckstop

Der Tag hat zwar 24 Stunden, aber für Fernfahrer gilt das nicht immer. Das hat mit einer Ungenauigkeit im Gesetz zu tun. Der Gesetzgeber hatte sich das so gedacht: dreizehn Stunden Schichtzeit und elf Stunden Pause, alternativ fünfzehn Stunden Schichtzeit und neun Stunden Pause. Es steht aber nirgends, dass man das so kombinieren muss. Wenn ich elf Stunden Schichtzeit habe und nur neun Stunden Pause mache, beginnt der nächste Arbeitstag bereits nach zwanzig und nicht nach 24 Stunden. Maximal zweimal pro Woche sind fünfzehn Stunden Schichtzeit erlaubt, sonst nur dreizehn. Auf langen Strecken, wo man nicht durch Ladezeiten an den Tag-Nacht-Rhythmus der Kunden gebunden ist, verschiebt sich also der Takt täglich weiter nach vorne. Seit der Türkei beginnt auch mein Arbeitstag wieder jeden Tag ein bis zwei Stunden früher.

Wenn der übliche Tag-Nacht-Rhythmus im Eimer ist und man nach einer mehrtägigen Reise beim Kunden ankommt, kann das unangenehm sein: Man kommt in tiefster Nacht oder im Morgengrauen an und muss trotzdem morgens um sieben Uhr wieder auf den Beinen sein, den entsprechenden Menschen im Büro suchen, den Fahrtenschreiber überlisten und den Truck an die Rampe setzen. Ein völlig überflüssiger Stress, wenn man den Lkw gleich an die Rampe stellen könnte. Aber das geht praktisch nie. Es macht sich kaum jemand Gedanken um die Belange der Fahrer oder man ist so phantasielos wie der adelige Shootingstar der CSU, als er sagte: »Derjenige, der um sechs Uhr aufsteht, muss besser entlohnt werden als der, der sich um elf aus dem Bett quält.« Es gilt vor allem derjenige als fleißig, der früh aufsteht. Dieses aus Phantasielosigkeit geborene Missverständnis ist möglicherweise einer der Gründe, warum die Knochenarbeit von Truckern so wenig Anerkennung findet, sieht man sie doch manchmal morgens um elf Uhr mit zugezogenen Vorhängen in ihren Lkw schlafen.

Bis Holland passiert jetzt nicht mehr viel. Von Györ sind es noch etwa 1100 Kilometer bis zur niederländischen Grenze. Ich muss wahrscheinlich zuerst nach Duiven, um die Einfuhrverzollung zu regeln, da die Ware nicht aus der EU kommt, aber das werde ich morgen erfahren, es kann auch ganz anders kommen. Die Autobahn ist eintönig und komfortabel. Die Chefs rechnen nun so, dass man achtzig Kilometer pro Stunde fahren könne. Sie rechnen das auch über lange Strecken so. Das ist unprofessioneller Unsinn, es kommt immer irgendetwas dazwischen: ein Stau, eine Panne, eine Kontrolle, eine Umleitung. Ich habe mich immer gefragt, ob die wirklich so naiv sind oder uns Fahrern gegenüber nur so tun, als rechneten sie für 800 Kilometer zehn Stunden, in Wirklichkeit aber einen zweiten, professionellen und realistischen Zeitplan haben, von dem sie uns nichts wissen lassen. So jedenfalls fährt man mit ständigem Druck einer kaum erreichbaren Zeitvorgabe hinterher.

Unterdessen schnurrt mein Volvo Kilometer um Kilometer. An der österreichisch-ungarischen Grenze kann ich ohne Halt durchfahren, die österreichische Autobahnmaut wird automatisch durch ein kleines graues Plastikkästchen an der Windschutzscheibe abgerechnet, die sogenannte GO-Box. Pause mache ich wie auf der Hinfahrt in Wels am Autohof. Ich kann nach einer Woche endlich mal wieder Radionachrichten hören in einer Sprache, die ich auch verstehe, und eine Zeitung kaufen.

Im weiteren Verlauf habe ich Glück. Ich passiere zwei große Lkw-Kontrollen in Österreich und zwei weitere in Bayern. Selbst wenn man hundertprozentig legal ist, sind diese Kontrollen ärgerlich, weil sie enorm viel Zeit kosten, die eigentlich nicht eingeplant war. Doch sowohl die österreichischen als auch die bayerischen Polizisten konzentrieren ihre Kontrollen hauptsächlich auf Lkw mit osteuropäischen Kennzeichen und winken mich nicht heraus. Wenn die wüssten, wie gut ich in ihr Beuteraster passe ... Wollen sie es nicht wissen? Sind es rassistische Gründe? Haben sie Vorgaben? Natürlich gibt es immer wieder Horrorgeschichten über osteuropäische Lkw in katastrophalem Zustand, die bei Kontrollen aus dem Verkehr gezogen werden – aber so werden auch Statistiken gemacht. Würde man genauso viele niederländische Trucks kontrollieren, wer weiß, welche Ergebnisse dann herauskämen? Ich habe viele osteuropäische Trucker getroffen, die viel legaler fuhren als ich. Sie müssen es ja auch, weil sie sich der deutschen Kontrollen sicher sein können. Und weil für sie die Geldstrafen viel schmerzhafter sind angesichts ihrer lumpigen Löhne.

Da ich heute zehn Stunden Fahrzeit mache, muss ich eine zweite Pause einplanen und gehe wie auf der Hinfahrt im Supermarkt neben dem Autohof Hengersberg einkaufen. Den Feierabend begehe ich heute wieder in Geiselwind.

Mittwochmorgen, Sonnenaufgang

Blitzstart – Autohöfe und Raststätten – Hitliste in der Servicewüste – andere Länder, andere Raststätten – freizügige Grenze und pflegeleichter Zoll in Duiven

Elf Stunden Pause sind einfach zu wenig! Man kommt an, sucht einen Parkplatz, räumt die Kabine auf, füllt Formulare aus, macht einen Kontrollrundgang um den Lkw, isst etwas und geht einkaufen, duscht vielleicht noch – schon sind zwei Stunden der kostbaren Pause vergangen. Wenn ich jetzt noch nette Kollegen treffe, das Fußballspiel im Fernsehen in der Gaststätte gucke oder ein Buch lese, dann kriege ich wieder mal zu wenig Schlaf. Zudem kann ich auch nicht immer auf Knopfdruck einschlafen. Einiges an Schlafzeit gewinne ich dadurch, dass ich mir morgens einen Blitzstart angewöhnt habe. Das ist sicherlich nicht gesund, aber anders geht es kaum. Also ist das morgendliche Ritual stark reduziert: Der Wecker klingelt, ich stehe sofort auf, putze Zähne entweder in der Raststätte oder im nächsten Gebüsch, schmiere mir schnell ein Käsebrot selber oder kaufe ein teures in der Gaststätte. Dazu gibt es einen Becher Kaffee, aber den zu trinken bleibt keine Zeit, also gibt es Kaffee und Frühstück erst, während ich wieder über die Autobahn brause.

Beschäftigungen wie Frühstück oder Telefongespräche während der Fahrt haben noch einen weiteren Vorteil: Sie vertreiben die Langeweile. Denn die langen Stunden auf der Autobahn können sonst recht eintönig werden und man muss aufpassen, dass sie nicht einschläfernd wirken. Leider kann ich auch nicht alle zwei Stunden anhalten, um mir einen teuren Autobahnkaffee zu holen, denn jeder Halt kostet viel zu viel Zeit. So muss man versuchen, möglichst viele Tätigkeiten in die Fahrzeit zu verlegen, also zum Beispiel Rasieren, Essen und Trinken, Telefonieren, Zigaretten drehen und so weiter. Manche Fahrer lesen sogar während der Fahrt die Straßenkarte oder eine Zeitung. So produziert der Zeitdruck auch in dieser Hinsicht jede Menge überflüssiger Sicherheitsrisiken.

Damit die eintönige Autobahnfahrt zurück nach Holland nicht langweilig wird, nutze ich die Zeit für ein paar Gedanken über Raststätten und Autohöfe. Raststätten liegen bekanntlich direkt an der Autobahn und sind zu voll, zu laut, haben unfreundliches Personal und sind vor allem: zu teuer. Die Preise überflügeln bald die der Deutschen Bahn, auch die (fehlende) Qualität ist oft vergleichbar. Für den Preis von zwei Tassen dünnem Filterkaffee bekäme man im Supermarkt ein ganzes Pfund. Wie es zu dieser Preisgestaltung kommt, hat mir mal ein hoher Bahnmanager erklärt, bei den Autobahnraststätten wird das vermutlich nicht anders sein: Grundlage ist nicht etwa eine Kalkulation anhand von Kosten, Aufwand und Personal; dann könnten die Preise ohne weiteres wesentlich niedriger sein. Grundlage ist vielmehr die »Preisbereitschaft des Marktes«, also die Frage, wie man dem Durchreisenden möglichst viel Geld aus der Tasche ziehen kann. Daher darf der Kaffee auch ruhig 2,80 Euro kosten, es finden sich immer noch genug Leute, die ihn kaufen, weil sie ihn im Umkreis von vielen Kilometern nicht günstiger kriegen und es mutmaßlich eilig haben. Durch diese Berechnungen ergeben sich für Autobahnraststätten geradezu unverschämte Gewinnspannen. Es entsteht der Eindruck, als sei das Betreiben einer Autobahnraststätte eine Lizenz zum Gelddrucken. An vielen dieser Raststätten wird zudem Service ganz klein geschrieben. Keine einzige Autobahnraststätte in Deutschland hat eine Waschmaschine für Trucker, ein Internetterminal, einen Kiosk mit normalen Preisen, einen Briefkasten oder ein preiswertes Mittagsgericht, das haben die einfach nicht nötig. Dennoch wird das Personal oft genauso schlecht bezahlt wie in weiten Teilen der gastfreundlicheren Gastronomie in Deutschland, und es wird klar, warum das gestresste Personal oft so unfreundlich ist. Auf Kundenbindung oder gar Stammkunden legt die Geschäftsführung keinen Wert, wozu auch? Es wäre einmal interessant zu erfahren, wie man an eine Autobahnraststättenlizenz kommt und ob die Vergabe etwas mit Seilschaften, Kumpanei oder gar Korruption zu tun hat.

Autobahnparkplätze sind immer kostenlos. Da auf einer Autobahnraststätte sonst alles zu Geld gemacht wird, kann ich mir das nur damit erklären, dass ein Gesetz das vorschreibt. Aber damit ist auch klar, wieso die Parkplätze grundsätzlich zu klein sind: Damit lässt sich kein Reibach machen, also braucht man sie auch nicht zu erweitern. Nach siebzehn Uhr gibt es auf vielen Raststätten für Brummis keine freien Parkplätze mehr. Wenn ich nachts fahre, muss ich möglichst bis nach fünf Uhr morgens fahren, vorher finde ich sowieso keinen freien Parkplatz. Lediglich wenn ich völlig aus dem Tag-Nacht-Rhythmus raus bin, also wenn ich von Mitternacht bis vormittags fahre und von abends bis zum Morgengrauen, habe ich keine Probleme, einen Parkplatz zu finden.

In den achtziger Jahren entstanden neben manchen Autobahnabfahrten die Autohöfe. Damals hießen die allerdings noch nicht so und beschildert waren sie an der Autobahn ebenfalls nicht, man musste die Abfahrten wissen. Autohöfe waren Geheimtipps und wurden nur von Vielfahrern genutzt, also von Truckern, Vertretern oder Busfahrern. Gegenüber den Autobahnraststätten hatten sie damals mehrere Vorteile: zivile Preise, freundlichere Angestellte, besseren Service, genügend Parkplätze, die zudem einen ruhigeren Schlaf ermöglichen, weil sie nicht direkt neben der Piste liegen. Irgendwann wurde das Verfahren dann gesetzlich standardisiert. Um an der Autobahn das Schild »Autohof« anbringen zu dürfen, mussten diverse Mindeststandards erfüllt werden. Die Folgen: Manche alteingesessenen Autohöfe fielen aus dem Raster, es bildeten sich Autohofketten, die Preise stiegen, Service und Freundlichkeit ließen schwer nach. Heute gibt es kaum noch Autohöfe, die nicht irgendeiner großen Kette angehören. Einer der letzten und größten ist mein Lieblingsautohof Geiselwind an der A3 zwischen Würzburg und Nürnberg. Der Familienbetrieb war einer der ersten Autohöfe überhaupt, zeitweilig war es der größte Autohof und die meistfrequentierte Shell-Tankstelle in ganz Europa. Es gibt dort ein rund um die Uhr geöffnetes Restaurant mit erschwinglichen Preisen, großen Portionen, schneller und freundlicher Bedienung, preiswerten Duschen, Waschmaschinen, Internetterminal, Werkstatt und vieles mehr. An manchen ausgeschilderten Autohöfen in Ostdeutschland hingegen gibt es nicht mal ein Restaurant, von Internet, Waschmaschine, warmen Duschen oder Räumdienst im Winter ganz zu schweigen. Wie die es geschafft haben, das Schild »Autohof« an die Autobahn setzen zu dürfen, bleibt ein Rätsel.

Fast alle Autohöfe haben mittlerweile eine Spielhölle und jede Menge weiterer Möglichkeiten, den Durchreisenden das Geld aus der Tasche zu ziehen. Die Parkplätze für Lkw sind gebührenpflichtig. Man bekommt dafür zwar meistens einen Verzehrbon, ist dadurch jedoch gezwungen, das Geld auch dort zu verbraten. Der Parkplatz für die Nacht kostet etwa zehn Euro, manchmal sogar freche fünfzehn Euro. Da es sich um Verzehrbons handelt, wird es von den Spediteuren dagegen auch keinen Protest geben, es sind mal wieder die Fahrer, die im wahrsten Sinne des Wortes die Zeche zahlen müssen.

Die größten Autohofketten sind die MAXI-Autohöfe, die Euro-Rastparks und die Regensburger 24-Autobahn-Raststätten GmbH. Ihr Service ist mittlerweile fast genauso miserabel wie der auf den Autobahnraststätten. Den schlechtesten und unverschämtesten Autohof fand ich in Münchberg bei Hof von der Euro-Rastpark GmbH. Die Raststätte mit Restaurant, Waschmaschine und so weiter ist dort seit über zwei Jahren wegen Renovierung geschlossen, es bleibt ein großes Rätsel, wieso die so lange brauchen. Dennoch muss man zehn Euro Parkgebühr zahlen, was frecherweise als Verzehrbon bezeichnet wird – dafür bekommt man nämlich lediglich in der Tankstelle ein Würstchen, das man dort im Stehen verzehren darf. Die geforderten Mindeststandards erfüllt diese Kaschemme nie und nimmer, eine behindertengerechte Einrichtung gibt es dort beispielsweise absolut und überhaupt nicht. (Anmerkung: Mittlerweile wurde ein Anbau fertig, und nach Auskunft der Betreiber gibt es wieder ein voll funktionsfähiges Restaurant, behindertengerechte Toiletten und so weiter.)

Ein weiteres gelungenes Beispiel für miserablen Service erlebte ich am Autohof Lutterberg (24-Autobahn-Raststätten GmbH) an der A7 zwischen Göttingen und Kassel. Die Speisekarte enthält »sattmachende« Preise: Man kommt rein, hat Hunger, sieht die Preise und hat auf einmal keinen mehr. Ich bestellte dort jedenfalls eine Roulade. Als ich beanstandete, dass der Salat fehle, bekam ich ihn mit einem dicken Anschnauzer nachgereicht. Die Roulade war noch zur Hälfte gefroren, daher musste ich auch das reklamieren. Da flippte die Kellnerin aus. Dauernd würden hier die Kunden meckern, sie könne es nicht mehr hören. Willkommen in der Service-Wüste! Anstatt sich zu überlegen, wieso die Kunden »dauernd« etwas beanstanden, werden diese schnell als die Schuldigen herausgefunden.

Genauso teuer wie in Deutschland – oder gar noch teurer – sind die Autobahnraststätten in Frankreich, Italien, Niederlande, Großbritannien, der Schweiz und Österreich. In Frankreich und Italien gibt es jedoch eine gute Alternative, die auch für durchreisende Touristen interessant sein könnte. Fragen Sie einen Fernfahrer aus dem jeweiligen Land, wo es in der Nähe von Autobahnabfahrten gute Truckstopps gibt. Es handelt sich um gute, preiswerte Restaurants. Im Unterschied zu Deutschland ist man dort allerdings darauf angewiesen, zu den üblichen Essenszeiten (mittags und abends) einzukehren, dann jedoch ist das landestypische Menü gut und reichhaltig bei erschwinglichen Preisen. In Spanien gibt es zwei verschiedene Sorten von Autobahnen. Für die einen muss man bezahlen, die anderen sind gratis. An den Bezahlautobahnen gibt es auch nur die teureren Raststätten, allerdings sind dort die Fernfahrerduschen gratis. An den anderen Autobahnen gibt es an fast jeder Ausfahrt ein »Vía de servicio« mit Werkstätten, Supermarkt, Bar, Restaurant und meistens ausreichend Parkraum. Durch diese hohe Konkurrenz sind dort auch die Preise moderat. Viele haben rund um die Uhr geöffnet.

Ich nähere mich der niederländischen Grenze. Die Zentrale hat sich mit der Anweisung gemeldet, nach Duiven bei Arnhem zu fahren, um dort den Einfuhrzoll zu regeln. Dass die EU die innereuropäischen Grenzkontrollen abgeschafft hat, ist eine segensreiche Erfindung für die Spediteure. Früher musste man selbst an relativ unkomplizierten Grenzen eine Stunde Mindestwartezeit einplanen, heute kann man ohne Halt durchfahren. Auch die Einfuhrverzollung ist wieder mal kein Problem, alle meine Begleitpapiere sind korrekt ausgefüllt. Schon nach einer knappen Stunde kann ich die Zentrale anrufen und vermelden, dass die Verzollung erledigt ist. Die geladenen Textilien sind für eine niederländische Kaufhauskette, für die »meine« Firma als Hausspediteur arbeitet und Textilien aus allen auf dem Landweg erreichbaren fernen Ländern herbeikutschiert. Meistens werden die beladenen Auflieger auf dem Speditionshof so lange zwischengelagert, bis die Kaufhauskette sie »just in time« anfordert. Auch diesmal soll ich direkt zurück zur Spedition fahren. Der Zeitdruck, unter dem ich von Istanbul bis hierher gefahren bin, resultierte also nicht aus der Dringlichkeit der Waren, sondern schlicht aus der üblichen Profitgier.

Natürlich sagt der Disponent nicht, wofür er mich als nächstes eingeplant hat, obwohl er das garantiert schon weiß. Ich wiederum werde ihm keinesfalls sagen, welche Destination mir am liebsten wäre, denn das wäre fast schon die Garantie dafür, dass ich in genau die entgegengesetzte Richtung geschickt würde. Angenommen eine Spedition fährt regelmäßig nach Italien und Spanien. Nehmen wir des weiteren an, sie haben einen Fahrer, der gerne nach Italien fährt, weil er dort Freunde hat, die Sprache spricht, sich auskennt, und so weiter. Ein anderer Fahrer bevorzugt aus gleichen Gründen Spanien. Was wird der Disponent machen? Stellen Sie diese Frage jedem x-beliebigen Fernfahrer, er kennt die Antwort. Natürlich wird der Italien-Fan nach Spanien geschickt und der andere nach Italien. Wieso das in den allermeisten Betrieben so gehandhabt wird, werde ich nie verstehen.

Als ich das letzte Mal in Duiven stand, traf ich meinen polnischen Kollegen Krzysztof. Ich musste weiter nach Polen und stand dort dann ein ganzes Wochenende in Warschau. Krzysztof, der auch seit Monaten nicht mehr zu Hause war (und eine Stunde von Warschau entfernt wohnt), haben sie nach Sizilien geschickt. Ein anderes Mal musste ich über Weihnachten dringend aus familiären Gründen nach Nordspanien. Das hatte ich Monate vorher bereits geplant und bei den Chefs angekündigt. Sie wollten mir – trotz Weihnachten – keinen Urlaub geben. Daher hatte ich sie gebeten, mir wenigstens eine Tour nach Südfrankreich oder nach Spanien oder Marokko zu geben. Das hatten sie mir auch zugesagt – um mich dann in genau die andere Richtung zu schicken: nach Kiew!

Am Spätnachmittag erreiche ich nach einem langen Arbeitstag die Firma. Wie üblich bekomme ich einen anderen Auflieger, neue Papiere einschließlich Urlaubsschein und soll gleich wieder rausfahren. Ich habe keine Ahnung, wo und von wem der Auflieger beladen wurde. Ich kann auch kaum kontrollieren, ob die Ladung sicher verstaut wurde, sondern lediglich die Türen öffnen und einen Blick auf die bis unter das Dach gestapelten Kartons werfen. Und dabei bin ich für die Sicherheit der Ladung verantwortlich – mal wieder ein unlösbares Problem. Ich muss auf das Kölner Sprichwort vertrauen, »Et hätt noch immer jot jejange«. Der Einsturz des Kölner Stadtarchivs zeigt aber, dass das eine Lüge ist – und im Speditionsbereich ist das nicht anders. Aber was soll ich machen? Wenn ich mich weigere, wie ich es eigentlich laut Gesetz müsste, kann ich gleich meine Sachen packen und nach Hause fahren, und irgendwie muss ich ja meine Brötchen verdienen – aber auch darauf ist in dieser Branche kein Verlass.

Ein trauriges Kapitel: Die Bezahlung von Truckern

Das Wichtigste am Lohn ist nicht die Höhe, sondern die Frage, ob er überhaupt eintrifft zum Monatsende. Das ist in unserem Gewerbe leider keine Selbstverständlichkeit. Ich habe mehrfach bei Speditionen gearbeitet, wo man sich darauf verlassen konnte, dass der Lohn zum Ersten des Folgemonats nicht auf dem Konto eingegangen ist. Fast jeder Fernfahrer mit langjähriger Berufserfahrung kennt dieses Dilemma. Der ansonsten übliche Vertrauensschutz gilt in dieser Branche nicht, hier ist alles möglich.

Besonders schlimm war es bei meiner vorletzten Arbeitsstelle als Fernfahrer. Da habe ich Lohn und Spesen erst nach zwei Jahren erstreiten können, der Fuhrunternehmer hatte schlicht nicht gezahlt. Er macht sich durch ein solches Verhalten nicht mal strafbar, denn man kann ihm kaum nachweisen, dass er von Anfang an in betrügerischer Absicht handelte. Man kann nur zivilrechtlich klagen und bekommt möglicherweise Jahre später sein Geld. Der Lohnpreller erschien nicht mal zum Termin vor dem Arbeitsgericht, was hätte er auch zu seiner Verteidigung vorbringen sollen. Ich hatte Glück und bekam mein Geld nicht von ihm, sondern irgendwann als Konkursausfallgeld vom Arbeitsamt, da der Betrieb mittlerweile Pleite gemacht hat. Aber der Ganove macht bis heute weiter. Laut Internet wechselt er häufig den Firmensitz, zeitweilig läuft seine Bude unter dem Namen seiner Ehefrau. Mal fand man ihn im Internet unter einer fiktiven Wuppertaler Adresse, mal unter einer in Preußisch Oldendorf, aktuell kann man ihn in Witten googeln. Selbst in Krisenzeiten bekommt man dort Arbeit, denn die Fahrer bleiben verständlicherweise nicht lange. Da sich solche Machenschaften natürlich in Fahrerkreisen herumsprechen, suchte er zwischenzeitlich seine Fahrer nicht nur in Deutschland, sondern auch in Spanien.

Der hundertprozentige Lohnbetrug ist nur die Spitze des Eisberges. Es gibt auch zahlreiche niedrigschwellige Möglichkeiten, die Fahrer übers Ohr zu hauen. Das fängt bei den Zahlungsmodalitäten an: Wer zum Monatsersten bei einer Spedition anfängt, bekommt üblicherweise das Gehalt nicht am Monatsende, sondern erst zum 15. des Folgemonats. Das ist selbst in seriösen Speditionen mittlerweile gängige Praxis. Mein letzter Arbeitgeber in den Niederlanden überwies das Gehalt sogar erst zwei Monate, die Spesen fünf Monate später. Bei fünfzig bis sechzig Lkw ergibt dieser zinslose Kredit eine Menge Spielgeld für den Spediteur.

Grundsätzlich bieten viele Chefs den Fahrern augenzwinkernd an, das Gehalt niedriger und die Zulagen und Spesen höher anzusetzen. Das verkaufen sie zumeist noch als Entgegenkommen, weil man dann ja mehr Netto in der Hand habe. Die Kehrseite: Bei Krankheit oder Urlaub erhalten die Fahrer gerade mal gut die Hälfte dessen, was sie sonst bekommen, und auch Arbeitslosengeld, Krankengeld und Rente werden natürlich nur nach diesem Rumpfgehalt bemessen und fallen dementsprechend schmaler aus.

Stichwort Krankheitsfall: Sechzehn Monate habe ich mich bei meinem letzten Arbeitgeber nicht einen einzigen Tag krankschreiben lassen, auch als ich damals die Schweinegrippe (die ich mir in Spanien eingefangen hatte) und fünf Tage hohes Fieber hatte – ich musste weiterfahren, weil ich in der Ukraine fernab jeder Hilfe war. Dann jedoch wurde ich so krank, dass ich nicht mehr fahren konnte. Ich wurde auch von einem Arzt krankgeschrieben und habe den gelben Zettel brav bei der Firma abgeliefert – unglücklicherweise einige Tage vorm Monatsende. Daraufhin bekam ich zum Ersten kein Geld, obwohl dieses Gehalt ja für einen zwei Monate zurückliegenden Zeitraum war. Ich musste erst einen Rechtsanwalt einschalten und hatte dann zwei Wochen später endlich mein Gehalt.

Abgesehen vom Lkw selbst müssen wir Fahrer von unserem Gehalt sämtliche erforderlichen Arbeitsmittel selbst bezahlen. Arbeitshandschuhe, Sicherheitsschuhe und -weste (bei vielen Ladestellen Vorschrift, vor allem in Großbritannien), sämtliches Werkzeug (!),

Navigationsgerät, Taschenlampe, Kühlschrank im Fahrzeug, dienstlich erforderliche Telefongespräche (etwa mit Kunden), Bestechungsgelder und Straßenkarten – all das musste ich von meinem Gehalt bezahlen und bekam nicht einen Cent dafür vom Chef erstattet. Ich hatte zwar ein Diensthandy, aber das war lange Zeit gesperrt, mit dem konnte ich nur in der Firma in den Niederlanden anrufen und bei der Sicherheitsfirma in Madrid. Und wenn ich in Istanbul in einem Stau stand und den Kunden anrufen musste, dass es später würde, konnte ich schlecht ein Postamt aufsuchen, von dort telefonieren und um eine Quittung bitten, um das Geld für das Telefongespräch vom Chef zurückzufordern.

Der Lohn für Trucker ist in den letzten Jahren kontinuierlich gesunken. Da sie sowieso selten nach Hause kommen, müssen sie auch nicht am Standort der Spedition leben. Nach dem Fall der Mauer haben viele (west-)deutsche Spediteure daher bevorzugt Fahrer aus Ostdeutschland eingestellt, da sie wesentlich niedrigere Löhne akzeptieren und sich häufig auch mehr gefallen lassen. Das Lohndumping setzte sich noch extremer fort mit der EU-Osterweiterung; so war das von der Politik ja auch gedacht … Wenn Fahrer aus Ost- und Südosteuropa bereit sind, für ein paar hundert Euro pro Monat die gleiche Arbeit zu machen wie ihre westeuropäischen Kollegen, dann hat das für letztere natürlich auch Konsequenzen. Mit der offenen Drohung, sonst die gesamte Spedition in Niedriglohnländer zu verlagern, konnten auch bestehende Westlöhne frech gesenkt und Arbeitsbedingungen verschlechtert werden.

In Deutschland gibt es mittlerweile kaum noch junge Leute, die sich für den Beruf des Fernfahrers entscheiden. Einerseits wird der Führerschein immer teurer und komplizierter (auch bei der Bundeswehr kann man ihn nur noch selten machen, früher bekam man den dort quasi nachgeschmissen), andererseits gibt es kaum noch Aussichten auf eine halbwegs angemessene Bezahlung und faire Arbeitsbedingungen. Man kann es an jedem beliebigen Autohof in Deutschland sehen: Es gibt kaum deutsche Trucker unter 35 Jahren.

Derzeit liegt der durchschnittliche Bruttolohn in Westdeutschland bei etwa 1700 bis 1900 Euro. Vor zwei bis drei Jahren waren es noch 2000 Euro oder mehr. In Ostdeutschland gibt es aber auch schon die ersten Stellenangebote mit weniger als 1000 Euro Monatslohn. Die Spesen liegen – je nach Land, in dem man sich aufhält – bei zwanzig bis vierzig Euro pro Tag. In Deutschland gibt es meistens 24 Euro. Die werden aber auch benötigt, das Leben an der Autobahn ist teuer, in Frankreich, der Schweiz, Italien und Großbritannien sogar noch teurer als in Deutschland. Wer mit dem Pkw eine längere Autobahnfahrt unternimmt, der kann vorher einkaufen gehen – jenseits der teuren Autobahnraststätten. Fernfahrer haben diese Möglichkeit oftmals nicht, weil keine Zeit ist und sich zudem selten Supermärkte an der Strecke finden, wo man 18 Meter vor der Tür parken kann. Viele osteuropäische Fahrer, die nicht mal die genannten Spesensätze bekommen, sind gezwungen, in ihrer ohnehin schon geringen Ruhezeit unter Camping-Bedingungen jeden Tag selbst zu kochen. Die Ausstattung der Fahrzeuge mit Kocher, Kaffeemaschine und Kühlschrank geschieht dabei meist auf ihre Kosten.

Dänische Trucker schimpfen oft über die deutschen Kollegen, weil diese nach Dänemark ausgewichen sind, dort waren die Löhne noch etwas höher. Die dänischen Kollegen werfen den Deutschen vor, die Löhne kaputtgemacht zu haben – und sind nach Schweden oder Finnland ausgewichen. Die dortigen Fahrer sind wiederum aus gleichen Gründen auf die Dänen nicht gut zu sprechen. Mittlerweile sind auch in diesen Ländern die Löhne drastisch gesunken.

In den Niederlanden gewährleistet ein arbeitnehmerfreundlicher Tarifvertrag für europäische Verhältnisse relativ hohe Löhne. Die Spediteure wissen das, viele ärgert das. Daher flaggen auch dort mittlerweile viele Speditionen aus und gründen Tochterunternehmen in Billiglohnländern. Manche bedienen sich aber noch perfiderer Mittel, um ihre Gewinne zu erhöhen. In »meiner« Firma waren drei Methoden besonders beliebt: Da ist erstens die monatliche Abrechnung der geleisteten Arbeitsstunden. Bezahlt wird nur die Zeit, in der der Wagen gefahren wurde. Grenzabfertigungen, Be- und Entladetätigkeiten, Wartezeiten, Reparaturen und so weiter zählen so, als habe man die ganze Zeit in der Kneipe verbracht.

Das zweite sind Tricksereien bei der Stundenabrechnung. Ich habe die komplizierten Monatsabrechnungen gemeinsam mit Kollegen mal durchgerechnet. In fast jeder Abrechnung haben sich die Chefs zu etwa zehn bis zwanzig Prozent »verrechnet«, grundsätzlich zu ihren Gunsten. Ein Beispiel: Wer nach einer vollen Zehn-Stunden-Schicht einen Urlaubsschein in die Hand gedrückt bekam, musste oft direkt eine weitere Zehn-Stunden-Schicht fahren. An diesen Tagen bekommt man nicht selten nur eine der zwei geleisteten Schichten bezahlt. Der Chef kann so nicht nur eine Menge Geld sparen, er vermeidet zudem, dass diese Arbeitszeitüberschreitungen bei einer Kontrolle der Buchhaltung auffliegen.

Die dritte Methode ist noch fieser: Man bekommt Gehaltsabzüge, weil man in dem Monat angeblich irgendetwas falsch gemacht hat – sozusagen eine Geldstrafe. Ein Kollege bleibt mit einer Panne liegen, weil am Bremsgestänge oder der Achsaufhängung des alten Aufliegers irgendetwas gebrochen ist. Zwei Monate später kriegt er dann in der Gehaltsabrechnung dafür einige hundert Euro abgezogen. Einem polnischen Kollegen wurde in Rumänien ein alter Reservereifen geklaut. Von seinem nächsten Gehalt wurden gleich mal die Kosten für einen neuen Reservereifen abgezogen. Selbst für kaputtgefahrene Reifen bekommen Kollegen Gehaltsabzüge. Ein türkischer Kollege bekam einmal die Kosten für zwei Paletten Eier vom Nettogehalt abgezogen, das waren mehrere hundert Euro. Die Arbeiter hatten zwei Paletten nicht ganz gerade geladen, bei der Fahrt sind sie dann noch mehr verrutscht, und die unteren Lagen waren hinüber. Für den Schaden muss normalerweise die Beladestelle aufkommen oder die Transportversicherung, sie wird ja für genau solche Fälle abgeschlossen. Doch der Spediteur stellte sie ganz locker dem Fahrer in Rechnung und zog das Geld kommentarlos vom Gehalt ab. Möglicherweise hat er den Schaden zusätzlich bei seiner Versicherung eingereicht und auf diese Art doppelt kassiert.

Die Geldstrafen werden grundsätzlich vom Nettogehalt abgezogen. Man bezahlt also Steuern und Sozialabgaben für Geld, das man gar nicht bekommt, weil es sich der Chef bar in die eigene Tasche steckt. Möglicherweise gibt es noch einen weiteren Grund, wieso die Geldstrafen nicht vom Brutto abgezogen werden: Andernfalls würden offizielle Stellen von dieser Praxis möglicherweise Kenntnis bekommen und diesem Lohndiebstahl Einhalt gebieten.

In Deutschland haften Arbeitnehmer nur dann, wenn sie vorsätzlich oder »grob fahrlässig« (also etwa besoffen) Fehler machen, keinesfalls jedoch bei einfacher Fahrlässigkeit. Auch in den Niederlanden sind diese Gehaltsabzüge natürlich rechtswidrig, das wissen die Chefs auch. Daher bekommen die niederländischen Fahrer auch seltener solche Geldstrafen aufgebrummt, das gibt zu viel Ärger. Bei den Ausländern gab es jedoch nicht einen Monat ohne Gehaltsabzug bei dem einen oder anderen Kollegen, bei mir durchschnittlich jeden zweiten oder dritten Monat.

Ich habe zum Beispiel einmal einen Versicherungsschaden von 5000 Euro produziert, dafür wurde mein Gehalt um 750 Euro gekürzt. Ein anderes Mal hieß es, ich sei zu schnell gefahren. Die Belege darüber habe ich nie gesehen und konnte daher auch nicht überprüfen, ob das tatsächlich stimmte. Ein anderes Mal bekam ich von der Chefin die Anweisung, die Zollpapiere nicht bei der Ausreise aus den Niederlanden zu erledigen, sondern beim Verlassen der EU in Rumänien. Weil die Rumänen dabei etwas nicht ordnungsgemäß in ihre Computer eingetragen hatten, musste die Tochter der Chefin hinterher recht viel wegen dieser Sache herumtelefonieren. Da mir das leid tat (obwohl ich ja nichts dafür konnte), habe ich ihr eine teure Flasche moldawischen Champagner geschenkt. Das hielt die Chefin jedoch nicht davon ab, mir für dieses »Vergehen« 25 Euro Geldstrafe vom Nettogehalt abzuziehen.

Von Gehalt und Spesen musste ich auch sämtliche Bestechungsgelder bezahlen. Von manchen Touren, zum Beispiel in die Ukraine, nach Moldawien oder Marokko, wäre ich bis heute nicht zurück, wenn ich nicht hier und da den diskreten Geldschein rübergeschoben hätte. Auch Geldstrafen mit Quittung durch Zoll oder Polizei wurden grundsätzlich nicht erstattet, selbst wenn die Fahrer sie nicht zu verantworten hatten. Auch hierzu ein Beispiel: Mein Lieblingskollege Martin kam beladen aus Istanbul. In Rumänien bekam er einen Anruf, er solle noch zehn Kartons zuladen. Er fragte, wie das denn gehen solle, er habe doch eine türkische Zollplombe.

»Ach, die machst du einfach auf und an der Grenze sagst du, du wüsstest von nichts, das müsse nachts auf dem Parkplatz passiert sein.« So etwas haben sie mir auch öfters gesagt, so sollte ich zum Beispiel mal auf dem Weg von Moldawien nach Holland in Tschechien die Zollplombe zerstören, um noch vier Paletten Weihnachtskugeln zuzuladen. Ich habe den Chefs erzählt, ich hätte keinen Platz mehr, der Wagen sei voll, und kam mit Glück immer drum herum. Kollege Martin leider nicht. Bei der Ausreise aus Rumänien gab es wegen der fehlenden Plombe einen großen Aufstand. Der Wagen wurde komplett ausgeladen, um alle Kartons zu zählen. Zum Glück hatte sich an der Ladestelle herausgestellt, dass gar kein Platz mehr für die Zuladung war, sonst hätte er an der Grenze noch größeren Ärger bekommen. Letztlich musste er 250 Euro Strafe zahlen für die fehlende Plombe. Dieses Geld bekam er vom Chef nie erstattet. Er hat daraufhin gekündigt und war ein Jahr arbeitslos. Immerhin hat er vom Arbeitsamt trotz eigener Kündigung wenigstens keine Sperrfrist bekommen, weil er nachweisen konnte, dass er von unserem Arbeitgeber zu ständigen Gesetzesübertretungen gezwungen worden war.

Logbuch zweite Tour: Runter nach Marokko und rauf nach bis nach Wales

Mittwochnachmittag, siebzehn Uhr

Zweite Schicht an einem Tag – mit 89 Sachen durch Europa – gefühlte Entfernungen – unsichere Sicherheitsparkplätze

Eigentlich sollte ich jetzt Feierabend machen, ich habe bereits einen Elf-Stunden-Tag und eine Tour in die Türkei hinter mir. Aber die große Pause wird wieder durch das Stück Papier ersetzt, auf dem oben groß draufsteht: Vakantiebrief. Die nächste Tour steht an, die Ladung besteht aus Sammelgut für TNT in Ciempozuelos sowie 200 Fernsehern für eine Hotelanlage in Marbella. Mein Navigationsgerät verrät mir, dass Ciempozuelos neben Aranjuez im Großraum Madrid liegt. Woraus die Ladung genau besteht, weiß ich nicht, »Sammelgut« kann alles Mögliche sein.

Erstes Ziel ist der Sicherheitsparkplatz – dazu später mehr – in Château-Renault, das liegt zwischen Orléans und Tours. Wenn nichts dazwischen kommt und bei Antwerpen, Lille und Paris keine Staus zum Mitmachen einladen, werde ich dort heute Nacht zwischen vier und fünf Uhr eintreffen und kann dann mal wieder auf eine 22-Stunden-Schicht zurückblicken.

Also tuckere ich mit 83 Stundenkilometern los in Richtung Sonnenuntergang. In den meisten europäischen Ländern dürfen große Brummis auf der Autobahn mit achtzig Stundenkilometern fahren, nur in einigen wenigen mit neunzig. Achtzig Stundenkilometer heißt jedoch nicht achtzig, sondern üblicherweise 89 – dann gibt es eine technische Sperre im Fahrzeug. Wenn es nicht gerade bergab geht, kann man nicht schneller fahren, und das ist auch gut so. Es wird von mir erwartet, dass ich 89 Stundenkilometer fahre, sonst könnte ich die Zeitvorgaben gar nicht einhalten. Meistens wird das auch von der Polizei augenzwinkernd toleriert. In Deutschland habe ich ein einziges Mal eine Geldstrafe bekommen, weil ich mit 88 Stundenkilometern in Baden-Württemberg geblitzt wurde, sonst bin ich an allen Radarkontrollen unbeanstandet vorbeigedonnert. Der Verstoß gegen die zulässige Höchstgeschwindigkeit ist in dem Gewerbe genauso verbreitet wie die Überschreitung der zulässigen Lenk- und Arbeitszeiten. Die Disponenten planen das als Selbstverständlichkeit mit ein.

Die einzige Ausnahme sind jedoch die Niederlande. Dort bedeuten achtzig Stundenkilometer Höchstgeschwindigkeit zwar auch nicht achtzig, sondern 83, aber mit 89 ist man dran. An einigen Autobahnen wird das flächendeckend mit Radarkameras überwacht. Die einzigen, die 89 fahren, sind ausländische Fernfahrer, die das nicht wissen.

Kurz hinter Breda liegt die niederländisch-belgische Grenze. Obwohl Belgien genauso ein Transitland für den Schwerverkehr ist wie Deutschland, Österreich oder die Schweiz, geht man hier sehr viel freundlicher mit den durchreisenden Brummis um. Es gibt weniger schikanöse Kontrollen, die Straßenmaut ist sehr viel preiswerter und die Bezahlung viel unbürokratischer organisiert. Die Vignette für alle drei Beneluxländer kostet nur acht Euro pro Tag, und man kann sie an fast jeder Autobahntankstelle kaufen. Kein kompliziertes und frech-teures Toll Collect wie in Deutschland, keine vorgeschriebene elektronische GO-Box wie in Österreich, keine kilometergenaue Abrechnung mit komplizierten Formularen und einer Plastikkarte wie in der Schweiz. Es zeigt: So geht es auch!

Auf dem Ring um Antwerpen ist der übliche Stau. Man kann diesen Ring nicht umgehen, es gibt keine andere mögliche Strecke. Den Stau kann man aber dennoch meist ganz lässig vermeiden, indem man andersherum, also von Norden kommend nicht links, sondern rechts um die Stadt herumfährt. Es ist kaum weiter, kostet allerdings achtzehn Euro Maut, weil man durch längere Tunnel unter der Schelde und den Hafenbecken fährt. Obwohl meine Chefs in anderen Dingen sehr knauserig sind, haben sie nie von uns Fahrern verlangt, gebührenpflichtige Autobahnen zu vermeiden, auch gegen diese Maut hatten sie überraschenderweise nie etwas einzuwenden.

Nach Antwerpen kann man dann auf 89 Sachen beschleunigen. Abgesehen von den fast obligatorischen Staus in Paris und Bordeaux kann man nun bis Spanien auf gut ausgebauten Autobahnen mit Vollgas durchfahren. Das geht zügig und ist eintönig und einschläfernd langweilig, zumal ich das Gefühl habe, bereits jeden Baum am Straßenrand zu kennen. Aufkommende Müdigkeit bekämpfe ich mit den üblichen Mitteln: Hörbücher hören, laut singen, telefonieren mit Freunden. Ich versuche zudem, meine Phantasie spielen zu lassen und mir die Orte vorzustellen, die ich passiere und von denen ich gar nichts zu sehen kriege, oder krame in meinem Gedächtnis zusammen, was ich an historischem Halbwissen über die jeweilige Gegend noch weiß.

Heute komme ich gut durch. Sogar in Paris habe ich Glück, hier kann es auch in tiefster Nacht zu dicken Staus kommen. Fünfzig Kilometer hinter Paris wird die Autobahn leerer. In Frankreich fahren viele Pkw und Lkw Landstraße, um die teuren Autobahngebühren zu sparen. Für die teure Maut erhält man in Frankreich jedoch einen vorbildlichen Service: Es gibt kaum Baustellen, und wenn doch, dann nur wenige Tage. Irgendwie scheint das also möglich zu sein, vielleicht sollten die deutschen Autobahnmeistereien mal nach Frankreich zur Fortbildung geschickt werden. Die Straßen sind sehr gut, es gibt keine Spurrillen und Schlaglöcher. Die französische Autobahngesellschaft betreibt sogar einen eigenen Radiosender (Autoroute FM 107,7), der neben viertelstündlichen Verkehrsmeldungen ein Programm liefert, das wachhält und abwechslungsreich ist. Kurz hinter Orléans wird ein Unfall angesagt. Ich hatte diese Stelle vor wenigen Minuten passiert, bin erst sechs Kilometer weiter. Das bedeutet, dass der Unfall vor weniger als fünf Minuten passiert sein muss und schon jetzt wird er im Radio gemeldet. Auch das ist besser organisiert als in Deutschland, wo die Staumeldungen oft weit mehr als eine halbe Stunde der Realität hinterherhinken. Weitere fünf Minuten später meldet das Radio bereits, dass die »Dépanneurs« vor Ort seien und die Unfallstelle abgesichert wurde, in Deutschland wäre das sogar tagsüber unvorstellbar.

Jeder Vielfahrer kennt das: Man nimmt Strecken unterschiedlich wahr. Hundert Kilometer können zu gefühlten 250 Kilometern werden oder aber wie im Flug vorübergehen. Dabei hat jeder andere »Vorlieben«. Die leere, gut ausgebaute Autobahn zwischen Orléans und Bordeaux ist für mich so eine Langweilerstrecke, dass mir die 460 Kilometer vorkommen wie tausend Kilometer. Besonders nachts ziehen sich die Kilometer ewig hin. Heute Nacht muss ich noch knapp hundert Kilometer fahren bis zum Dorf Château-Renault. Das liegt in der Nähe der Loire kurz vor Tours. Ich kämpfe gegen die Müdigkeit an, bin mal wieder seit über zwanzig Stunden am Arbeiten.

Da die Strecke eintönig und langweilig ist, bleibt Zeit für einige Gedanken über Sicherheitsparkplätze und die Parkplatzmafia: Wenn Trucks sehr wertvolle Fracht haben, schreiben der Kunde, der Spediteur oder irgendeine Versicherung den Fahrern oftmals vor, ihre großen Pausen auf bestimmten, vermeintlich besonders gesicherten Parkplätzen zu verbringen. Besonders pedantisch sind die Sicherheitsbestimmungen beim Transport von Zigaretten und Unterhaltungselektronik, darüber wird noch zu reden sein. Wegen der 200 Fernseher muss ich also wieder mal nach Château-Renault. Manche der registrierten Sicherheitsparkplätze sind bestimmte Autohöfe oder Autobahnraststätten. Wieso die nun sicherer sein sollen als irgendwelche anderen Autohöfe oder Raststätten, ist überhaupt nicht klar. Ich persönlich vermute schon wieder Korruption dahinter, denn für die betreffenden Plätze bedeutet das garantierte Kunden.

In Frankreich ist die Liste sehr kurz. Zwischen Paris und Angoulême gibt es nur diesen schäbigen Platz in dem Dorf Château-Renault. Mein Arbeitsvertrag verpflichtet mich zu einer Schweigepflicht über die Details der Sicherheitsbestimmungen, sogar über die Dauer meiner Beschäftigung hinaus. Wegen mehrerer Vorkommnisse auf diesem Parkplatz wurde er jedoch mittlerweile von der Liste genommen, daher kann ich die Gelegenheit nutzen, darüber zu erzählen. Das Dorf liegt etwa zwölf Kilometer von der Autobahn entfernt in einer dünn besiedelten Gegend. Der Parkplatz ist der Hof einer dubiosen Spedition in einem gottverlassenen Industriegebiet etwa zwei Kilometer von dem Dorf entfernt. Jede Nacht park(t)en hier etwa ein Dutzend zumeist spanische und niederländische Lkw, die meisten beladen mit Zigaretten. Die Parkplatzinhaber lassen sich dieses Parken mit Sicherheitsgarantie teuer bezahlen, das ist ein richtig gutes Geschäft. Für diesen Preis wird aber nur die Sicherheit garantiert, an einen gewissen Mindestkomfort für Fahrer hat dabei niemand gedacht. Man kommt nachts dort an, hat eine PIN-Nummer, nach deren Eingabe sich das schwere Eisentor öffnet, fährt auf einen unbeleuchteten, menschenleeren Platz und parkt hinter dem Gebäude. Es gibt keine Kneipe, kein Restaurant in der Nähe, kein Geschäft, nicht mal einen Kaffeeautomaten, da ist einfach gar nichts.

Jeder Laie könnte nun denken, ein viel frequentierter Parkplatz an der Autobahn könnte mehr Sicherheit bieten als dieser gottverlassene, einsame Ort – und liegt damit richtig. Im Jahr 2009 drangen gut organisierte Täter hier ein, setzten einen Fahrer außer Gefecht, der dabei verletzt wurde, fesselten ihn und fuhren mit dem komplett mit Zigaretten beladenen Lkw davon. Der Wagen wurde zwei Tage später ausgeräumt irgendwo gefunden. Aber das war noch kein Anlass, diesen Parkplatz von der Liste zu nehmen. Es wurde lediglich die PIN-Nummer geändert. Sie bestand schon mehrere Jahre und war hunderten von Fahrern und unüberschaubar vielen anderen bekannt. Außerdem wurde ein schlecht bezahlter Wachmann beziehungsweise eine Wachfrau mit Wachhund engagiert sowie ein Halogenstrahler mit Bewegungsmelder an der Toreinfahrt installiert.

Ich selbst hatte auf diesem Parkplatz – bevor der Wachmann da war – auch mal ein äußerst unangenehmes Erlebnis. Neben einem Reifenplatzer auf der Vorderachse ist ein Diebstahlversuch mit Gas das Fieseste und Gefürchtetste, was einem Fernfahrer passieren kann, und genau das ist mir ausgerechnet auf diesem »Sicherheitsparkplatz« widerfahren. Außer der Polizei, Fernfahrern sowie Wohnmobilbesitzern ist diese in ganz Europa verbreitete Form von Kriminalität wenigen bekannt. Dass diese Überfälle aber nicht nur Hirngespinste und Räuberpistolen von fabulierenden Truckern sind, sieht man auch daran, dass mittlerweile ein ganzer Markt daraus entstanden ist: Mehrere Firmen bieten auch in Deutschland sogenannte KO-Gas-Sensoren an, die Alarm schlagen, sobald ein solcher Überfall versucht wird.

Dabei wird ein dünner Schlauch durch die Gummidichtung der Fahrer- oder Beifahrertür geschoben und ein Betäubungsgas in die Kabine geleitet. Die Dosierung ist den Tätern zumeist völlig egal – wenn die Dosis zu hoch ist, kommt der eine oder andere Kollege dabei auch ums Leben. Danach wird der Wagen aufgebrochen und alles ausgeräumt. Um bei einem solchen Raub nicht vergast zu werden, habe ich mir seit dem Vorfall von Château-Renault – wie viele Kollegen auch – angewöhnt, zu jeder Temperatur und Jahreszeit beim Schlafen die Fenster einen Spalt breit geöffnet zu lassen.

Ich hatte damals Glück im Unglück. Ich habe überlebt und trug keine gesundheitlichen Schäden davon, lediglich zwei bis drei Tage starke Kopfschmerzen und Schwindelgefühle, etwa so wie ein Alkoholkater, nur viel stärker und länger andauernd. Und der Diebstahl hat nicht funktioniert, weil ich meine Fahrzeugtüren über Nacht von innen durch eine verschraubbare Verriegelung gesichert hatte. Ich hatte diese Konstruktion mal in der Türkei von einem Kollegen gekauft. Man schraubt mit zwei Eisenhaken die Türen von innen fest, so dass diese von außen weder mit Gewalt noch mit irgendwelchen Tricks geöffnet werden können. Das ist zwar lästig, da man ohne Schrauberei nachts nicht mal austreten kann, aber sicher ist sicher. Ich hatte zu diesem Platz schon länger kein Vertrauen mehr und die Haken zum Glück vor dem Schlafengehen angebracht.

In den frühen Morgenstunden komme ich in Château-Renault an. Die Pause darf diesmal wieder nur neun Stunden dauern, denn ich soll noch Freitagnachmittag in Madrid zum Ausladen sein. Letzten Mittwoch um diese Zeit war ich in Istanbul, was für ein verrückter Job!

Donnerstagmittag, dreizehn Uhr

Fahren bei Wind und Wetter – französisches Klassenbewusstsein – spanische Parkplatzmafia

Heute gibt es mal wieder kein »Frühstück«. Kein Kaffeeautomat und keine Zeit, sich selbst einen zu kochen. Stattdessen gibt es einen Joghurt und eine Brausetablette. Heute herrscht dichter Nebel wie so oft hier in der Gegend um die Loire. Der Zeitdruck verleitet viele Kollegen dazu, im Nebel zu schnell zu fahren und die damit verbundenen Gefahren zu verdrängen. Doch alles läuft bestens. An der Zahlstelle bei Tours ist heute keine der häufigen Lkw-Kontrollen der französischen Polizei, und der Nebel lichtet sich hinter Tours ebenfalls.

Lassen Sie uns während der langweiligen Autobahnfahrt über Poitiers und Niort Richtung Bordeaux übers Wetter reden. Jedem leuchtet ein, dass man bei Schnee, Glatteis, Regen oder Nebel etwas langsamer fahren muss. Die Einzigen, die das überhaupt nicht einsehen möchten, sind viele der Spediteure und ihre Disponenten. Für 640 Kilometer planen sie acht Stunden, egal zu welcher Jahres- oder Tageszeit. Der Fahrer hat sich zu rechtfertigen, wenn er wegen Nebel eine Stunde Zeit »verliert«. Dieser Umstand ist der Grund für viele völlig vermeidbare Unfälle mit oft katastrophalen Folgen.

Ähnliches gilt für winterliche Straßenverhältnisse. Das Fahren unter Zeitdruck im Winter erfordert höchste Konzentration. Bei Schnee ist man mit einem beladenen Brummi jedoch im Vorteil. Durch das hohe Gewicht hat man eine wesentlich bessere Haftung als ein Pkw. Richtig schwierig wird es, wenn man wenig oder gar kein Gewicht geladen hat. Dann ist schon eine regennasse Fahrbahn so rutschig wie eine vereiste für einen Pkw. Besonders gefährlich ist das in Südeuropa, wenn es im Sommer nach wochen- oder monatelanger Trockenheit zum ersten Mal wieder regnet. Regenwasser und Staub auf der Fahrbahn bilden dann einen Schmierfilm, der so gefährlich ist wie Glatteis oder eine Ölspur.

Auch Wind – besonders auf Brücken – ist für unbeladene Trucks sehr viel gefährlicher als für beladene, vor allem wenn er in Böen auftritt. Wind und Sturm gibt es zwar am häufigsten im Herbst und

Winter, in Südfrankreich aber auch regelmäßig im Sommer. In der Region von Marseille wird der beißende, böige Wind beziehungsweise Sturm Mistral genannt. Am verhängnisvollsten für die Region ist der Mistral, wenn es gerade Waldbrände gibt, denn diese sind dann praktisch so lange nicht unter Kontrolle zu bringen, wie der Mistral anhält. Noch häufiger als der Mistral ist der Wind im Westen des Languedoc-Roussillon, insbesondere in der Region von Perpignan kurz vor der spanischen Grenze. Dieser kalte Fallwind heißt Tramontane und kann Tage und Wochen andauern. Wohnwagengespanne und Lkw mit leichter oder gar keiner Ladung kann dieser Wind buchstäblich ins Schleudern bringen.

In meinen Zeiten als Fernfahrer hatte ich ein völlig anderes Verhältnis zum Wetter als sonst. Normalerweise liebe ich die Wärme, auch Hitze macht mir nichts aus. Wenn man aber als 24/7-Sklave in der Blechkiste wohnt, ist man die Hitze irgendwann leid, besonders in Phasen, in denen ich nachts fahren muss und tagsüber schlafen will. Das geht bei Hitze dann nur noch mit laufendem Motor und eingeschalteter Klimaanlage. (Erstaunlicherweise schimpfen selbst die knauserigsten Spediteure nicht, wenn Trucker ihre Motoren im Stand laufen lassen. Das gehört in der Branche leider zum guten Ton, sogar auf dem eigenen Speditionshof. Ökologisches Denken ist in den Augen der meisten Spediteure und Trucker sowieso nur etwas für Traumtänzer und grüne Weicheier.) Wenn ich dann mal wieder ein paar Tage in Deutschland oder den Niederlanden war, hörte ich die Leute immer stöhnen über den kalten und verregneten Sommer. Für mich war es jedoch die reinste Erholung, mal einen Tag nicht wie verrückt zu schwitzen.

Ich habe auch verrückte, unangenehme Winter erlebt. Ich bin in verschneite Gegenden gekommen, wo mir die Leute berichteten, hier habe es seit Jahren oder Jahrzehnten nicht mehr so viel Schnee gegeben. Ich habe Schnee gesehen auf den Palmen in Málaga sowie eineinhalb Meter Neuschnee in Marseille und Leicester. Wenn es in Städten wie Málaga, Leicester oder Marseille stark schneit, also in Gegenden, wo das die absolute Ausnahme ist, bricht der Verkehr völlig zusammen. Die Autofahrer sind das dort nicht gewöhnt, und die Straßenmeistereien sind ebenfalls schlecht darauf eingestellt.

Ich erinnere mich an einen ganz fiesen Schneesturm in Portugal. Die Autobahn konnte man – wenn überhaupt – nur noch im Slalom zwischen umgekippten und kollidierten Autos in Schrittgeschwindigkeit passieren. In Deutschland kommt es vor allem beim ersten Schnee in der Wintersaison regelmäßig zum Verkehrskollaps. Viele Pkw-Fahrer verhalten sich dann jedes Jahr wieder so, als hätten sie noch nie in ihrem Leben Schnee erlebt. Die Beeinträchtigungen entstehen dort also eher durch die Autofahrer und durch Sommerreifen als durch das Wetter selbst.

Die meisten Deutschen kennen die Mittelmeerländer nur aus dem Urlaub und assoziieren damit grundsätzlich Wärme, Sonne und gutes Wetter. Das ist natürlich völliger Unsinn. In Griechenland und Spanien bin ich in Schneestürme geraten, und im Winter kann man in Burgos, Bologna oder Istanbul lausig frieren. In England ist es dann fast immer wärmer als in vielen Gegenden Griechenlands oder der Türkei. Lediglich im Süden Andalusiens, der Türkei, auf Kreta oder in Sizilien, jeweils in der Nähe der Küste, kann man mit Glück ab und zu T-Shirt-Wetter genießen.

Doch konzentrieren wir uns wieder auf die Piste. Ab Poitiers wird die ohnehin relativ freie Autobahn noch leerer. Denn hier geht die Ausweichstrecke ab, auf der man Bordeaux über die mautfreie Route Nationale erreicht. Mindestens die Hälfte aller Fahrzeuge und die Mehrzahl der Brummis nimmt diese Strecke. Vorbei an Niort nähern wir uns Bordeaux. Ich muss mal einen Geheimtipp loswerden: Etwa fünfzig Kilometer vor Bordeaux gibt es eines der vielen leckeren und preiswerten französischen Fernfahrer-Restaurants. Man erkennt sie an dem blau-roten Logo mit der Aufschrift »Les Routiers«, und sie sind fast alle sehr gut und preiswert. Man bekommt für zehn bis zwölf Euro ein Menü mit zwei Gängen, Nachtisch und Rotwein. Oft sind sie nicht leicht zu finden. Man muss sie kennen, französische Kollegen fragen oder die Liste im Internet einsehen. Das idyllische und besonders gute Restaurant, mein Geheimtipp, liegt an der Ausfahrt Blaye. Wenn man aus der Zahlstelle herauskommt, muss man links fahren, nach einem Kilometer an der nächsten Kreuzung rechts und nach einem weiteren Kilometer links abbiegen, dann sieht man es nach einem weiteren Kilometer auf der rechten Seite. Selbstverständlich sind auch durchreisende Pkw-Fahrer herzlich willkommen in diesen Restaurants. Allerdings bekommt man dort nur zu den festen Mittags- und Abendessenszeiten etwas zu essen, sonntags sind zudem viele dieser »Les Routiers« geschlossen, manche auch samstags. Da ich zu früh beziehungsweise zu spät bin, muss ich heute daran vorbeifahren.

In Frankreich gibt es ohnehin noch mehr Überbleibsel vom bei uns völlig aus der Mode gekommenen Klassenbewusstsein. Arbeiter und Arbeitslose lassen sich viel weniger gefallen. Die allgemeine Bereitschaft zu Streik und Widerstand ist wesentlich höher als in unserem Duckmäuserland. Hier streiken sogar die Fußballer der Nationalmannschaft während einer Weltmeisterschaft. Es gibt auch gelegentlich Generalstreiks, zum Beispiel im Zuge der Rentenreform im Herbst 2010. Im Jahr 2009 hörte ich im französischen Autobahnradio Berichte über Fälle, in denen sich komplette Belegschaften gegen Betriebsschließungen oder Massenentlassungen wehrten, in dem sie die Betriebe besetzt und die Geschäftsführungen tagelang als Geiseln genommen haben. Nicht auszudenken, was das für einen Aufschrei in Deutschland gegeben hätte, vermutlich wäre mindestens die GSG 9 aufmarschiert, und *Bild* hätte über die Weltrevolution und den Untergang des Abendlandes spekuliert. Das hört sich »witziger« an, als es ist. Ich weiß aus eigener, unliebsamer Erfahrung, wie rabiat aufgebrachte französische Bürger sein können. In den achtziger Jahren blockierten öfters wütende Bauern die Autobahnen und haben jeden Lkw kontrolliert – die mit Waren aus Spanien oder Italien wurden kurzerhand angezündet. Wenn die Fahrer nicht kollaborierten oder wenigstens kuschten, wurden sie auch noch verhauen. Ein paar Polizisten standen in Sichtweite, aber sie konnten oder wollten nicht eingreifen. Ich habe zwei solcher Mobkontrollen erlebt und hatte beide Male Glück, weil ich zufällig nur aus Perpignan kam, es hätte genauso gut Valencia oder El Ejido sein können.

Man sieht das auch auf den Autobahnen: Nachts sind fast ausschließlich ausländische Lkw unterwegs. In den Fernfahrerrestaurants trinken die französischen Kollegen zum Abendessen ihren Rotwein und machen danach Feierabend. Wer dort mit Mineralwasser sitzt, ist meistens Niederländer, Deutscher, Portugiese oder Spanier und fährt nach dem Essen weiter in die Nacht. Und die französische Wirtschaft bricht darüber nicht zusammen.

Kurz vor Bordeaux vereint sich die Autobahn wieder mit der Ausweichstrecke der Route Nationale, der Stadtverkehr kommt hinzu, und auf der Piste ist plötzlich sehr viel los. Durchreisende sind gut beraten, Bordeaux nicht zur Rushhour zu passieren, sonst hat man Staugarantie. Kurz hinter Bordeaux wird die Autobahn zur vierspurigen Landstraße, und es gibt wieder kilometerlange Strecken mit Lkw-Überholverbot. Daran halten sich auch die meisten, denn es drohen viele Kontrollen und drakonische Strafen. Man fährt durch eine sandige Ebene mit zahlreichen weiten Kiefernwäldern. Ein Großteil dieser Wälder fiel allerdings im Januar 2009 dem Jahrhundert-Orkan Klaus zum Opfer. Auf knapp 200 Kilometern bekommt man heute mehr Holzbruch zu sehen als aufrecht stehende Bäume. Sowohl an der Mittelmeer- als auch an der Atlantikseite war die Strecke damals für einen halben Tag komplett gesperrt. Aber an eine Weiterfahrt wäre auch gar nicht zu denken gewesen. Ganze Dächer flogen durch die Gegend, Wellblechhütten wirbelten durch die Luft wie Herbstlaub, und der Verkehr brach völlig zusammen.

Heute ist das Wetter friedlich und milde, wie meistens in dieser freundlichen Landschaft. Mein heutiges Etappenziel ist mir wieder fest vorgegeben, ich muss im baskischen Irun rasten, direkt hinter der spanischen Grenze. Viele der spanischen Sicherheitsparkplätze sind dermaßen teuer, dass man hier schon von einer Parkplatzmafia sprechen kann. In Irun gehören die beiden Sicherheitsparkplätze einem der reichsten und einflussreichsten Männer der Stadt. Der eine grenzt direkt an den Zollhof, der zweite liegt völlig abgelegen in einem Industriegebiet. Beide kosten unverschämte 2,75 Euro pro angefangene Stunde, auch bei längerem Aufenthalt gibt es keinen Mengenrabatt. Auf beiden Parkplätzen gibt es je einen schimmeligen Container mit Toilette und einer ekligen Dusche mit ausschließlich kaltem Wasser. Beim Parkplatz im Industriegebiet gibt es sonst nichts, keine Bar, kein Geschäft, nicht mal einen Kaffeeautomat, und die Stadt ist mehrere Kilometer entfernt.

Wenn man Zigaretten geladen hat, darf man nur den Parkplatz

im Industriegebiet nutzen. Das ist absurd und hat nur bürokratische Gründe. Einmal klingelte mich die Sicherheitsfirma Securitas, die für die Betreuung der Zigarettentransporte europaweit zuständig ist, mitten in der Nacht raus. Jemand hatte über Satellitenpeilung festgestellt, dass ich auf dem »falschen« der beiden Plätze stand. Ich wurde aufgefordert, sofort zum anderen zu wechseln. Ich wies darauf hin, dass meine Elf-Stunden-Pause damit zerschossen sei. Man sagte mir, wenn ich nicht umgehend wechselte, dann würden sie auf meine Kosten einen Fahrer kommen lassen, der das erledigt.

Mit den Fernsehern darf ich heute auf den ersten Parkplatz fahren, dort sind Geschäfte und ein Restaurant in der Nähe.

Die frechste Parkplatzabzocke habe ich im Madrider Vorort Coslada erlebt. Es gibt dort ein Industriegebiet mit überbreiten Straßen, in denen parkende Fahrzeuge niemanden behindern würden. Der offizielle Lkw-Parkplatz ist extrem teuer; damit dennoch alle Brummis dort parken müssen, hat man sich etwas einfallen lassen: Im gesamten Bereich von Coslada ist das Parken für Lkw verboten, auch dort, wo eigentlich jede Menge Platz wäre. Besitzer des offiziellen Lkw-Parkplatzes sind zwei sehr reiche, hoch angesehene Brüder, einer von ihnen ist Mitglied im Stadtrat.

Am späten Abend rolle ich in Irun auf den Parkplatz. Im Gegensatz zu Frankreich bekomme ich hier auch nach 22 Uhr noch ein leckeres warmes Essen.

Freitagmorgen, sieben Uhr

Aberwitzige Geldstrafen in Spanien – völlig überflüssige Hetze zum Kunden – Langeweile im Industriegebiet

Ich darf frühestens um 9.30 Uhr weiterfahren. Der Disponent weiß das ganz genau, er hat alle Daten auf seinem Computerbildschirm, aber das ist ihm völlig egal. Morgens um kurz nach sieben Uhr weckt mich das piepsende Satellitengerät mit einer Nachricht. Ich solle mich beeilen, müsse unbedingt noch am heutigen Freitagabend bei Madrid ausladen. Ich fluche vor mich hin und antworte ihm, dass ich erst in zweieinhalb Stunden weiterfahren dürfe. Statt einer Entschuldigung kommt die vorwurfsvolle Frage, wieso ich abends denn erst nach 22 Uhr in Irun war …

Mit direkten oder auch indirekten Vorwürfen arbeiten Disponenten gerne und oft. Man muss sich ständig rechtfertigen wie ein Schuljunge, der angeblich etwas ausgefressen hat. Irgendwann schenke ich denen mal eine Broschüre mit den Arbeitszeitregelungen. Entschuldigungen, Anteilnahme, ein Dankeschön oder sonst irgendein freundliches Wort habe ich in der gesamten Zeit nicht einmal zu hören bekommen.

Nun bin ich wach und habe gezwungenermaßen Zeit für ein ausgiebiges Frühstück, dann geht's weiter. Die Autobahn führt mitten durch San Sebastián und weiter durch das Baskenland. Sie passiert viele Orte mit diesen unaussprechlichen baskischen Namen, in denen die Buchstaben X und Z oft gleich mehrfach vorkommen. Heutzutage stehen meistens auch die spanischen Namen darunter. In den achtziger Jahren waren Fahrten ins Baskenland eine regelrechte Strafarbeit, denn die baskischen Separatisten hatten bei den meisten Verkehrsschildern die spanischen Namen mit schwarzer Sprühfarbe unkenntlich gemacht.

Eine unangenehme Sache hat sich aber nicht verändert: die schikanösen Lkw-Kontrollen der gefürchteten baskischen Autonomiepolizei Ertzaintza. Bei Verstößen erteilen sie atemberaubend hohe Geldstrafen, fast immer gleich im vierstelligen Euro-Bereich. Doch die Kontrollen der katalanischen Mossos d'Esquadra oder der Guardia Civil im restlichen Spanien stehen dem in fast nichts nach. Mehrere tausend Euro hohe Strafen gibt es nicht nur für grobe Verkehrsverstöße, sondern auch für kleinste Vergehen gegen bürokratische Details. Wer zum Beispiel die Tachoscheibe nicht nach 24 Stunden wechselt, sondern erst eine Viertelstunde später, kann in Spanien dafür eine Geldstrafe von weit über tausend Euro bekommen! Dabei fällt auf, dass grundsätzlich nur ausländische Lkw angehalten und kontrolliert werden. Die Standesorganisationen der Spediteure mehrerer europäischer Länder – auch der deutsche Bundesverband Güterkraftverkehr Logistik und Entsorgung – haben dagegen bereits mehrfach protestiert, aber die spanischen Behörden lassen da nicht mit sich verhandeln.

Um eines klarzustellen: Ich finde es absolut richtig, wenn Polizisten die Einhaltung von Verkehrsregeln kontrollieren und Verstöße ahnden. Verkehrssicherheit geht über alles. Die Abzockerei gegenüber ausländischen Lkw hat damit jedoch nichts zu tun, es erscheint eher wie moderne Wegelagerei. Von diesen Abgründen des spanischen Obrigkeitsstaates bekommen Touristen in der Regel nichts mit, aber Fernfahrer wissen, dass Spanien ein genauso gastunfreundliches Pflaster sein kann wie beispielsweise Griechenland.

Von Irun bis zur Ausladestelle bei Madrid sind es etwas mehr als sechs Stunden Fahrzeit – wenn nichts dazwischenkommt. Daher muss ich nach viereinhalb Stunden eine Pause einlegen. Ich halte kurz vor Burgos und versuche, die 45 Minuten ein wenig zu schlafen, werde aber wieder durch das piepsende Nachrichtengerät geweckt. Der Disponent kann sehen, dass der Wagen steht, doch meine Pause ist ihm egal. Er schreibt nur, um nochmals zu drängeln, ich müsse unbedingt um sechzehn Uhr an der Ausladestelle sein. Das ist kaum zu schaffen, bei Madrid gibt es fast immer Stau. Aber am meisten ärgert mich, dass der Armleuchter mich schon wieder geweckt hat.

Um es kurz zu machen: Es kommt nichts dazwischen. Die Passage über den geschichtsträchtigen Pass von Somosierra geht zügig, ausnahmsweise ist sogar hier mal gutes Wetter. Keine Staus vor oder in Madrid, auch den Kunden in Ciempozuelos finde ich schnell und rolle dort um 16.15 Uhr auf den Hof. Dass ich nicht mehr zum Ausladen komme, hat auch nichts mit der Viertelstunde Verspätung zu tun. Es ist mal wieder richtig typisch, ich werde empfangen mit den Worten: »Was wollen Sie denn schon hier, sie sollen doch erst morgen früh ausladen.«

Es ist zum Haareraufen. Seit gestern kriege ich Druck, ich müsse wahnsinnig dringend um sechzehn Uhr am Freitag dort sein, so als würde die Welt untergehen oder zumindest TNT pleitegehen und meine Spedition ebenfalls, wenn ich diesen Termin nicht einhalte. Und dann kommt man beim Kunden an, und es ist alles ganz anders. Dort war niemals die Rede von Freitagnachmittag. TNT wusste ja, dass die Ware erst am Mittwochmittag in den Niederlanden geladen wurde. Ich weiß nicht, wieso Spediteure und Disponenten so etwas immer wieder bringen, aber fast jeder Fernfahrer kennt dieses Spiel.

Ich habe gelernt, »just in time« zu hassen: Es geht immer auf Kosten der Trucker, ist menschenfeindlich, nutzt effektiv nur dem Kapital und führt zu völlig irrationalen Reglementierungen. Bei Just-in-time-Bedingungen gibt es immer Streuverluste, grundsätzlich auf Kosten der Menschen am Ende der Produktionskette. Arbeiter, die plötzlich jede Menge Überstunden machen müssen, egal, wer zu Hause auf sie wartet; kleinere Autozulieferer, die am Tag der Betriebsversammlung des großen Autoproduzenten auch nicht arbeiten dürfen; oder Trucker, die kreuz und quer durch Europa gehetzt werden. Und das alles nur, damit das große Kapital ein paar lausige Kröten an Zinsen für Lagerhaltung einspart. Nur die Aktionäre profitieren davon, niemand, der die Waren produziert, transportiert oder verkauft.

Doch zurück nach Ciempozuelos zu TNT. Bei TNT wird noch bis weit nach zwanzig Uhr gearbeitet, und ich frage, ob ich nicht vielleicht doch heute schon meine Ladung abgenommen bekäme, dann könnte ich gleich noch drei Stunden weiterfahren Richtung

Was macht man in so einem verratzten Industriegebiet?

Marbella und hätte morgen früher frei fürs Wochenende. Aber das ist natürlich aus den berüchtigten »computertechnischen« Gründen nicht möglich. Da stehe ich nun völlig abgehetzt in dem Industriegebiet und muss die Zeit bis morgen früh totschlagen. Hätte ich das gewusst, dann hätte ich mir wesentlich mehr Zeit lassen, ausschlafen, eine schöne Rast mit gutem Mittagessen einlegen oder unterwegs noch etwas fürs Abendbrot einkaufen können.

Viele Kollegen holen in solchen Situationen den Werkzeugkasten raus und reparieren irgendetwas an ihren Autos oder montieren die Satellitenschüssel für ihren kleinen Bordfernseher an den Außenspiegel. Die Westeuropäer bleiben meistens jeder für sich in seinem Wagen, osteuropäische und türkische Kollegen sind da anders. Sie holen ihre Hocker raus, öffnen die Staukästen an den Aufliegern oder Anhängern und brutzeln sich gemeinsam irgendeine Mahlzeit. Es sieht immer so aus, als würden die sich schon jahrelang kennen, meistens stimmt das aber gar nicht. Sie sind einfach geselliger, kollegialer und solidarischer.

Da ich jede Woche einen anderen Auflieger habe, kann ich mir keine Campingküche in dem Staukasten einrichten. Außerdem fehlt mir nach einer anstrengenden, überlangen Schicht meistens auch die Muße, noch Kartoffeln zu schälen und Zwiebeln zu schneiden. Aber ich wurde oft von diesen Kollegen eingeladen, mich dazuzusetzen. Sie sind immer sehr herzlich, freuen sich und sind überrascht, dass ich – im Gegensatz zu den meisten niederländischen und deutschen Kollegen – das Angebot dankend annehme. Für solche Fälle hatte ich mir in Rumänien ja einen kleinen Hocker zugelegt.

Heute jedoch stehen in dem Industriegebiet nur ein paar wenige spanische und westeuropäische Brummis, jeder hockt für sich in seiner Kabine. Ich mag kein TV und mache dann das, was ich auch oft während des Fahrens mache: Hörbücher hören und mit Freunden telefonieren (mit Knopf im Ohr!). Dieses Industriegebiet könnte exakt so auch in einem Vorort von London, Tanger, Napoli, Sofia, Warschau, Stockholm oder Bielefeld liegen. Das hört sich in Deutschland am Stammtisch so toll an, wenn der Fernfahrer angeberisch sagt, er komm gerade aus Madrid. Wer nur Recklinghausen-Hannover im Linienverkehr fährt, ist oft richtig neidisch, denkt an Stierkampf, Mittelmeerstrände und Flamenco. Der Angeber wird ihn auch in diesem Glauben lassen, weiß es selbst aber natürlich besser. Es ist genauso aufregend wie eine Ausladestelle in Recklinghausen oder Hannover, dazwischen liegt nur mehr Fahrstrecke.

Ich kann nicht mal mit dem Wagen woanders hinfahren. Denn um sieben Uhr morgens soll ich zu TNT kommen, und da der Wagen elf Stunden nicht bewegt werden darf, muss ich ab zwanzig Uhr im Industriegebiet stehen. Um ein Taxi nach Madrid oder zur Vorortbahn zu nehmen, reichen Zeit und Energie nicht aus.

So komfortabel die Fahrerkabine des Volvos auch ist, die Innenbeleuchtung ist viel zu dunkel. Zum Lesen braucht man eine Taschenlampe oder muss sich eine Spezialkonstruktion basteln. Allerdings gibt es wohl auch kaum Kollegen, denen die Möglichkeit, im Truck Bücher zu lesen, sehr fehlt. In meinen Zeiten als Trucker bin ich zudem Hörbuch-Junkie geworden. Eine liebe Freundin aus Wuppertal versorgt mich regelmäßig mit Nachschub. Genau wie bei den Speisen versuche ich auch hier immer zu berücksichtigen, in welchem Land ich gerade bin. Für Belgien habe ich beispielsweise Simenon, für Italien die geniale Donna Leon und in Ciempozuelos fange ich bei einem Glas Rioja mit Don Quijote an, den Andrea endlich in Wuppertal auftreiben konnte. So kann ich wenigstens ein kleines bisschen versuchen, mich für die zwei oder drei Tage, die ich mich in diesem Land aufhalte, zu erden.

Heute vor einer Woche war ich in Istanbul. Ich komme mir vor wie in einem Flipperspiel – die europäische Landkarte ist die Spielfläche, und ich bin die Flipperkugel.

Samstagmorgen, 6.45 Uhr

Durch La Mancha nach Andalusien – lebensgefährliche Hoteleinfahrt – Worst-case-hospitality – potemkinsche Dörfer für Touristen aus dem Norden

Früh morgens rolle ich ein zweites Mal bei TNT auf den Hof. Ich suche den für meine Ladung zuständigen Schreibtischhengst. Als der mir schließlich einen Platz an der großen Rampe zuweist, ist es schon fast acht Uhr. Nach einer weiteren Stunde beginnt das Entladen, in der Zwischenzeit drehe ich Däumchen. Das Entladen der auf Paletten verstauten Ware selbst ist in weniger als einer Stunde erledigt, dann muss sie noch gezählt und die entsprechenden Dokumente unterschrieben werden. Etwa um zehn Uhr fahre ich wieder auf die Autobahn Richtung Süden. Wie immer tut mir die wachsende Entfernung von Holland gut. Auf langweiligen Autobahnen durchquere ich die Gegend von La Mancha und erfreue mich am Cervantes-Hörbuch. Ab und zu kann man auf entfernten Hügeln auch manche alte Windmühle sehen, aber ansonsten könnte ich das Hörbuch genauso gut an einem völlig anderen europäischen Ort hören.

In Bailén mache ich wie immer Pause. Hier kann man duschen und gut und preiswert Fisch mit Knoblauch essen. Auch hier gab es übrigens eine große Schlacht, Napoleon bekam von den Spaniern gewaltig eins auf die Mütze. Irgendwo hier beginnt Andalusien, aber von Mittelmeer, Stierkampf oder Flamenco ist natürlich weit und breit nichts zu sehen. Zwischen Jaén und Granada beginnt wieder ein Gebirge. Granada lasse ich buchstäblich links liegen. Hundertmal bin ich hier langgefahren, wie gerne würde ich mal die Alhambra besuchen.

Spätestens bergabwärts, wenn es Richtung Málaga geht, werden selbst im Winter die Temperaturen milder. Mittlerweile führt die Autobahn durch Málaga, auf einmal ist sie so voll, dass man schon von einem mobilen Stau reden kann. Viele fahren hektisch und aggressiv, trotz hoher Verkehrsdichte brettern sie hier mit Geschwindigkeiten, als sei der Leibhaftige hinter ihnen her. Mit entspannter Urlaubsatmosphäre hat diese quirlige und rund um die Uhr laute Autobahn ungefähr so viel zu tun wie der Verteidigungsminister mit Verteidigung.

Entlang der Küste gibt es eine mautfreie Autobahn, einige Kilometer landeinwärts am Hang eine mautpflichtige. Diese ist viel leerer, aber bei Marbella muss ich auf die untere Autobahn, da der Kunde, die noble Hotelanlage Leila Playa Club, dort irgendwo sitzt. Ich habe einige Schwierigkeiten, diese Clubanlage zu finden und muss einige Male die Autobahn in beide Richtungen hin- und herfahren.

Als ich es endlich gefunden habe, traue ich meinen Augen kaum: Die Hoteleinfahrt geht direkt von der Autobahn ab. Sie ist so eng, dass ich von der rechten Autobahnspur nicht dort einbiegen kann, sondern nach links ausholen muss. Das Manöver ist mörderisch. Ich schalte die Warnblinker an, fahre in der Mitte der Autobahn, damit ich beide Spuren blockiere, und werde langsamer. Hinter mir hupen die Fahrer wie verrückt, manche überholen mich trotzdem links und rechts. Die Kurve muss genau passen, ich habe nur einen Versuch, denn wenn ich korrigieren und rangieren müsste, würde ich schräg auf der kompletten Autobahn stehen. Eigentlich ist das wieder ein Fall, wo man als Fernfahrer die Anfahrt verweigern müsste. Wenn es zum Unfall käme, würde mein Chef mir ja auch nicht die Schuld abnehmen. Da man aber nicht jeden Tag irgendeine Aufgabe verweigern kann, versuche ich mein zweifelhaftes Glück, und es gelingt. Ich schaffe es ohne Unfall und Kratzer einzubiegen und sehe im Rückspiegel, dass ich auf beiden Seiten sogar noch einige Zentimeter Luft habe. Als ich auf dem vornehmen Hotelvorplatz mit plätscherndem Springbrunnen und gepflegten Blumenrabatten stehe, atme ich tief durch. Hinter mir lärmt die Autobahn, vor mir erstreckt

Trucks sind in dieser vornehmen Hoteleinfahrt nicht vorgesehen.

sich bis runter ans Meer die luxuriöse, hauptsächlich für britische Touristen gebaute Hotelanlage. In Marbella und den anderen andalusischen Küstenorten sind die Restaurants und Hotels für deutsche und britische Touristen fein säuberlich getrennt. Wieso Touristen Urlaub machen in einer Anlage, die direkt an der Autobahn liegt oder in der Einflugschneise eines Flughafens, werde ich nie verstehen.

Auf dem Hotelvorplatz kann ich nicht drehen. Ich werde also rückwärts in einem noch viel gefährlicheren Manöver auf die Autobahn zurück müssen. Diesen grauenhaften Gedanken verdränge ich jedoch erstmal, nun geht es ans Ausladen der 200 Fernseher. Erstaunlicherweise sind es keine Flachbildschirme, sondern die altmodischen schweren Kisten. Die Disponenten hatten mir gesagt, ich könne dort auch samstags anliefern, das sei organisiert. War es natürlich nicht, da hätte ich auch selbst drauf kommen können, es ist immer wieder das gleiche Spiel. Der vornehme Hotelportier holt zwei Arbeiter. Einer weist jedoch darauf hin, dass er den Elektrokarren fahren muss, und drückt sich vor der Schlepperei. Ich habe keine Wahl, muss selbst mit anpacken. Die Fernseher stehen zwar auf Paletten, aber niemand hat einen Hubwagen hier in dem piekfeinen Hotel. Die schweren Kisten stehen ganz vorne auf dem Auflieger, also muss ich sie die zwölf Meter bis zum hinteren Ende schleppen, runterspringen und dem Arbeiter helfen, sie auf den Elektrokarren zu laden. Ich weiß jetzt schon, dass mir mein Rücken diese Aktion noch tagelang übelnehmen wird.

Der Arbeiter, der mir hilft, ist sehr freundlich. Man versteht sich eben gut von Underdog zu Underdog, zum Glück spreche ich ein wenig spanisch. Als wir nach zwei Stunden fertig sind, bin ich klatschnassgeschwitzt. Der Arbeiter zeigt mir die Duschen für die Beschäftigten und schenkt mir mit verschmitztem Grinsen ein Handtuch der Hotelanlage.

Per Satellitennachricht habe ich bereits den Auftrag bekommen, nach Motril zu fahren und dort am Montagmorgen Kaolin zu laden. Den Kunden dort kenne ich schon, die Ladung wird für Marokko sein. Nun gibt es aber erst mal eine andere Aufgabe zu lösen: Wie komme ich hier wieder raus? Ratlos gehe ich immer wieder zwischen dem Truck und der Ausfahrt hin und her. Der Verkehr dort ist dicht, dennoch rasen die Leute wie bescheuert. Es ist einfach unmöglich, rückwärts ohne Crash auf die Piste zu setzen. Ich rufe die Polizei an und will fragen, ob die vielleicht die Autobahn kurz sperren könnten, damit ich gefahrlos rausrangieren kann. Die »Policía« verweist mich an die »Policía Municipal«, diese wiederum an die »Guardia Civil«. Zwanzig Minuten später gebe ich entnervt auf, von dieser Seite ist keine Hilfe zu erwarten. Dem Hotelportier ist mein Problem völlig egal, die Geschäftsleitung bekomme ich nicht zu sehen, die hat bestimmt schon seit gestern Wochenende.

Ich frage den Arbeiter, ob diese Autobahn abends leerer wird, aber er verneint. Möglicherweise sei in den frühen Morgenstunden mit weniger Verkehr zu rechnen, aber das wisse er nicht genau. Eigentlich wollte ich ja heute Abend schon nach Motril fahren, dann hätte ich am morgigen Sonntag seit Wochen den ersten freien Tag. Vor allem hatte ich mich auf exzessives Ausschlafen gefreut. So bleibt mir aber keine andere Wahl, als zu hoffen, dass morgen früh zwischen vier und fünf Uhr die Autobahn etwas leerer wird.

Inzwischen ist es nach 20 Uhr, und ich beschließe, nach diesem anstrengenden Arbeitstag an der Hotelbar ein Bier zu trinken. Und nun kommt die größte Unverschämtheit des Tages: Als ich beim Ausladen geholfen habe, habe ich eine Arbeit verrichtet, die eigentlich nicht mein Job ist, sondern Aufgabe des Empfängers. Eigentlich müssten sie mir dankbar sein, sie aber lassen mich sogar das Bier eiskalt selbst bezahlen. Auf Nachfrage wird mir gesagt, die Bar gehöre einem Pächter, das ginge nicht anders. Ich bin mir sicher, dass ein schlipstragender Manager, der beispielsweise den Kauf der Fernseher mit der Hotelleitung ausgehandelt hat, ein Getränk an dieser Bar nicht bezahlen müsste, da hätte es garantiert eine Lösung gegeben. Aber Trucker stehen eben ganz unten in der Hackordnung.

Dieses Detail ist der Gipfel! Ich bin so empört, dass ich einige Tage später aus einem Internetcafé in Casablanca an den Leiter des Hotels eine Mail schreibe und mich über die »Worst-case-hospitality« beschwere. Außerdem weise ich ihn darauf hin, dass die Anfahrt für Brummis absolut ungeeignet sei. Der Arbeiter hatte mir erzählt, dass sogar die anliefernden Fahrer der (wesentlich kleineren) Getränkelaster darüber immer stöhnen. Das Hotel gehört zur schottischen Macdonald-Gruppe. Der »Resort Manager« ist ein Herr Diego Salinas. Herr Salinas schickte mir eine lapidare Antwort, die ich hier unkommentiert stehenlassen möchte: »Thank you for your email and for letting me know how to run our business. We appreciate your comments.«

Abends spiele ich noch zwei Stunden Tourist im Leila Playa Club. Wegen meines gelben Nummernschildes halten mich Briten immer für einen Niederländer und nicht für einen Deutschen. Das ist mir auch recht so und ich widerspreche dem nicht, da es auf der Insel nach wie vor jede Menge Deutschenhasser gibt. Eine englische Entertainerin singt Oldies und versucht, die Touristen der Anlage in Stimmung zu bringen. Ich bin immer wieder überrascht, wie stark im Tourismus mit Klischees gearbeitet wird. Da singt eine Engländerin für Briten in einem schottischen Hotel. Sie verteilt dabei einige Sombreros und Sambarasseln, ruft ab und zu »olé«, und die Touristen meinen, jetzt seien sie dabei, das originäre Spanien kennenzulernen. Dass Samba aus Brasilien und die großen Sombreros aus Mexiko kommen, will hier sowieso niemand wissen.

Wenn mir in Deutschland Menschen etwas über Länder erzählen, in denen sie im Urlaub waren, denke ich oft, dass sie nur eine Attrappe gesehen haben, nicht das wirkliche Land. Auch habe ich den Eindruck, dass die meisten jeweiligen Einheimischen genau erkennen, ob ich mich als Tourist dort bewege oder ob ich da zu arbeiten habe. Man tritt dann einfach anders auf.

Touristen in Mittelmeerländern machen viele Dinge, die ich nicht verstehe. Sie braten stundenlang in der Sonne, wenn alle anderen den Schatten suchen. Sie wissen, wie gefährlich das für die Gesundheit ist, aber die Sucht nach Sonnenbräune hat bei manchen fast schon pathologische Züge. Sie verhalten sich unglaublich leichtsinnig und beschweren sich hinterher auch noch, wenn sie beklaut wurden. Sie fahren alle gleichzeitig in den Urlaub zu einer Jahreszeit, in der es in ihren Heimatländern am schönsten ist. Und dann beschweren sie sich auch noch darüber, dass alle anderen das genauso handhaben und daher die Straßen und Strände so voll sind. Sie geben sich den totalen Urlaubsstress und sehen darin Entspannung. Sie kümmern sich einen feuchten Dreck um Erderwärmung und Klimawandel und reisen jedes Jahr mit dem Flugzeug in den Urlaub, manche sogar zwei- oder dreimal. Vor allem deutsche Touristen fallen oft unangenehm auf. Sie sind zu laut, verweigern es hartnäckig, sich an die Gepflogenheiten ihrer Urlaubsländer anzupassen, sind oft arrogant und kleinkariert.

Doch zurück zu den Briten im Hotel. Von all den 24 Ländern, in denen ich mit dem Lkw schon war, erschien mir das Vereinigte Königreich immer das exotischste Land. Ich habe viele freundliche Menschen dort getroffen, habe aber immer den Eindruck, dass die völlig anders ticken als wir. An diesem Abend bin ich gefühlt jedenfalls eher auf der britischen Insel als auf der iberischen Halbinsel. Ich muss mich allerdings relativ früh abseilen, da es morgen ja um vier Uhr schon wieder losgeht. Hoffentlich komme ich da heil raus! Als ich um 22 Uhr in meiner Blechkiste auf dem Hotelvorplatz schlafen gehe, donnert der Verkehr unermüdlich auf der Autobahn vorbei.

Sonntagmorgen, 3.45 Uhr

Nie wieder Leila Playa Club – chillen in Motril

Heute ist Blitzstart ohne Frühstück angesagt. Schönen Sonntag auch! Ich finde einen verschlafenen Wachmann mit großer Taschenlampe und bitte ihn, die Autobahn einige hundert Meter gegen die Fahrtrichtung zu gehen und die Autos zum Langsamfahren zu bewegen. Ich hoffe, er macht das auch gut und überzeugend. Es herrscht zwar tatsächlich weniger Verkehr, aber dafür fahren die Autos umso schneller. Ich starte das waghalsige Manöver. Ich fahre blind rückwärts durch die enge Hoteleinfahrt, dann steht das hintere Ende des Lkw bereits quer auf der rechten Spur der Autobahn. Direkt nach der Einfahrt muss ich stark einschlagen, um den Wagen in Fahrtrichtung zu bringen. Und das alles so schnell wie möglich. Mein Schutzengel ist anscheinend ausgeschlafener als ich, die ganze Sache klappt. Mann, was bin ich erleichtert, dass ich hier raus bin!

Die Fahrt mit dem leeren Brummi entlang der Küste nach Motril dauert gute zwei Stunden. Ich mag diesen kleinen, etwas verschlafenen Fischerort. Aufgrund irgendeiner Besonderheit im Mikroklima scheint hier an über 320 Tagen im Jahr die Sonne. Daher wird in der Gegend um Motril Zuckerrohr angebaut. Natürlich gibt es auch Tourismus, aber für andalusische Verhältnisse verwüsten relativ wenige Bettenburgen die Küstenlandschaft. Schickeria, Playboys und Discomäuschen tummeln sich eher in Orten wie Marbella.

Um 6.30 Uhr stehe ich in dem sonntäglich-verschlafenen Hafengelände. Gut, dass ich den Weg bereits kannte, denn es ist so gut wie niemand auf der Straße, den ich fragen könnte. Es sind halt nicht alle so bescheuert und arbeiten sonntagmorgens um diese Zeit. Aber ich habe nun 24 Stunden Wochenendpause, hurra! Aber was macht man sonntags um diese Zeit in einem völlig verschlafenen Fischerort? Ich spaziere ein wenig an der Kaimauer entlang, plaudere ein wenig mit dem Skipper einer französischen Segelyacht, der mich aber leider nicht an Bord bittet, und versuche, irgendwie die Zeit zu vertrödeln. Um acht Uhr schaffe ich es, mich noch mal schlafen zu legen. Mein Tag-Nacht-Rhythmus ist sowieso völlig im Eimer. Ich hätte den ganzen Tag durchgeschlafen, wenn die Sonne nicht so auf das Kabinendach geknallt hätte. Um halb zehn starte ich den Motor und die Klimaanlage, um halb elf gebe ich auf. Ich suche eine Bar, trinke einen Kaffee nach dem anderen und lese ein gutes Buch. Wie überall in Spanien muss man bis dreizehn Uhr warten, um ein Mittagessen im Restaurant zu bekommen. Der Nachmittag dümpelt dann so vor sich hin, lesen, Kabine reinigen, telefonieren, Zeit totschlagen. Ich finde ein Internetcafé, stelle meine neuesten Fotos auf meine Homepage, maile und chatte mit Freunden und spiele mein Onlinespiel, so vergehen die Stunden.

Aber ich brauche ab und zu solch einen Tag zum Chillen. Eigentlich braucht das jeder Mensch und noch eigentlicher viel häufiger, als ich es bekomme. Ich denke, dass in dem Punkt die Bibel völlig recht hat: (Spätestens) am siebten Tage sollst Du ruhen. Alles andere belastet Psyche, Gesundheit und auch die Effektivität der Arbeit. Manche Sprichwörter bringen das ganz gut auf den Punkt. Ein finnisches Bonmot etwa lautet: »Gott schuf zwar die Zeit, aber von Eile hat er nichts gesagt.« Mein Lieblingssprichwort in diesem Zusammenhang stammt aus der Mongolei: »In der Eile liegen Fehler.« In dem Job habe ich das Müßiggängertum jedoch regelrecht verlernt, habe schon fast ein schlechtes Gewissen, dass ich heute den ganzen Tag nicht arbeite. Und dabei stimmt das ja noch nicht einmal, ich habe ja von vier Uhr morgens bis halb sieben bereits geschuftet. Ich freue mich auf Marokko. Hier war ich schon einige Monate nicht mehr. Die Uhren gehen langsamer in Afrika, ich hoffe auf tagelange Wartezeiten. Manche Kollegen sind schon so durch ihren Job geprägt, dass sie darüber eher fluchen, ich sehe es hingegen als ein Geschenk von Allah.

Der gemütliche Sonntag zieht viel zu schnell vorbei, ich sauge die wenige Freizeit auf wie ein trockener Schwamm das Wasser. Da könnte man richtig auf den Geschmack kommen und gleich noch einen freien Tag dranhängen. Eine Fünftagewoche oder gar ein Teilzeitjob erscheinen mir wie ein unerreichbar ferner Luxus.

Montagmorgen, acht Uhr

Kaolin aus Übersee – überladen ans Ende von Europa – Fluch und Segen des Warenverkehrs

Das mag ich an den Mittelmeerländern. Bei den meisten Ladestellen geht es nicht vor acht Uhr los, manchmal sogar erst um neun Uhr. Nur in Nordeuropa sind die Leute so arbeitswütig und fangen schon um sieben oder gar sechs Uhr an. Ich muss im Hafen Kaolin laden, auch Porzellanerde genannt, das in der Papierherstellung sowie zum Glasieren von Ton und Porzellan verwendet wird. Obwohl es auch in Europa abgebaut wird, kommt dieses Kaolin vom anderen Ende der Welt – aus Südamerika. In solchen Fällen denke ich immer, dass eine Verdoppelung oder Vervielfachung sämtlicher Transportkosten das wirksamste Mittel gegen diesen Wahnsinn wäre – auch im Kampf gegen die Erderwärmung.

Ich soll das Kaolin für eine Papierfabrik in Marokko laden. In einer Halle befindet sich ein etwa zehn Meter hoher Berg dieses weißen Pulvers sowie eine kleine Abfüllanlage für Säcke von gut einer Tonne. Da die Arbeiter hier sehr freundlich sind, helfe ich gerne freiwillig mit. Ich klebe irgendwelche Zettel an jeden Sack und bin innerhalb weniger Minuten von oben bis unten mit weißem

Staub bedeckt. Der Wagen wird übervoll beladen, aber das Arbeitstempo dabei ist sympathisch gemächlich. Ich weiß nicht, ob das Einatmen des weißen Feinstaubs gefährlich ist, andernfalls wäre diese Halle ein genialer Spielplatz für Kinder.

Nach dem Laden muss ich unbedingt die Klamotten wechseln, sonst versaue ich mir meinen Arbeitsplatz und mein Wohn- und Schlafzimmer zugleich. Dann geht es zur Waage. Der Wagen ist um mehr als drei Tonnen überladen, das ist hier meistens so. Zum Glück muss ich nicht sehr weit fahren. Auf der bergigen Küstenstraße Richtung Algeciras kommt der Volvo gewaltig ins Schnaufen, die Geschwindigkeit sinkt unter dreißig, an steilen Strecken sogar unter zwanzig Stundenkilometer. Auch wenn die Fahrer hinter mir hupen und schimpfen, fahre ich genauso langsam bergab. Man könnte durch Unachtsamkeit oder einen technischen Defekt unter Umständen doppelt so großes Unheil anrichten wie mit einem leeren Lkw. Für die 240 Kilometer brauche ich über vier Stunden.

Ich fahre – wie vorgestern – durch Málaga und nehme dann die mautpflichtige Autobahn, passiere Marbella und lasse die ganze Tourismusindustrie links liegen. Irgendwann nachmittags komme ich in Algeciras an. Der riesige Zollparkplatz für die Lkw liegt direkt beim Zentrum der Stadt. Hier ist man mal ausnahmsweise nicht fernab in einem menschenfeindlichen Industriegebiet, sondern erreicht in fünf Minuten Supermarkt, Fischrestaurant, Bank und Marktplatz. Seit kurzem stimmt das allerdings nicht mehr ganz, der Weg ist jetzt doppelt so lang: Der teure Parkplatz hat einen neuen Zaun bekommen – ohne dass jemand an die Fahrer gedacht hätte, also an diejenigen, die diesen Parkplatz nutzen. Denn der Ausgang ist genau am anderen Ende, man muss einen weiten Umweg gehen, um in die Stadt zu gelangen. Es wäre simpel gewesen, den Ausgang zur Stadt hin anzulegen – mit Touristen oder Geschäftsreisenden würde man niemals so rücksichtslos umspringen.

Alle Trucks, die mit der Fähre nach Afrika übersetzen oder von dort kommen, müssen hier parken, bis ihre Aus- beziehungsweise Einfuhrverzollung abgewickelt ist. Ich sammle alle Papiere zusammen und mache mich auf den Weg zu »unserem« Vertragsspediteur. Dieser organisiert nicht nur die Verzollung, sondern auch die Fähre. Ich hatte gehofft, dass die Fähre erst morgen ablegt, hier am letzten Zipfel Europas geht es meistens gemächlicher zu. Doch ich habe Pech. Sie sagen, die Verzollung würde heute noch fertig und ich solle die Fähre abends um 23 Uhr nehmen. Eigentlich geht das mit legalen Mitteln gar nicht mehr, denn dann ist meine Schichtzeit um, und ich darf das Fahrzeug nicht mehr bewegen. In Fahrerkreisen geht das Gerücht um, eine Einschiffung gelte als Pause, da gebe es Ausnahmen von der Ruhezeitregelung. Aber so genau weiß das niemand, und es kommt immer auf die Laune des Polizisten in dem jeweiligen Land an, der einen kontrolliert.

Davon abgesehen erfüllt die Verordnung zu den Lenk- und Ruhezeiten ja ohnehin nicht ihren Zweck, das kann ich schließlich täglich bei vielen Kollegen und bei mir selbst sehen. Ich muss andauernd zu lange fahren, meine Firma betreibt dieses Spiel schon seit vielen Jahren, ohne dass ihr irgendjemand das Handwerk legt. Der Hintergrund ist ein Politikum. Einerseits will man freien Handel und Warenaustausch, auch über unsinnige Entfernungen. Andererseits will man Verkehrssicherheit und Umweltverträglichkeit. Eigentlich ein unlösbarer Widerspruch, aber niemand traut sich, das auszusprechen oder auch überhaupt nur zu denken. Wasch mir den Pelz, aber mach mich nicht nass! Anstatt das Problem grundlegend zu lösen, den individuellen Personen- und Warenverkehr stark einzuschränken und Alternativen dazu auszuarbeiten, gibt es angeblich immer intelligentere Ampelschaltungen und ähnliche Rumklempnerei an den Symptomen. Es gibt immer mehr Gesetze und Einschränkungen, die jedoch nicht wirklich etwas bewirken: Die Sicherheitsanforderungen für den Bau von Straßen und von Autos werden immer höher; die flächendeckende Einführung von ASR, ABS, ESP bei Pkw, Motorrädern und Lkw und viele weitere technische Neuerungen werden nach und nach zur Pflicht; die Verordnung über Lenk- und Ruhezeiten sowie die Arbeitszeitgesetze werden immer restriktiver, genauso wie Bestimmungen über Gefahrguttransporte oder Abgaswerte; die Kontrollen werden verschärft und die Strafen bei Verstoß sowie sämtliche Bußgelder erhöht – um nur einige Beispiele zu nennen. Die Folge dieser eher hilflosen Maßnahmen ist jedoch häufig lediglich, dass uns das

Leben schwerer gemacht wird. Man trägt den Widerspruch letztlich auf dem Rücken der Fernfahrer und der Polizei aus. Die Polizisten sind dabei die Don Quijotes der Straße, und wir Trucker sind die Windmühlen.

Ich schlendere ein wenig durch das abendliche Algeciras. Ich würde gerne Feierabend machen und mich auf ein Gläschen Rotwein in eine der zahlreichen Bars setzen, aber ich muss ja noch den Kilometer bis zum Kai fahren, wo die Fähre anlegt. Als ich um 23 Uhr dort ankomme, ist das Schiff noch nicht da. Niemand weiß etwas Genaues – also warten.

Dienstagmorgen, sieben Uhr

Quasselnde Kollegen auf dem Weg nach Afrika – ein Paradies für Korruption und Kleinkriminalität – der stressigste Parkplatz der Welt – Haragas und der Ramadan

Letztlich kommt die Fähre doch erst in den frühen Morgenstunden an, um sieben Uhr kann ich auf das Schiff fahren. Hätte ich das

Die Überfahrt vorbei an Gibraltar dauert zweieinhalb Stunden.

gleich gewusst, hätte ich die Nacht gut durchschlafen können. Bis das Verladen fertig ist, vergehen weitere Stunden. Die (Des-)Organisation ist miserabel, das Verladen der Fahrzeuge ist ein riesiges Chaos. Am anstrengendsten ist, dass viele Fahrer wie wahnsinnig drängeln. Dabei bringt das gar nichts, es kommen sowieso alle mit, und schneller geht es dadurch auch nicht – im Gegenteil. Die Verladung auf die Fähren zwischen Italien und Griechenland oder Frankreich und England ist dagegen ein Spaziergang (und geht dadurch wesentlich schneller).

Beim ersten Mal hat so eine Überfahrt noch etwas von Romantik und Urlaubsgefühlen, auf die Dauer ist es einfach langweilig. Auf dem Schiff sind nur Trucker (zumeist spanische), die sich während der gesamten Überfahrt sehr laut unterhalten über die neuesten Lkw, irgendwelche Baustellenumleitungen und Anekdoten, die ihnen so passiert sind – immer die ewig gleichen Themen. Quasselnde Kollegen können sehr anstrengend sein. Sie sind viel allein und erleben viel. Wenn sie dann mal mit mehreren zusammenkommen, haben die meisten ein enormes Mitteilungsbedürfnis. Zuhören hingegen kann und mag kaum einer von ihnen. Erzählen, erzählen, erzählen, und dabei ist es fast egal, ob der Gegenüber zuhört. Eigentlich könnten sie auch alle gleichzeitig reden – und manchmal tun sie das auch. Dagegen hilft nur ein gutes Buch. Die Kollegen halten mich dann immer für einen Touristen, und das ist mir auch ganz recht.

Langsam kommt Afrika immer näher, von weitem kann man schon die Hochhäuser von Tanger sehen. Während sich die große Fähre durch den wuseligen Hafen zum Anlegeplatz vorarbeitet, ist Gelegenheit für ein paar einführende Worte zu Marokko. Es ist mit Abstand das anstrengendste Land, das ich als Trucker bereist habe. Es gibt eine blühende Korruption und jede Menge kleine und große Kriminelle, die einem bei jeder Gelegenheit Geld klauen oder irgendwie abluchsen wollen. Natürlich müssen auch Touristen ein wenig Obacht geben. Da der Staat aber ein vitales Interesse am Tourismus hat, sorgt er dafür, dass dieser in einem mehr oder weniger geschützten Bereich stattfindet. Touristen bekommen so einen völlig realitätsfernen Eindruck von diesem Land vorgegaukelt, es wird ihnen eine idyllische Kulisse aufgebaut. Das ist ja auch in Ordnung, nur sollten sie dann nicht erzählen, dass sie Marokko kennen würden nach einem dreiwöchigen Badeurlaub in einer Hotelburg bei Agadir. Auch nicht, wenn sie zwei oder drei Ausflüge ins Landesinnere unternommen haben.

Kriminalität und Gaunereien richten sich natürlich nicht nur gegen uns Europäer. Die Menschen in Marokko haben darunter genauso zu leiden. Ich habe jedoch das Gefühl: Wenn der Staat organisierte Kriminalität oder blühenden Haschischhandel nicht wollte, könnte er es unterbinden. Marokko ist ein autoritärer Staat mit einer starken Exekutive. Aber einflussreiche Leute verdienen kräftig daran mit, darum bleibt alles so, wie es ist. Einmal, als ich in Tanger war, kam der König dorthin. Es wurden Straßen gesperrt, und er fuhr winkend an applaudierenden Massen vorbei. Ich hatte das Gefühl, er würde dabei denken: »Ja, liebes Volk, richtig so, gebt mir noch mehr von eurer Kohle!« Viele marokkanische Arbeiter, die ich in den Fabriken gesprochen habe, sehen das genauso, trauen sich aber meist nicht, das laut zu sagen. Sie befürchten Bespitzelung und Repression, werden aber durch den Arabischen Frühling ermutigt, nicht aufzugeben.

Inzwischen hat die Fähre angelegt. Ich weiß, dass ich heute nur ein paar hundert Meter zu fahren habe und bin darüber gar nicht unglücklich. Es wundert mich immer wieder, dass die Pass- und Zollkontrolle in diesem bürokratischen Land in wenigen Minuten absolviert ist. Die Sache hat allerdings einen Haken: Alle ankommenden Lkw dürfen das Hafengelände nicht verlassen und müssen zum Zollparkplatz fahren. Dort werden die Wartezeiten dann nicht mehr in Stunden gemessen, sondern in Tagen und Wochen.

Auf dem Parkplatz gibt es zwar private (und überforderte) Sicherheitsleute, aber ebenso einige Kleinkriminelle, deren Gesichter ich schon kenne. Ein kleiner drahtiger Mann, der einen dicken Mercedes fährt, ein dicker, brutal wirkender Schlägertyp, der immer scheißfreundlich ankommt, und ein junger öliger Typ, der mir besonders unsympathisch ist. Dieser weist mich auf einen Parkplatz ein. Ich benötige seine Hilfe gar nicht und weiß, dass er dafür sowieso die Hand aufhält. Daher nehme ich extra einen anderen

Parkplatz. Das Rückwärts-Einparken geht aber nicht in wenigen Sekunden – und schon ist der Typ wieder da. Er wedelt ein paar Mal mit den Armen und will dafür hinterher sage und schreibe fünf Euro haben! Ich versuche, ihn zu ignorieren, aber das lässt er nicht zu und weicht mir mit ekliger Hartnäckigkeit nicht von der Seite. Ich drücke so lange auf die Hupe, bis die Sicherheitsleute ankommen. Es gibt nun von allen Beteiligten eine große Rumschreierei und letztlich gebe ich dem Widerling einen Euro. Ich hatte mir vorsorglich für solche Fälle schon in Spanien fünfzig Euro in Ein-Euro-Stücke wechseln lassen. Das geht allerdings alles vom Gehalt ab, mein Chef erstattet davon nichts.

Hier muss ich mal einen Tipp für Kollegen loswerden: Wer auf diesem Parkplatz ankommt, sollte nicht die Parkplätze gleich vorne rechts an der Mauer der antiken Ruine nehmen. Das gilt insbesondere für Lkw mit Plane. Denn dort können von oben Diebe runterspringen, die Plane aufschneiden und alles klauen – und man merkt es nicht. Die kleinkriminellen »Einweiser« versuchen natürlich bevorzugt, einen dorthin zu lotsen.

Es gibt aber nicht nur Feinde auf diesem Parkplatz, sondern auch freundliche und hilfsbereite bekannte Gesichter: einige der schlecht bezahlten Wachleute, die schon länger hier arbeiten, die dicke Frau, bei der man immer Wäsche waschen kann, die schlanke Frau mit Kopftuch, die immer CDs und DVDs verkauft, und ein Behinderter, den alle Rambo nennen. Rambo zieht ein Bein nach und »verkauft« immer die gelben Pappkarten, die man bei der Ausreise ausfüllen und in den Pass legen muss. Rambo gibt dafür jeder gerne ein kleines Bakschisch. Die Frau mit dem Kopftuch kann einem in Tanger so ziemlich alles besorgen, was man will. Sie haut einen dabei auch nie übers Ohr – natürlich sind Kriminelle auch in Marokko nur die Minderheit. Alle, egal ob freundlich gesonnene Menschen oder Ganoven, begrüßen einen mit Handschlag und fragen, wie es denn so gehe. Natürlich interessiert das eigentlich niemanden, aber das gehört zum Ritual.

Als nächstes kommt jemand, dessen Gesicht ich noch nicht kenne. Er sagt, er käme von unserem marokkanischen Vertragsspediteur und möchte die Papiere haben. Aber den Trick kenne ich schon. Ich sage ihm, ich gäbe diese Papiere nur Mustafa (dessen Gesicht mir bekannt ist). Der sei aber nicht da. Ich gehe Geld wechseln, lade mein marokkanisches Handy auf, rufe beim Vertragsspediteur an und frage, ob das alles seine Richtigkeit habe. Man sagt mir dort, Mustafa käme im Laufe des Nachmittags vorbei – weiß der Geier, warum der andere die Papiere ergaunern wollte. So wird man auf diesem nervigen Zollparkplatz permanent auf Trab gehalten. Marokko kann für Trucker verdammt anstrengend sein, vor allem wenn das Auto steht und nicht fährt.

Am meisten ins Auge stechen in Tanger jedoch die Haragas. »Haraga« – arabisch ausgesprochen hört sich schon alleine das Wort für unsere Ohren wie das Böse schlechthin an. In dieser für uns so exotisch klingenden Sprache scheint das betonte »Ha« aus abgrundtiefster Kehle zu kommen, vielleicht aus der Kniekehle. In Tanger gibt es tausende von Haragas. In Hafennähe fallen sie auch jedem unerfahrenen Besucher gleich auf. Gemeint sind Jungs und junge Männer, die überall herumlungern, um Gelegenheiten auszukundschaften, wie sie ins gelobte Europa rübermachen können. Insbesondere an den großen Lkw-Parkplätzen beim Zoll am Hafen liefern sie sich rund um die Uhr ein Katz- und Maus-Spiel (vielleicht sollte man besser sagen: Räuber- und Gendarm-Spiel) mit privaten Sicherheitsleuten, Mitarbeitern der Fährgesellschaft, Zoll, Polizei und Fernfahrern. Die Behörden sprechen von 2000 »obdachlosen Jugendlichen«, es könnten aber auch weitaus mehr sein.

Im klassischen Arabisch heißt »haraka« der Verbrannte. Es hat noch mehrere andere Bedeutungen, aber aus diesem Wort hat sich im marokkanischen Arabisch der Haraga entwickelt: Wer auswandert, der ist so weg wie etwas weg ist, das verbrannt ist. Mittlerweile hat das Wort noch eine weitere Bedeutung bekommen: Es gilt als Sammelbegriff für Straßenkriminalität. Gemeint sind aber eigentlich die Flüchtlinge (in spe). Die Kriminalität in Tanger geht eher von anderen aus, nämlich von Leuten, die gar nicht vorhaben, abzuhauen – sie sind ja dick im Geschäft!

Auch an dem Import-Zollparkplatz, wo ich stehe, lauern zahlreiche Haragas herum. Ich habe mal einen von ihnen gefragt, was er denn hier suche, er wisse doch, dass alle, die hier stehen, ins

Land hinein und nicht heraus fahren. Er erklärte mir, das sei eine gute Gelegenheit, Verstecke unter den Brummis auszubaldowern. Dieses Wissen könne dann später nützlich sein, weil diese Wagen ja auch irgendwann wieder – meistens auch über Tanger – zurück nach Europa fahren. Die Haragas sprechen übrigens fast alle französisch oder spanisch. Flüchtlinge aus anderen Ländern Afrikas sieht man in Tanger übrigens kaum – die versuchen ihr Glück eher in Ceuta oder Melilla, den spanischen Exklaven an der marokkanischen Mittelmeerküste.

Ich sitze nun im Wagen und muss auf Mustafa warten. Dauernd kommt jemand an und will irgendwas von mir. Das fängt immer (schmierig) freundlich an, mit Handschlag und der scheinheiligen Frage, wie es mir ginge. Irgendwann stellt sich dann heraus, auf welche Art mir Geld aus der Tasche gezogen werden soll. Die einen wollen einen Handychip verkaufen, die zweiten eine Prostituierte vermitteln und die dritten bieten Diebesgut feil. Viele fragen, was ich denn geladen hätte. Egal was ich geladen habe, ich antworte auf diese Frage immer »groupage«, das ist in der internationalen Sprache der geläufige Begriff für Sammelgut und für Diebe sehr

In Europa nahezu unmöglich: ein Lkw-Parkplatz direkt neben der Altstadt

unattraktiv. Irgendwann nachmittags kommt Mustafa an, und ich bin heilfroh, dass dieses Theater nun ein Ende hat. Denn ich gebe Mustafa nicht nur alle erforderlichen Papiere, sondern auch meine marokkanische Telefonnummer, damit ich mich endlich vom Wagen und diesem anstrengenden Parkplatz entfernen kann.

Dieser Parkplatz hat jedoch auch einen Vorteil: Er liegt mitten in der Stadt, direkt unterhalb der romantischen, verwinkelten Altstadt mit ihren Gässchen, die teilweise nicht mal einen Meter breit sind. Hier braucht man tatsächlich einen Kompass, sonst hat man sich binnen weniger Minuten restlos verlaufen. Wenn man sich ein wenig in Acht nimmt vor Taschendieben und nichts total Überteuertes kauft, kann einem hier tagsüber eigentlich nichts passieren. Allerdings traue ich mich nicht, meinen teuren Fotoapparat mitzunehmen. Aus diesem Grund habe ich von Marokko, genau wie von Napoli, nur sehr wenige Fotos.

In nächster Zeit soll der neue Hafen von Tanger fertig werden. Er liegt über dreißig Kilometer von der Stadt entfernt in einer Gegend, wo sonst absolut nichts los ist. Der Vorteil wird sein: weniger Ganoven, weniger Haragas, weniger Stress. Der Nachteil: total ab vom Schuss, so weit weg, dass selbst bei den billigen marokkanischen Taxitarifen schon eine stattliche Summe fällig wird. Die Eröffnung war schon mehrfach angekündigt, wurde jedoch immer wieder verschoben.

Ich schnappe mir meinen Kompass und gehe hoch zur Altstadt, um die neueste CD von Saida Fikri zu kaufen. Danach kehre ich auf eine Zigarette und ein heimliches Brot zurück zum Wagen – die Frau mit dem Kopftuch hatte mich noch darauf hingewiesen, dass zur Zeit Ramadan ist. Dann darf man tagsüber auf der Straße weder essen noch rauchen. Immerhin sagen sie nichts, wenn ein Ausländer mal etwas Wasser trinkt. Die Moslems selbst befolgen durchweg alle diese Fastenzeit, sie trinken nicht mal etwas tagsüber.

Dass man selbst in der Öffentlichkeit nichts essen oder rauchen sollte, ist jedoch nicht nur eine Frage der Höflichkeit und Rücksichtnahme, es kann sogar passieren, dass einem die Polizei sonst ein Strafmandat verpasst. Andere Länder, andere Sitten – jedenfalls abseits der Touristenghettos von Agadir. Die tiefe Frömmigkeit nahezu der kompletten marokkanischen Gesellschaft – selbst in so weltoffenen Städten wie Tanger – ist beeindruckend und allenfalls mit dem strengen Katholizismus vergleichbar, den ich vielerorts in Polen vorfand.

Anstatt zu den schmuddeligen Duschen auf dem Zollparkplatz zu gehen, beschließe ich, ein Hamam zu besuchen. Im Deutschen wird das immer mit »türkisches Bad« übersetzt, Hamams sind jedoch im gesamten Orient verbreitet. Das Bad, das ich in der Nähe kenne, hat heute Frauentag, daher fahre ich mit dem Taxi zu dem großen Hamam Al Bugaz in der Stadt. Es ist durchaus ungewöhnlich, dass Ausländer diesen Ort aufsuchen, aber in Badehose sieht man mir den Ausländer ja nicht mehr sofort an.

Während des Ramadans ist abends und nachts wesentlich mehr los als sonst. Die Menschen beschränken ihre Tagesaktivitäten auf das absolute Minimum. Auch die meisten Fabriken und Betriebe haben während dieses Monats kürzere Arbeitszeiten. Wichtigstes Ereignis ist die erste Mahlzeit nach Sonnenuntergang, genannt Iftar, das allabendliche Fastenbrechen. Dann sind die Straßen aller Großstädte in Marokko leerer als der Kurfürstendamm während eines Deutschlandspiels bei der Fußball-WM. Übrigens gilt das Ramadan-Fasten nicht genau für die Zeit von Sonnenaufgang bis Sonnenuntergang, die Phase ist etwas länger und wird von der nächstgelegenen Moschee vorgegeben. Die Menschen warten dann bei gedecktem Tisch auf die Stimme des Muezzins, erst dann dürfen sie mit der Mahlzeit beginnen.

Um 21 Uhr brechen die meisten ausländischen Kollegen vom Zollparkplatz auf zum Marco Polo. Das ist ein Hotel mit Restaurant und Disco, wo es Alkohol gibt und sich die teuersten Prostituierten der Stadt anbieten. Ich bevorzuge es geruhsamer. An der Einfahrt zum Hafengelände liegt ein großer Platz. Vor den zahlreichen Lokalen sind Tische und Stühle, und man kann sehr lecker und preiswert frischen Fisch essen. In zwei oder drei der zahlreichen Restaurants gibt es sogar Bier dazu. Tanger hat eine eigene Brauerei. Da Alkohol aber eher verpönt ist, kostet das Bier so viel wie in einem Fischrestaurant auf Mallorca. Alkohol in Tanger zu verkaufen muss irrsinnige Gewinnspannen abwerfen. Danach besuche ich eines der zahlreichen Internetcafés – in Marokko »Cyber« genannt, aber französisch ausgesprochen, also etwa »Ceibörr«.

Vor zwanzig Jahren sprachen hier neben dem marokkanischen Arabisch fast alle Leute französisch. Zu Kolonialzeiten war das sogar die Amtssprache, das Rechtssystem orientiert sich bis heute am französischen Recht, und die Wirtschaftsbeziehungen zu Frankreich sind besonders intensiv. Die jüngeren Generationen sind jedoch nicht gut auf Frankreich zu sprechen, ihrer Meinung nach beuten die ehemaligen Kolonialherren das Land nach wie vor rücksichtslos aus. Zumindest in den großen Städten des Nordens von Marokko greifen sie daher inzwischen eher auf das Spanische zurück.

Zum Abschluss des Tages gönne ich mir einen Nachtspaziergang am Strand. So anstrengend dieser Zollparkplatz in Tanger auch ist, es gefällt mir ungemein, dass ich von dort in zwei Minuten in der Altstadt und in zehn Minuten am Strand bin. Von mir aus können sie mich hier noch eine Woche oder länger warten lassen – so wie letztes Mal.

Mittwochmorgen, neun Uhr

Warterei auf Abruf – Telecom-Schlendrian weltweit – die fröhliche IT-Security – im Ramadan wird erst nach Sonnenuntergang gekifft

Was für eine sympathische Uhrzeit für den Tagesbeginn. Ich liebe Afrika! Wobei ich einschränkend dazu sagen muss, dass ich das Leben eines Europäers hier sehr angenehm finde, aber die grottenschlecht bezahlten Arbeiterinnen in der Textilindustrie sind schon seit Stunden am Schuften. Und die genauso schlecht bezahlten Wachmänner sind rund um die Uhr auf den Beinen. Mit denen möchte ich nicht tauschen.

Bei der Warterei in Marokko gibt es zwei Varianten: Entweder muss der Kunde die Wartezeit bezahlen, also der Absender oder der Empfänger der Ladung, oder (manchmal) meine Spedition. Man merkt den Unterschied daran, wie häufig und hartnäckig meine Chefs drängeln. In diesem Fall scheint es auf Kosten der Spedition zu gehen, denn das Satellitengerät piepst in regelmäßigen Abständen mit der Frage, wie lange das wohl noch dauere. Absolut und überhaupt keine Ahnung, ich weiß nicht mal, ob das überhaupt jemand weiß. Allerdings macht es das schwierig, mich vom Wagen zu entfernen, denn wenn es dann irgendwann losgehen soll, muss man binnen von Minuten parat stehen …

So ein Marokkoaufenthalt kann Wochen dauern oder heute zu Ende gehen, wenn ich einen vorgeladenen Auflieger bekomme. Ein türkischer Kollege war einmal mehrere Monate in Marokko. Er musste diverse Trailer ausladen fahren, vorladen für Kollegen und immer wieder: warten. Warten ist jedenfalls die Hauptbeschäftigung für Trucker in Marokko, das gilt auch für viele andere Berufe. Oftmals trifft man hier Firmenkollegen und verbringt viele Tage gemeinsam. Diesmal stehen jedoch nur einige weitere Auflieger der Firma hier.

Das Warten sowie die windige Meeresluft von Tanger machen einen schnell träge und müde. Der Müßiggang könnte einen richtig auf den Geschmack bringen, aber dafür ist keine Zeit mehr: Nachmittags kommt Bewegung rein. Mustafa erscheint und sagt, ich solle mich bereithalten, ich müsse heute noch losfahren. Wohin, weiß er noch nicht, die Verzollung des Kaolins ist jedenfalls noch lange nicht durch. Eine Stunde später kommen neue Anweisungen. Ich soll den Auflieger absatteln, einen anderen Auflieger von diesem Parkplatz nehmen und zum Ausladen nach Casablanca bringen. Mustafa verhandelt wild gestikulierend am Hafenausgang mit den Zöllnern, ich vermute, es wechselt das eine oder andere Bakschisch den Besitzer, aber diesmal geht das wenigstens nicht auf meinen Deckel.

Von Tanger bis Casablanca sind es gut vier Stunden Fahrzeit. Jedenfalls, wenn nichts dazwischen kommt, oder wie man in Marokko sagen würde: »Insch'Allah«, wenn Allah es will. Mit meinem europäischen Kennzeichen mache ich äußerst ungern Pause auf dieser Strecke. Auf dem Weg nach Süden ist zwar nicht mit Haragas zu rechnen, die sich unter dem Fahrzeug verstecken, aber mit jeder Menge kleiner und großer Ganoven. In Marokko schert sich zwar niemand um Fahrtenschreiber und Ruhezeitverordnung, aber zurück in Europa interessiert die Polizei oft nicht einmal, ob der Gesetzesverstoß innerhalb oder außerhalb des eigenen Geltungsbereichs geschehen ist.

Kurz hinter dem südlichen Ortsausgang von Tanger beginnt die gut ausgebaute, mautpflichtige Autobahn. Hier in der Nähe ist die Niederlassung der Vertragsspedition, wo ich noch mal tausend Liter tanke. Marokko hat zwar kaum eigenes Erdöl, aber dank der islamischen Bruderländer kostet der Diesel hier einen Apfel und ein Ei pro Liter. Es herrscht sehr wenig Verkehr, man könnte genauso gut irgendwo in Europa auf einer Autobahn sein. Lediglich nachts gibt es einen Unterschied: Die meisten Autofahrer fahren immer mit Fernlicht, das ist sehr unangenehm. Aber wir haben Spätnachmittag, und das Wetter ist ebenfalls gut. Als ich die Hauptstadt Rabat auf der Autobahn passiere, nimmt der Verkehr zu, bleibt aber weiter fließend. Qualmende, viele Meter hoch beladene Fünfzehntonner schnaufen hier mit etwas mehr als Schrittgeschwindigkeit die Steigungen hinauf und knattern mit diesem typischen Dritte-Welt-Sound.

Kurz bevor ich in Casablanca ankomme, werden die Straßen ganz plötzlich total leer. Gleich gibt es wieder das abendliche Fastenbrechen, den Iftar – alle Leute sind zu Hause. Zum Glück war ich schon mal bei dem Kunden in Casablanca, kann mich ungefähr an den Weg erinnern und biege bald darauf in die Einfahrt zum großen, bewachten Firmengelände von Maroc Telecom ein. Dieses Unternehmen gehört dem marokkanischen Staat sowie dem französischen IT-Konzern Vivendi. Auch in Marokko expandieren der Markt für Mobiltelefone und das Internet explosionsartig, Maroc Telecom sitzt dick im Geschäft. Von einer Privatisierung ist in diesem halbstaatlichen Betrieb allerdings nichts zu spüren. Es herrschen Schlendrian und Desorganisation. Vergleiche mit bundesdeutschen halbstaatlichen IT-Monopolisten verkneife ich mir hier mal …

Ich parke den Wagen auf dem gesicherten Gelände. Außer den Wachmännern ist niemand mehr da. Sie sind bereits fertig mit dem Essen, bieten mir aber dennoch sofort an, mir noch etwas zu organisieren. Hier fühle ich mich absolut sicher, es gibt auch niemanden, der vorbeikommt und mir irgendeinen Deal andrehen will. Allerdings gibt es auch nichts touristisch Interessantes zu sehen.

Ich bin mal wieder in einem dieser Industriegebiete, die anscheinend überall auf der Welt gleich aussehen.

Die uniformierten Wachleute sind teilweise Tagelöhner, teilweise Studenten, die sich dadurch ihren Lebensunterhalt verdienen. Fast alle wollen langfristig weg von diesem schlecht bezahlten Job ohne Aufstiegsmöglichkeiten. Die Löhne für Wachleute und Textilarbeiterinnen sind so frech niedrig, dass die Menschen davon kaum überleben können. In Marokko ist zwar alles nur rund ein Viertel so teuer wie bei uns, aber wenn die Menschen zehn- oder zwanzigmal weniger verdienen, wird deutlich, wie knapp das Geld sitzt. Einige von ihnen begrüßen mich besonders herzlich, ich kenne sie bereits vom letzten Mal. Wie zum Beispiel Boukhari, der hier nachts arbeitet, damit er sich tagsüber sein Ingenieursstudium finanzieren kann. Während des Ramadans ist die Nachtschicht besonders beliebt, man lebt in diesem Monat ohnehin mehr nachts als tagsüber. Die Crew ist sehr fröhlich und ausgelassen. Zwei oder drei von ihnen passen am großen Zaun auf, da dort tatsächlich immer mal wieder dubiose Gestalten versuchen einzudringen. Die anderen machen es sich im Pförtnerhäuschen gemütlich, lachen und plaudern viel und rauchen diese süßlich riechenden, selbstgedrehten Zigaretten. Ich habe den Eindruck, dass hier in diesem Land – zumindest nach Feierabend – mehr Leute kiffen, als dass sie normale Zigaretten rauchen. Das war auch unter den marokkanischen Kollegen auf dem Zollparkplatz in Tanger so. Auch während des Ramadans, dann aber erst nach Sonnenuntergang.

Ich gehe nachts mit den freundlichen Wachleuten durch das Werksgelände. Die Misswirtschaft ist offensichtlich, die Lager quellen über. Ich habe unter anderem Kabeltrommeln geladen, hier liegen allerdings so viele Kabeltrommeln herum, dieser Vorrat wird noch für Jahre reichen, selbst bei gierigsten Expansionsgelüsten. Von den Großkopferten scheint das niemanden zu interessieren, es wird eben nach Plan bestellt. Ich will lieber gar nicht wissen, was da an Bakschisch geflossen ist, vermutlich aber nicht als Cash. Ab gewissen Summen funktioniert auch Korruption besser bargeldlos. Die Lieferanten freuen sich jedenfalls und sind extrem demotiviert, die Sinnfrage zu stellen. Ich glaube, die stellen sich höchstens der kleine Trucker und die schlecht bezahlten Wachleute. Aber Mitdenken steht ja nicht in unseren Arbeitsverträgen. Daher schieben wir diese Gedanken möglichst schnell wieder beiseite und wenden uns den weltlichen Genüssen zu.

Ich befrage die Jungs nach dem Ramadan. Alle befolgen ihn, egal ob intellektuell, streng gläubig, Revoluzzer oder braver Bürger. Ich sage ihnen, dass es mich nicht wundert, wenn angesichts des Hungerns tagsüber bei vielen Menschen hierzulande die Nerven blank liegen. Doch sie widersprechen: Der Ramadan sei eine Zeit der Reflexion, inneren Einkehr und der Frage nach dem Sinn. Also seien die Leute gerade in dieser Zeit eigentlich friedlicher, nachdenklicher und eher bereit, grundsätzliche Fragen an sich und das Leben zu stellen. Ich bin beeindruckt von der so weit verbreiteten Spiritualität. Die tief verwurzelte Religiosität wird von Interessengruppen weltweit politisch ausgenutzt, das war schon immer so, und das gibt es auch in anderen Religionen. Aber zuallererst ist der Ramadan ein rein religiöses, spirituelles Ereignis, das die Menschen hier kollektiv leben.

Soweit ich das mitbekomme, hat das nichts zu tun mit Fundamen-

IT-Security im Ramadan mit orientalischer Gastfreundschaft

talismus, Antiamerikanismus oder sonstigen politischen Ideen. Darüber, dass die Amis bisher Bin Laden trotz fast unbegrenzter finanzieller und militärischer Möglichkeiten nicht erwischen konnten, lachen sie sich allerdings hier doch alle insgeheim ins Fäustchen. Trotz der kreisenden Joints erscheint Holland an diesem fröhlichen Abend so weit weg wie der Mond.

Donnerstagmorgen, neun Uhr

Ausladen, wenn Allah es will – Marokko für Anfänger: ein exotischer Basar – Harira statt Huren

Und wieder so eine sympathische Uhrzeit, den Arbeitstag zu beginnen! Ich gehe ins Büro, bekomme erst einen Kaffee und dann die Auskunft, dass man noch nichts wisse und ich warten müsse. Die Bürokräfte wundern sich ein wenig, dass ich darüber nicht gleich in helle Wut gerate wie anscheinend all meine Kollegen. Leider gibt es in der Nähe keinen Basar, kein Geschäft, keine Kneipe, nur die brutal befahrene Aus- beziehungsweise Einfallstraße, weitere Industriebetriebe und sonst gar nichts. Der nächstgelegene Ortskern eines Stadtteils von Casablanca liegt knapp drei Kilometer weit weg, das Zentrum, die Altstadt oder das Meer sind unerreichbare zehn oder zwanzig Kilometer entfernt. Also warte ich in meinem blechernen Brutkasten auf die Dinge, die da kommen sollen – »Insch'Allah«, wenn Allah es will. So vergeht der ganze Tag. Mit penetranter Regelmäßigkeit piepst alle zwei Stunden das Satellitengerät mit der Frage, wann denn etwas passiere, und ich gebe amüsiert zurück, dass ich das nicht wisse, mir aber größte Mühe gäbe, die Dinge zu beschleunigen. Ich weiß ja nicht mal, auf was ich warte, aber dass wir Trucker immer für dumm gehalten werden, gerät hier ausnahmsweise mal zu meinem Vorteil. Ich spreche zwar französisch und spanisch, aber ich habe sowieso nur mit subalternen Angestellten zu tun, keine Ahnung, ob die Warterei am Zoll liegt oder an der werksinternen Verwaltung.

So vergeht der ganze Tag. Hätte ich gewusst, dass nichts passiert, dann hätte ich doch ins Zentrum oder ans Meer fahren können, aber so schmore ich weiter in meiner Blechkiste und mache mich pflichtgemäß alle ein bis zwei Stunden auf den Weg ins Büro, um mir die nächste Nicht-Auskunft abzuholen. Als nach 17 Uhr Ortszeit klar ist, dass heute nichts mehr passiert, lasse ich ein Taxi rufen und fahre die paar Kilometer zum Zentrum des nächstgelegenen bewohnten Stadtteils. Der Markt, über den ich hier gehe, hat mit tausendundeiner Nacht nichts zu tun, vielmehr mit dem, was ich aus Fernsehberichten über Schwarzafrika kenne: tiefste Armut, hektisches Treiben, fremde Gerüche, exotische Früchte und immer wieder Menschen, die mich aus zahnlosen, sonnengegerbten Gesichtern herzlich anlächeln und mir ihre Waren anpreisen. Mit der Abzocke der Ganoven im fernen Tanger hat das auch nichts zu tun – ich fühle mich hier wesentlich sicherer, auch wenn man mir den Europäer aus einem Kilometer Entfernung ansieht.

Ich komme mir vor wie in einem Film, dessen Drehbuch ich nicht genau verstanden habe, oder wie ein Kind, das in eine Wunderkerze schaut. Eine hübsche Berberfrau mittleren Alters schenkt mir an einem Marktstand ein Armband mit der Aufschrift »Marokko« und ich muss ihr versprechen, das in Zukunft immer zu tragen und wiederzukommen. Ich will ihr den Kaufpreis im Wert von wenigen Cents entrichten, aber sie weigert sich hartnäckig. Ich denke, dieses Versprechen werde ich eines Tages einlösen …

Abends sind die Jungs von der Security wieder da, alle warten wie gebannt auf das Singen des Muezzins, der das Startzeichen zum Iftar-Essen gibt. Ich bin eingeladen, daran teilzunehmen. Das Fastenbrechen beginnt mit Harira, einer wenig gesalzenen marokkanischen Tomatensuppe, die für unseren Gaumen ein wenig langweilig schmeckt, aber mit viel Liebe und zahlreichen Zutaten zubereitet wird, unter anderem Kichererbsen, Kreuzkümmel und Koriander. Mittlerweile gibt es die in Marokko auch außerhalb des Ramadans, das ist halt der allgemeine Sittenverfall. Nachdem der Hunger gestillt ist, scheinen sich die Jungs vom Wachdienst am meisten auf den »Nachtisch« zu freuen – während des Ramadans dürfen sie ja tagsüber nicht nur nichts essen, sondern auch weder trinken noch rauchen.

Das letzte Mal stand ich hier mit einem niederländischen und einem deutschen Kollegen. Beide waren nicht bereit, sich auf die hiesigen Bräuche und die Menschen einzulassen und waren hier zutiefst unglücklich. Sie haben niemals den drei Kilometer entfernten Basar gesehen, hatten weder Auge noch Ohr für die freundlichen Wachleute, zeigten Desinteresse an den Menschen und bekamen das natürlich auch postwendend zurück. Statt die Situation zu genießen, saßen sie griesgrämig in ihren DAFs und Volvos, schimpften, dass es hier keine Huren gebe, tranken Unmengen von Heineken, schauten niederländisches oder deutsches Satelliten-TV und sehnten die Zeit herbei, in der sie endlich wieder Zwanzig-Stunden-Schichten über europäische Autobahnen schrubben konnten. Jeder steht sich halt so gut selbst im Weg, wie er kann. Für mich jedenfalls ist dieser Arbeitstag der angenehmste seit vielen Wochen. Die Wachleute deuten an, dass ich morgen wohl ausladen müsse. Schade, ich hätte hier gerne das Wochenende verbracht.

Freitagmorgen, neun Uhr

Zum Ausladen nach Ain Atiq – zerberstende Hightech – zurück zur Telecom

Die freundlichen Mitarbeiter im Büro teilen mir mit, dass ich hier nicht ausladen könne, ich sähe ja selbst, dass alles bereits mit Ware verstopft sei. Und das stimmt auch, hier stapeln sich die Waren sogar draußen auf dem Firmengelände. Gäbe es Regen, ginge vieles kaputt. Ich müsse daher zum Außenlager nach Ain Atiq, das liegt nördlich von Rabat. Da ich den Weg nicht kenne, fahren die Arbeiter, die zum Ausladen mitkommen, in dem Lieferwagen vorweg.

Freitag ist für Moslems das, was für uns der Sonntag ist. Doch selbst im Ramadan bedeutet das erst für Menschen ab einer gewissen Gehaltsklasse garantiert arbeitsfrei. Genauso wie auch bezahlter Urlaub und Lohnfortzahlung im Krankheitsfall, einfache Arbeiter kennen solche Grundrechte nur vom Hörensagen. Früher war das in Marokko sehr angenehm: Weil hier auch Juden leben, war der Freitag für die Moslems, der Samstag für die Juden und der Sonntag für die Kolonialherren jeweils der freie Tag. Also hatte

Knochenarbeit in der Mittagshitze für ein paar Dirham

man praktischerweise das Wochenende gleich von Freitag bis Sonntag ausgedehnt. Damals war Marokko aber noch kein Billiglohnland und es gab noch (minimale) Rechte für Arbeiter.

Bei dem Außenlager gibt es weder Rampe noch Gabelstapler, nicht mal einen Hubwagen. Die Arbeiter werfen die schweren Kisten einfach so vom Lkw, was sollen sie auch anderes tun. So wie sich das anhört, geht dabei jede Menge zu Bruch, aber das interessiert niemanden. Anfänglich zucke ich bei jedem Scheppern und Krachen innerlich zusammen, aber mit der Zeit gewöhnt man sich daran. Die Bestellung erscheint ja ohnehin total unsinnig, da sich genau die Artikel, die ich liefere, bereits in Unmengen sowohl auf dem Firmengelände in Casablanca als auch hier im Außenlager viele Meter hoch stapeln.

Ich frage mich, wo ich wohl Rückladung erhalten werde. Es gäbe da einige Sachen, die ich überhaupt nicht mag, zum Beispiel Textilien laden in Salé. Salé liegt in der Nähe der Hauptstadt Rabat und erscheint mir als die Hauptstadt der Ganoven. Hier nennt man sie auch Haragas, aber mit den Flüchtlingen von Tanger haben sie nichts gemeinsam, es geht schlicht um organisierte Kleinkriminalität. Man

Das ist Marokko: gastfreundliche Fröhlichkeit auch zu später Stunde

kann sich in Salé nur retten, indem man dem Oberganoven ein besonders stattliches Bakschisch gibt, sozusagen als Schutzgeld. Er sackt das Geld ein und pfeift seine Halunken zurück. Salé ist eine Hochburg der Textilproduktion und der »Lohnveredelung«.

Genauso ungern hätte ich eine Rückladung für DHL, wie letztes Mal. Damals ließen die mich wegen zwei Lademetern im Londoner Industriegebiet West Thurrock dreieinhalb Tage in der Sonne schmoren. Ein früheres Entladen sei aus den berüchtigten »computertechnischen« Gründen nicht möglich gewesen – typisch … Hinzu kommt, dass ich den DHL-Zollagenten im Hafen von Tanger für ziemlich unfähig halte. Vor allem ist er meistens nirgendwo zu finden, wenn ich ihn brauche, und geht auch nicht an sein Handy.

Aber das Büro in Tanger weiß noch nicht genau, welche Rückladung für mich bestimmt ist. Ich bekomme die Anweisung, nach Casablanca zurückzufahren und dort auf weitere Nachrichten zu warten. Ich habe absolut keine Ahnung, wo ich in Casablanca einen Parkplatz finden soll, der mir die Sicherheit gibt, dass morgens früh noch Reifen, Spiegel, Scheinwerfer und so weiter am Lkw sind. Also fahre ich zurück zu Maroc Telecom und bitte die Wachleute, bis morgen wieder hier parken zu dürfen. In Deutschland wäre das unmöglich, selbstverständlich wären sie dazu keinesfalls »befugt«. Hier ist es nicht nur kein Problem, sie laden mich zudem zum Iftar ein, und wir verbringen einen netten Abend.

Samstagmorgen, neun Uhr

Wo Arbeit als Gnade vergeben wird – Lohnveredelung für den freien Westen – Spaziergang durch den Slum – stinkender Fisch um Mitternacht

Ich bekomme die Anweisung, im Stadtteil Hay Moulay Rachid bei Dewhirst Benitex zu laden. Also geht es von hier nach Großbritannien, denn Dewhirst ist der Textilproduzent für die Kaufhauskette Marks & Spencer. Ich persönlich finde diese »Lohnveredelung« – also Auslagerung bestimmter Arbeitsprozesse – in der Textilproduktion ziemlich unmoralisch. Globalisierung ist kein Naturgesetz, sondern wird von reichen Leuten betrieben. Im Vereinigten Königreich hat Dewhirst auch einige wenige Produktionsstandorte in abgelegenen Gegenden mit traditionell hoher Arbeitslosigkeit. Dort brauchen sie den Textilarbeiterinnen weniger zu zahlen als in den Metropolen. Aber selbst das ist ihnen anscheinend zu viel, dort wurden mittlerweile mehrere Betriebe trotz massiver Proteste geschlossen.

Da die Transportkosten so absurd niedrig sind, fallen Entfernungen bei der Produktion wirtschaftlich kaum ins Gewicht. Wenn eine Textilarbeiterin in einem Billiglohnland weniger – teilweise deutlich weniger – als 200 Euro Monatsgehalt bekommt, rechnet sich das allemal. Auch in Deutschland gibt es solche Unternehmen, das lernt man als Fahrer einer Textilspedition recht schnell. Das größte war früher eine Firma in Wattenscheid. Das Unternehmen ließ unter anderem für mehrere große deutsche Kaufhausketten produzieren. Die durch die »Lohnveredelung« erwirtschafteten Gewinne sind enorm, und die Mitglieder der Unternehmerfamilie waren in Wattenscheid hoch angesehene Bürger.

Doch zurück nach Casablanca zu Dewhirst. Ich lasse mir bei der Telecom den Weg genau erklären, aber in dem Verkehrsgewusel in

Casablanca verfahre ich mich natürlich dennoch. Als ich an einer roten Ampel im Stau stehe, blockiert jemand die Bremsen meines Aufliegers. Hinten links gibt es einen Knopf, wenn man den rauszieht, kann man den Wagen nicht mehr von der Stelle bewegen. Den Trick kenne ich bereits aus Erzählungen von Kollegen. Wenn man nun aussteigt und nach hinten geht, wird einem in Sekundenschnelle die Kabine ausgeräumt. Also muss ich den Motor abstellen, das Fahrzeug verschließen, die Alarmanlage aktivieren und kann erst dann nach hinten gehen, um die Bremse wieder zu lösen. Marokko kann verdammt anstrengend sein!

Das modern aussehende Industriegebiet, in dem der Kunde sitzt, grenzt direkt an einen Slum. Das ist praktisch, so kann man Arbeit als Gnade vergeben. Das Werksgelände ist von hohen Mauern und Zäunen umgeben und gut gesichert. Die uniformierten Wachleute und die Ladearbeiter sind (zu mir) sehr freundlich. »Just in time« bedeutet mal wieder, dass die Ware noch gar nicht fertig ist. Letztlich wird das Beladen hier über zwei Tage dauern. Die Standkosten für einen Lkw mitsamt Fahrer spielen bei den Gewinnspannen praktisch keine Rolle.

Da ich hier ohnehin warten muss, möchte ich mal ein wenig hinausgehen und mir die Umgebung ansehen. Die Sicherheitsleute im Pförtnerhäuschen möchten mich aber lieber davon abhalten. Das sei zu gefährlich in dieser Gegend, hier gebe es viele Haragas. Damit meinen sie wieder keine Flüchtlinge, sondern Diebe, Räuber und Messerstecher. Ich lasse mich davon nicht abschrecken, gebe ihnen jedoch meinen Lkw-Schlüssel in Verwahrung. Auch Kamera, Telefon und Geldbeutel lasse ich lieber zurück und nehme nur ein paar marokkanische Dirham mit. Das angrenzende Wohnviertel besteht aus alten, verfallenden Plattenbauten sowie einigen Buden und Holzverschlägen dazwischen. Auf einem matschigen Platz gibt es einen kleinen Markt. Hier werden Pfennigartikel und Obst feilgeboten sowie verschiedenste Kräuter und Gemüsesorten, die mir größtenteils völlig unbekannt sind. An einigen Ständen wird auch Fisch angeboten, der angesichts des Fehlens jedweder Kühlung schon gruselig stinkt. Ich werde begafft, als hätte ich drei Arme und zwei Köpfe. Hier verirren sich äußerst selten Ausländer hin, die Touristengebiete erscheinen so weit entfernt wie Timbuktu, und die britischen Manager lassen sich direkt ins Industriegebiet chauffieren.

Die Wachleute sind sichtlich erleichtert, als ich eine Stunde später zurückkomme. Einer ruft: »Alhamdulillah«, was so viel heißt wie »Allah sei Dank«. Sie laden mich für heute Abend zum Iftar und um Mitternacht auch zu ihrer nächsten Mahlzeit ein. Es gibt unter anderem Fisch, wie ich ihn auf dem Markt gesehen hatte. Ich verweigere ihn mit der Notlüge, mein Arzt hätte mir das verboten – und ich bin mir sicher, das hätte er auch wirklich, wenn er die stinkenden Fische auf dem Markt gesehen hätte. Alles andere schmeckt sehr lecker.

Vor dem Essen weist mich der Wachmann darauf hin, dass ich die Fahrertür abschließen solle. Zwar ist das Firmengelände von einer mehrere Meter hohen Mauer und von Zäunen umgeben, aber sie befürchten, dass dennoch von außen Haragas eindringen könnten. Die Funktion der Wachleute ist aber nur in zweiter Linie der Schutz gegen die »böse Außenwelt«. Sie sind vor allem angestellt, um die Arbeiter zu überwachen. Einer sitzt die gesamte Zeit während des Beladens am Ende des Lkw und kontrolliert, dass niemand etwas von der Ware mitgehen lässt. Es ist grotesk, dass die Jacken, Hosen und Mäntel bereits die britischen Marks & Spencer-Preisschilder tragen. Die Menschen hier wissen ganz genau, wie viele Dirham das britische Pfund wert ist und welchen Mehrwert sie da geschaffen haben.

Auch ich bleibe nicht ganz unkontrolliert. Wenn gerade keine Ware nachkommt und nicht geladen wird, schließe ich den Auflieger sowieso ab. Aber hier bei Dewhirst Benitex verlangen die Wachleute, dass ich ihnen den Schlüssel in Verwahrung gebe. Ich finde das empörend, aber diese Kollegen führen ja nur die Anweisungen vom britischen Management aus, können nichts dafür und würden meinen Protest sowieso nicht verstehen, daher mache ich gute Miene zum bösen Spiel.

Die uniformierten Wachleute und die Ladearbeiter gehen sehr freundschaftlich miteinander um, obwohl die einen dazu da sind, die anderen zu kontrollieren. Niemand stellt die Kontrolliererei in Frage. Als eine Schicht der Textilarbeiterinnen das Werk verlässt, muss sich jede ihre Handtasche kontrollieren lassen, und die Vorarbeiterin tastet sie zudem ab, offensichtlich auf der Suche nach geklauten Sachen. Natürlich findet sie nichts, sie muss das vermutlich tun, um einer Vorschrift Genüge zu tun.

Eine Arbeiterin lädt mich zum Nachtessen zu ihrer Familie ein, nimmt dies jedoch später zurück, weil sie Gerede unter den Kolleginnen befürchtet. Die Ladearbeiter und Wachleute freuen sich, dass ich sie fotografiere, die beiden Frauen hingegen, die ich fotografiere, bitten mich, diese Fotos wieder zu löschen.

Sonntagmorgen, acht Uhr

Vom Fließband auf die Stange – Textiltransporte in die andere Richtung – »just in time« für viele bringt viel Geld für wenige

In dieser Fabrik wird rund um die Uhr gearbeitet. Allerdings sind die Schichten während des Ramadans kürzer, möglicherweise wurden zusätzlich Frauen eingestellt. Die Ware kommt direkt aus der Produktion auf den Lkw. Jedes Teil hängt auf einem Bügel, mit Plastiküberzug, Preisschild sowie diversen Schildchen, auf denen zwar nicht wörtlich »Made in GB« draufsteht, aber sinngemäß. Offensichtlich möchte man den Kunden lieber nicht erzählen, wo und unter welchen Bedingungen die Ware produziert wurde. Aber das habe ich bei dem deutschen »Lohnveredeler« aus Wattenscheid damals genauso erlebt.

In den Lagern der Kaufhauskette im Vereinigten Königreich findet dann nur noch eine Qualitätskontrolle statt, dann geht alles so wie es ist in die Kaufhäuser auf die Stange. Bei der geringsten Beanstandung bei einer solchen Kontrolle wird die Ware von Großbritannien wieder über tausende von Kilometern zurückgeschickt, und in Marokko werden die Fehler an jedem Einzelstück von Hand ausgebessert. Auch hierbei spielen die Transportkosten überhaupt keine Rolle. Alle paar Wochen fährt daher ein mit Textilien beladener Lkw aus Wales oder Nordengland zurück nach Marokko. Die Sinnfrage darf man sich in meinem Job sowieso nie stellen, sonst wird man depressiv, verrückt oder beides.

Ich bewundere, wie freundlich die Menschen hier trotz der miesen Arbeitsverhältnisse und der großen Armut sind – wenn ich das

Hier sieht man, warum diese Ladungen auch als »hängende Ware« bezeichnet werden.

mit zu Hause vergleiche, habe ich manchmal den Eindruck, dass Wohlstand die Menschen unglücklich macht. Allerdings lassen sich die Menschen hier auch nicht alles gefallen: Im Frühjahr 2009 gab es eine schwere Explosion in der Trafoanlage der Fabrik, es folgten Proteste und Demonstrationen der Belegschaft. Sie forderten von der Werksleitung Entschädigung und Übernahme der Arztkosten für die verletzten Kolleginnen. Bei YouTube kann man auch ohne Sprachkenntnisse die Wut der Arbeiterinnen auf ihre Firma sehen.

Zum allabendlichen Iftar ist der Wagen fast vollständig beladen, lediglich die Kinderklamotten fehlen noch. Auch heute wird wieder die Nacht zum Tag, damit die Sendung fertig wird. Mittlerweile weiß ich, dass diese Lieferung für Dewhirst in Capel Hendre ist, also soll ich mal wieder nach Wales fahren.

Letztlich kann ich erst nach Mitternacht losfahren. Ich ahne schon, dass ich nicht nur in dieser, sondern auch in der kommenden Nacht nicht zum Schlafen kommen werde. In einem unterscheidet sich meine Arbeit nicht von der hier in der Fabrik: Die Arbeitszeit richtet sich ausschließlich nach den Vorgaben anderer.

Ein richtiges Wochenende hatte ich wieder nicht, ich war die ganze Zeit gezwungenermaßen in der Fabrik, mit einer Stunde Ausgang. Die Spedition interessiert jedoch nur, dass das Fahrzeug mehr als 24 Stunden gestanden hat, offiziell hatte ich also Wochenende und »darf« nun weitere sechs Tage arbeiten.

Montagmorgen, 0.30 Uhr

Überfälle mit »Polizeischutz« – die stressigste Pause meiner Laufbahn – Exportzoll in Tanger – Radioaktivität? Ja, bitte! – sinnlose Röntgenkontrolle

Als ich mit dem beladenen Truck das Werk in Richtung Tanger verlasse, sichern ein Dutzend Wachmänner die ersten fünfzig Meter bis zur nächsten Ampelkreuzung. Ich soll an der Werksausfahrt warten. Sie sagen mir, erst wenn sie sich davon überzeugt haben, dass keine »Haragas« da sind, und dann die Ampel auf Grün springt, soll ich mit Vollgas losfahren, damit ich ohne Halt auf die Autobahn komme. Das klappt auch ganz prima, aber die Werksplombe segnet bereits nach vier Kilometern auf der Autobahn das Zeitliche. Als ich an einer Mautstelle anhalten muss, passiert etwas für Marokko sehr Typisches: Etwa fünfzig Meter vor mir sind Polizisten, die Verkehrskontrollen durchführen. Gleichzeitig sehe ich in meinen beiden Rückspiegeln, dass »Haragas« auf das Heck meines Trucks zulaufen und höre, wie sie an den vier Verschlusshebeln rütteln. Und schon ist die Plombe weg, zum Glück war es noch nicht die offizielle Zollplombe. Ich bin unbesorgt, denn ich weiß um die massive Eisenkonstruktion, die das dicke Schloss ummantelt, das die Türen sichert. Auch wenn ich hier eine Viertelstunde warten müsste, ist das kaum zu knacken. Es ist jedenfalls beeindruckend, wie dieser versuchte Überfall direkt vor den Augen der Polizei stattfindet. So blöd können die gar nicht sein, das nicht zu sehen. Es entsteht der Eindruck, als steckten sie unter einer Decke oder als würden die uniformierten Polizisten das zumindest aus irgendwelchen Gründen tolerieren.

Bei Rabat komme ich in ein starkes Unwetter. Es regnet hier nicht oft, aber wenn es regnet, dann nimmt das meistens apokalyptische

Ausmaße an. Auf den Straßen bildet sich ein gefährlich rutschiger Schmierfilm. Deswegen und wegen der eingeschränkten Sicht kann man nur sehr langsam fahren. Das ist ärgerlich für mich, denn nun schaffe ich die Strecke bis Tanger nicht in den (in Europa) maximal zulässigen viereinhalb Stunden. Ich muss also hinter Rabat mitten in der Nacht auf einer Autobahnraststätte 45 Minuten stehenbleiben, damit ich später in Spanien oder Frankreich nicht einen Batzen Geld loswerde. Diese Pause erweist sich als die anstrengendste, die ich je mit dem Lkw verbringen musste, denn es wimmelt hier nur so von zwielichtigen Gestalten. Obwohl ich in unmittelbarer Nähe der Tankstelle parken kann, bin ich die gesamte Dreiviertelstunde damit beschäftigt, um den Wagen herum Patrouille zu laufen. Wenn ich links vom Fahrzeug bin, fummeln sie rechts am Wagen herum und umgekehrt. Weiterfahren wäre in diesem Fall wirklich stressfreier gewesen, aber mach das nachher mal einer baskischen Rotkappe von der Ertzaintza oder einem französischen Autobahnpolizisten klar … Ich bin jedenfalls heilfroh, als diese 45 Minuten vorbei sind und ich nicht mal Federn gelassen habe.

Je näher ich Tanger – dem Sprungbrett für viele große Träume – komme, desto mehr werden aus den »Kriminellen-Haragas« wieder die »Flüchtlings-Haragas«. Sie rütteln nicht an den Öffnungshebeln der Aufliegertüren, sondern halten sich daran fest und fahren größere Strecken mit, kundschaften Plätze unter dem Trailer aus, die Stabilität der Bordwände, die Öffnungshebel und Schlösser und so weiter. Sie wollen die Ladung nicht klauen, sondern an ihr teilnehmen. Die Schwarzfahrer sehen tatsächlich schwarz aus, aber weniger wegen der Hautfarbe (sie sind überwiegend Marokkaner) als wegen der vielen Stunden, die sie unter stehenden und fahrenden Lkw verbringen.

Im Morgengrauen erreiche ich Tanger und durchquere diese Stadt, die niemals schläft. Wenn ich von weitem eine rote Ampel sehe, fahre ich ganz langsam an sie heran. Ich möchte vermeiden, davor zum Stehen zu kommen, da dann wieder Haragas hinten aufspringen. Eigentlich ist es mir wurscht, ob sie als schwarze Passagiere bis zur Kontrolle an der Hafeneinfahrt mitfahren, aber ich habe Angst, dass mal einer herunterfällt und buchstäblich unter die

Räder kommt. Wenn ich jemanden totfahren oder schwer verletzen würde, wäre es mir kein Trost, dass ich ja nicht schuld bin. Ich habe mich immer gefragt, wieso sie dieses lebensgefährliche Spiel in der Stadt betreiben, denn an der Kontrollstelle wäre ja sowieso Schluss. Ich kann es mir eigentlich nur so erklären, dass die meisten von ihnen darin einen spielerischen Zeitvertreib sehen.

Ich habe die Anweisung, direkt zum Exportparkplatz im Hafengelände zu fahren, dorthin käme dann der Agent, der die Verzollung managt. Die Abfertigung für die Fähre dauert hier meistens einen, manchmal auch zwei Tage. In dieser Zeit hat man aber nicht frei, sondern muss sich Stück für Stück in der Lkw-Schlange bis zur Kontrolle am Röntgenscanner vorarbeiten. Um kurz vor sechs Uhr morgens komme ich im Hafen von Tanger an. Ich versuche ein wenig zu schlafen, doch die Hitze in der Blechkiste weckt mich um neun Uhr. Leider kann ich mich nicht vom Wagen entfernen, denn ich muss auf Nourdin warten, den Agenten der Vertragsspedition, der für die Ausfuhrverzollung zuständig ist. Ich habe so stundenlang Gelegenheit, den Haragas und den Sicherheitsleuten beim Räuber-und-Gendarm-Spielen zuzusehen. Der Parkplatz ist sehr unübersichtlich, zwischen den geparkten Brummis sind die Haragas zu Dutzenden, wenn nicht Hunderten unterwegs.

Um halb elf kommt Nourdin. Er sagt, möglicherweise ginge es heute relativ schnell, er habe den Zöllnern ein Bakschisch gegeben, ich brauche nicht die vielen Stunden anzustehen für die Kontrolle am Röntgenscanner, sondern bekäme die »Handkontrolle«. Wenn das klappt, könnte ich die Fähre heute Abend nehmen, andernfalls wäre ich sicher nicht vor morgen früh fertig. Eigentlich ist es mir egal, wie lange ich warten muss, aber in dem Fall wäre ich ganz zufrieden, denn dann käme ich wenigstens in der folgenden Nacht zum Schlafen – auf dem Parkplatz im Hafen von Algeciras. Daher kann ich jetzt auch nicht Kaffee trinken gehen, sondern muss am Fahrzeug warten, damit diese Handkontrolle jederzeit möglich ist. Immer wenn Zöllner vorbeikommen, hängt Nourdin sich an ihre Fersen und versucht sie zu motivieren, sich um uns zu kümmern. Er ist aber leider nicht der Einzige, die Zöllner sind immer begleitet von Dutzenden von Fahrern und Agenten, die etwas von ihnen wollen. Dabei geht es nicht der Reihe nach. Wer am aufdringlichsten ist oder am meisten Bakschisch bezahlt, wird vorgezogen. Irgendwann um die Mittagszeit sind wir dran. Ich muss an die Rampe fahren und die Türen des Aufliegers öffnen. Handkontrolle bedeutet, dass zwei Männer des Zolls in den Wagen krabbeln und sich unter den ganzen Textilien bis nach vorne durcharbeiten. Sie suchen Haschisch und Menschen. Zehn Minuten später kommen sie wieder heraus, ich schließe die Türen und erhalte die Zollplombe.

Ich hole mir meinen Ausreisestempel bei der Passkontrolle und kann Mittagessen gehen. Das Wetter hat sich mittlerweile wieder verschlechtert, und zum zweiten Mal innerhalb von 24 Stunden erlebe ich Regen in Marokko – das gibt es sehr selten um diese Jahreszeit. Der Agent kümmert sich um die weiteren Papiere. Als ich zurückkomme, gibt es jedoch eine böse Überraschung. Anscheinend war das Bakschisch nicht hoch genug, denn ein Zöllner, der mehr Blech auf den Schultern hat als die anderen, entscheidet, dass ich doch durch den Röntgenscanner muss. Ich reihe mich also in die endlos lange Schlange vor diesem Scanner ein – Brüssel hat für drei mobile Exemplare bezahlt. Einer ist jedoch immer kaputt, ein zwei-

Meter für Meter vorwärts zur sinnlosen Röntgenkontrolle

ter ab und zu. Nourdin meint, bis ich an der Reihe sei, habe er auch die Papiere vom Zoll zurück. Nun geht es Stunde um Stunde schrittweise vorwärts. Abends sehe ich von weitem die Fähre abfahren, auf der ich sein könnte, wenn ich jetzt nicht vor diesem blöden Scanner warten müsste.

Ich rücke immer weiter auf, aber Nourdin kommt und kommt nicht zurück. Während dieser ganzen Zeit kann man beobachten, wie Haragas den löchrigen Zaun zum Parkplatzgelände überwinden und versuchen, unter die Lkw zu kriechen. Und wie die gestressten Wachmänner der mit Abstand größten privaten Sicherheitsfirma Marokkos rund um die Uhr damit beschäftigt sind, sie von dort wieder hervorzuziehen und sie des Platzes zu verweisen. Sie dürfen sie dabei keinesfalls schlagen, das scheint streng verboten zu sein, und so geht das ernste Spiel Stunde um Stunde weiter. Als ich fast dran bin, kommt Nourdin angeschlendert und sagt, die Papiere seien noch nicht da. Er sagt, ich solle rechts neben dem Scanner parken und dort auf ihn warten. Als ich dort stehe, sehe ich die großen gelben Warnschilder, die vor der Radioaktivität hier in diesem Bereich warnen. Ich gehe zu dem Polizisten am Scanner und frage ihn, ob es nicht gefährlich sei, hier in diesem Bereich länger zu warten. Er sagt ganz ruhig: »Für den Wagen ist das nicht gefährlich. Für die Ladung auch nicht. Aber für Sie: sehr gefährlich!«

Ich suche Nourdin und sage ihm, der Polizist habe gemeint, es sei wegen der Strahlung sehr gefährlich für mich, dort zu warten. Nourdin antwortet ebenfalls ganz ruhig: »Ja, das stimmt.« Da wollte der mich glatt stundenlang in diesem Bereich warten lassen, obwohl er weiß, wie gefährlich das ist. So drastisch wurde mir selten klargemacht, dass man als Fahrer wirklich das Allerletzte ist. Gezwungenermaßen verlasse ich mein »Wohnzimmer« und muss nun stundenlang im Regen herumspazieren, aber zugleich in der Nähe bleiben. In solchen Momenten habe ich immer wieder die Kommentare deutscher Bekannter im Ohr, die sagen: »Du fährst nach Marokko? Toll!« Ich kann diesen Leuten meistens nicht klar machen, dass das absolut und überhaupt nichts mit einem Badeurlaub in Agadir zu tun hat, den sie mit Marokko assoziieren.

Irgendwann nach Mitternacht sind die Papiere endlich da, und ich darf mich elektronisch kontrollieren lassen. Diese Kontrolle ist total sinnlos, weil man danach noch viele Stunden im Hafen warten muss. Die Haragas sind ja nicht blöd und warten natürlich diese Röntgenkontrolle ab, bis sie sich unter dem Wagen verstecken. Um drei Uhr nachts stehe ich endlich auf der Spur für die Einfahrt auf die Fähre. Sie soll am nächsten Morgen um acht Uhr ablegen.

Dienstagmorgen, sieben Uhr

Gewagte Konstruktionen – Haragas schaffen Arbeitsplätze – EU-Einfuhrzoll – über Sevilla nach Mérida

Die Nacht war nicht nur viel zu kurz, sondern vor allem auch sehr unruhig. Ich spüre öfters, dass jemand am Fahrzeug ist, höre Wachleute rufen und deren Hunde bellen. Als erstes muss ich morgens noch mal zur Passkontrolle, da mein Ausreisestempel im Pass ja das Datum von gestern trägt. Er muss annulliert werden, und ich bekomme einen neuen. Ich habe nicht gerne viele Marokkostempel

Ein gefährliches Ticket in die EU

im Pass, in vielen anderen Ländern führt das später zu nervigen Kontrollen wegen Verdachts auf Drogenschmuggel.

Danach kontrolliere ich meinen Lkw. Jemand hat nachts einige Schnüre an der Zugmaschine angebracht, um sich später dort zu verstecken. Ich muss absatteln und unter dem Auflieger rausfahren, um sie zu entfernen. Die Schnüre waren teilweise nur an losen Kabeln befestigt, diese Konstruktion wäre schon bei Schrittgeschwindigkeit lebensgefährlich gewesen. Hätte sie nicht gehalten, dann wäre der blinde Passagier unter die Räder gekommen.

Dann geht's zur Fähre. Natürlich drängeln hier wieder viele Fahrer wie bescheuert, und das Beladen zieht sich völlig überflüssig in die Länge. Der Wagen wird ein letztes Mal von mehreren Männern nach blinden Passagieren abgesucht, und um zwölf Uhr legt die Fähre dann ab. Die Überfahrt ist langweilig wie immer, und ich verstecke mich hinter meinem Buch vor den ununterbrochen quasselnden Kollegen. Viele von ihnen scheinen durch ihren Beruf ziemlich schwerhörig geworden zu sein, denn sie reden so laut, dass man es eigentlich schon eher als schreien bezeichnen muss.

Das Erste, was man in Algeciras von Europa mitbekommt, sind die nächsten zwei Kontrollen nach blinden Passagieren. Eine gibt es direkt beim Herunterfahren von der Fähre und die zweite an einer Kontrollstelle wenige hundert Meter weiter. Die Haragas schaffen auf beiden Seiten der Straße von Gibraltar jede Menge Arbeitsplätze. Um 15.30 Uhr rolle ich wieder auf den großen teuren Parkplatz im Hafen von Algeciras und mache mich auf den Weg zum Büro von Metramar, dem Verzollungsspediteur, um die Einfuhr der Ware nach Europa anzumelden. Um 18.30 Uhr habe ich eine weitere Plombe am Auflieger, noch ein paar wichtige Papiere mehr in meiner Aktentasche und kann endlich losfahren.

Meine Arbeitszeiten sind mal wieder höchst illegal, eigentlich müsste ich auf dem Parkplatz große Pause machen. Seit ich Sonntagabend von Casablanca abgefahren bin, hat der Wagen keine neun Stunden am Stück gestanden. Gestern bin ich zwar nur wenige hundert Meter gerollt, aber das verteilt über den ganzen Tag und die halbe Nacht. Ich hoffe zum einen, dass das Gerücht stimmt, dass Einschiffungen auf die Fähre als Pausenzeit zählen, und zum zweiten, dass eventuelle Kontrolleure nicht so genau auf die Tachoscheiben gucken und die paar hundert Meter gar nicht bemerken. Meine Chefs würden mir etwas husten, wenn ich jetzt, mit Verweis auf das Gesetz, neun Stunden hier stehenbleiben würde. Obwohl ich sehr müde bin, könnte ich wegen der Hitze in der Kabine sowieso nicht schlafen.

An der Ausfahrt aus dem Hafen gibt es eine weitere Haraga-Kontrolle. Ich atme tief durch beim Verlassen von Algeciras. Vor mir liegt eine Strecke von 2800 Kilometern. Bis kurz vor Calais gibt's jetzt keinen Stress mehr mit Haragas. Dort fängt es dann wieder an, denn da lungern viele herum, weil sie nach England wollen. Genau wie im griechischen Patras, von dort möchten sie nach Italien. Auch in Calais und Patras sind die Haragas fast ausschließlich marokkanische Jugendliche. Ich konnte nicht herausfinden, wie so viele von ihnen es immer wieder schaffen, sich von Marokko ausgerechnet nach Griechenland durchzuschlagen.

Von Algeciras gibt es zwei Möglichkeiten, Richtung Bordeaux zu fahren: über Madrid oder über Sevilla. Die Strecke über Sevilla ist mittlerweile auch fast vollständig zur Autobahn ausgebaut, es fehlen lediglich noch fünfzig Kilometer vor Salamanca. Wegen dieses fehlenden Teilstücks nehmen fast alle den anderen Weg über Madrid, und diese Strecke ist daher wunderbar leer. Sie ist sogar dreißig Kilometer kürzer und ist nicht so bergig, ich nehme sie gerne. Lediglich in Sevilla vor der Brücke über den Guadalquivir gerate ich in einen dicken Feierabendstau.

Weiter geht es Richtung Norden. Um 1.30 Uhr nachts in der Nähe von Mérida bin ich so müde, dass ich ein Weiterfahren nicht mehr verantworten kann, obwohl ich ja seit Algeciras erst 400 Kilometer unterwegs bin. Aber ich habe in den letzten beiden Nächten nicht mal sieben Stunden geschlafen – insgesamt!

Mittwochmorgen, 12.30 Uhr

Hunderte Kilometer Eintönigkeit – Überraschung in Alaska – Abdillahs Zuckerfest

Ich habe ein schlechtes Gewissen, weil ich nicht neun, sondern elf Stunden Pause gemacht habe. Aber zum einen wollte ich endlich mal wieder mit wirklich legaler Tachoscheibe unterwegs sein und zum anderen den zuvor versäumten Schlaf nachholen. Die nächsten paar hundert Kilometer werden recht eintönig auf leerer, neuer und gut ausgebauter Autobahn, da ist es angenehm, diese Strecke ausgeschlafen zu fahren.

Ohne besondere Vorkommnisse fahre ich heute vor mich hin, vorbei an Cáceres, Plasencia und der Sierra de Candelario. Ich mache die vorgeschriebene Pause hinter Salamanca, passiere Valladollid und Burgos und komme nach »Euskadi« – ins Baskenland. Irgendwann nach zwei Uhr nachts erreiche ich ein wenig erschöpft »Alaska«. Das ist ein kleiner Autohof irgendwo in den Pyrenäen zwischen Vittoria und San Sebastián. In der Kneipe sind noch fünf oder sechs spanische Fernfahrer, einer mit Freundin, ein portugiesischer und ein rumänischer Kollege. Es gibt Geplauder an der Theke, ich mag diese Kneipe.

Irgendwann geht der Rumäne zu seinem Lkw, als er wiederkommt, zieht er mich einen Schritt beiseite. Er sagt, er parke ein paar Meter hinter mir und habe eben aus seiner Kabine heraus am Reserverad meines Aufliegers etwas gesehen. Es scheine so, als sei dort »un negro«. Ich frage ihn, ob er gleich noch mal mit käme, sich das genauer anzusehen, aber ihm ist das nicht so recht geheuer. Die daneben stehenden Spanier kriegen das aber alles mit. Sie wollen mitgehen, und letztlich zieht die gesamte Kneipenbelegschaft mit raus auf den Parkplatz. Und tatsächlich: Gut versteckt kauert jemand in unbequem geduckter Haltung im Reserverad, das rechts hinten waagerecht unter dem Trailer befestigt ist. Die Felge ist etwa zwanzig Zentimeter tief eingelassen, das bietet einen minimalen Halt bei holprigen Strecken sowie etwas Schutz gegen den Fahrtwind bei neunzig Sachen. Zudem konnte er sich während der Fahrt an den darüber verlaufenden Streben ein wenig festhalten. Ich stupse ihn an und bitte ihn herauszukommen, was er nach einigem Zögern auch tut. Wir überraschten Trucker blicken in ein noch viel überraschteres, recht junges, pechrabenschwarzes Gesicht. Er spricht Französisch, was außer mir keiner der Umstehenden versteht. So beschränke ich mich im Folgenden größtenteils auf Übersetzertätigkeiten und bin selbst gespannt, wie sich diese Situation nun weiterentwickelt.

Er heißt Abdillah. Ich frage ihn, wie er es angesichts der vielen Kontrollen geschafft habe, unter meinen Lkw zu kommen. Er sagt, er sei unter einem anderen Lkw auf das Schiff gelangt und habe sich dort dann meinen zur Weiterreise ausgesucht. Entweder weil ihm der Platz dort besser gefiel oder weil er sich von dem holländischen Kennzeichen eine Reise bis möglichst weit hinein in das geliebte Europa versprach. Als sein erster Schock über die Entdeckung nachlässt, fragt Abdillah, ob er etwas zu essen bekommen könne. Kein Wunder, denn er hat mehr als dreißig Stunden unter dem Lkw verbracht. In Deutschland oder den Niederlanden hätten die Fahrer jetzt wahrscheinlich die Polizei gerufen. Aber hier geschieht etwas anderes, was mich angenehm überrascht und warum ich Spanien manchmal richtig liebe. Einer der Fahrer bringt sofort Brot und Wurst. Einem anderen fällt ein, dass er ja kein Schweinefleisch esse und er bringt eine Dose Thunfisch. Langsam weicht die panische Angst aus Abdillahs Augen. Er ist ein »Haraga«, aber kein »Sans-papiers«. Aus seiner zerfetzten schwarzen Hose zieht er ein abgegriffenes Portemonnaie hervor und daraus eine zerfledderte Bescheinigung, die seinen Namen und sein Geburtsdatum zeigen: Demnach ist er erst fünfzehn Jahre alt.

Der rumänische Fahrer nimmt ihn mit zu seinem Wagen. Wie viele Fahrer hat er außen hinter der Kabine einen großen Wasserkanister befestigt. Dort kann sich der Junge Hände und Gesicht waschen. Jetzt kommt auch der Wirt dazu, und ich überlege gerade, ob er nun die Polizei rufen wird oder das vielleicht schon getan hat. Aber nachdem er die Situation erfasst hat, reagiert er ganz anders. Er fordert die ganze Belegschaft auf, wieder hineinzugehen. Es ist kalt hier in den Pyrenäen, außerdem kann der Parkplatz von vorbeifahrenden Autofahrern eingesehen werden. Alle gehen wild durcheinanderredend wieder in die Kneipe, allen voran der Wirt

Ein Marokkaner in »Alaska«: Willkommensparty in der baskischen Truckerkneipe

mit seinem neuen Gast. Er bietet ihm Paella an und eine warme Dusche. Ich schenke dem Jungen ein neues T-Shirt in knallorange, andere Fahrer folgen dem Beispiel und schleppen eine Grundausstattung an sauberen, hellen Klamotten an. Vor allem, damit er nicht sofort als Haraga erkennbar ist.

Der Wirt geht telefonieren, aber statt der Polizei ruft er zwei Marokkaner an, die seit Jahren in der Nähe leben, die dann auch alsbald kommen. In der Zwischenzeit stehen alle an der Theke und überlegen gemeinsam, wohin der Junge denn nun am besten gehen soll. Er selbst kennt nur Valencia vom Hörensagen, dorthin hatten es anscheinend einige Kumpel geschafft. Es ist seine einzige und zugleich ziemlich vage Anlaufstelle. Die Fahrer erklären ihm, dass es besser sei, nach Bilbao zu gehen. Bis Valencia sei es weit, er würde bestimmt bis dahin entdeckt und abgeschoben. Bilbao sei nicht nur viel näher, da gebe es auch mehr Arbeit und weniger Haraga-Konkurrenz auf dem grauen Arbeitsmarkt. Ein anderer Fahrer sagt, Vitoria sei noch besser, weil nicht nur noch näher, sondern auch liberaler im Umgang mit minderjährigen Haragas, dort würde Abdillah mit Sicherheit nicht wieder zurückgeschickt. Der Junge ist nun satt, frisch geduscht, aufgewärmt, todmüde, überwältigt von all den Eindrücken, aber vor allem überglücklich, weil er es anscheinend geschafft hatte. Er strahlt über das ganze Gesicht und hätte er keine Ohren, dann würde er im Kreis lachen. Der Tag unter dem Lkw war der letzte Tag des Ramadans gewesen – bei Sonnenuntergang hat für Abdillah das Zuckerfest begonnen.

Einige Wochen nach dieser Nacht gibt es einen ähnlichen Vorfall keine hundert Kilometer weiter. Kurz hinter der spanischen Grenze, bei Biarritz, entdeckt die französische Polizei einen marokkanischen Jugendlichen unter dem Auflieger eines aus Marokko kommenden Trucks. Der Fahrer bekommt eine Menge Ärger, der Vorfall wird durch Nachrichtenagenturen in ganz Europa zur Zeitungsmeldung. Da hatten Abdillah und ich mehr Glück …

Donnerstagmorgen, 9.30 Uhr

Ein unfreundlicher Tagesanfang – exotische Querverbindungen – Langeweile unter Zeitdruck – attention douane!

Ich werde durch einen telefonischen Rüffel und die mir so bekannte Vorwurfshaltung geweckt: »Wieso stehst du noch, wieso fährst du nicht?« Ich verfluche meine Chefs innerlich, immerhin bin ich gestern laut Fahrtenschreiber neun Stunden und 57 Minuten gefahren und stehe erst seit siebeneinhalb Stunden. Äußerlich ganz ruhig weise ich auf die gültigen Arbeitszeitbestimmungen hin und bedanke mich sarkastisch für das Wecken. Ich beschließe aus Verärgerung, diesmal nicht neun, nicht mal elf, sondern ganze zwölf Stunden Pause zu machen. Sollen sie doch versuchen, mich deswegen rauszuschmeißen, darüber können wir uns ja dann noch streiten.

Um vierzehn Uhr fahre ich also weiter, runter aus den Pyrenäen an die milde Atlantikküste, vorbei an San Sebastián, Biarritz und Bayonne, der Hauptstadt des französischen Teils des Baskenlandes. Eine Stunde hinter Bordeaux und nach einem der dort üblichen dicken Staus gehe ich in dem schon erwähnten Truckerrestaurant an der Ausfahrt Blaye ausgiebig und gut zu Abend essen. Und bin anschließend wieder neidisch auf meine französischen Kollegen, als ich – im Gegensatz zu ihnen – danach in die Nacht hinein weiterfahren muss.

Ich donnere vorbei an Niort und Poitiers und versuche, mir mit spannenden Hörbüchern die endlosen Autobahnkilometer und die schlaflose einsame Nacht zu verkürzen. Anderen mögen meine Touren ja kurzweilig, geradezu spannend und abenteuerlich erscheinen, aber das täuscht. Mittlerweile kenne ich die eintönigen französischen Autobahnen ganz gut, weil ich sie schon so schrecklich oft fahren musste. Zum Plaudern habe ich auch niemanden. Auf den letzten zweihundert Kilometern etwa ist eigentlich gar nichts passiert. Aber das unter Zeitdruck!

Ich möchte es diese Nacht in jedem Fall noch bis hinter Tours schaffen, da an der dortigen Zahlstelle zwar auch manchmal nachts, aber noch sehr viel häufiger tagsüber ausgiebige Kontrollen von Zoll und Polizei auf uns Fernfahrer warten. Diese Zollkontrollen an den Autobahnen sind rabiat geworden, seit es in Frankreich außer an den paar Grenzübergängen zur Schweiz keine Kontrollen mehr an irgendwelchen Außengrenzen gibt. Die hierdurch freigesetzten Zöllner konnten sich ihre Arbeitsplätze dennoch erhalten, da gesetzlich durchgebracht wurde, dass diese Kontrollen stattdessen einfach überall und irgendwo im Landesinneren auf den Autobahnen stattfinden können. Mit größter Vorliebe stehen die Zöllner auf den Strecken von Süd nach Nord und machen Jagd auf Trucks, die aus Marokko kommen. Wenn sie mich anhalten, gratuliere ich ihnen immer. Und auf ihre verdutzten Nachfragen erkläre ich dann immer: »Ich habe viele Marokkostempel im Pass, ein niederländisches Kennzeichen und rauche selbstgedrehte Zigaretten. Möchten Sie erst die Papiere sehen oder lieber gleich die Kabine kontrollieren?« Manchmal lachen sie dann zwar, aber kontrollieren tun sie in jedem Fall, und wieder mal durchwühlen fremde Hände mein Bett und meine Dreckwäsche.

Diesmal stehen sie nicht an der Zahlstelle. Hinter Tours fahre ich nicht weiter Richtung Paris, sondern biege links ab in Richtung Le Mans und Rouen. Ich mag diese Querverbindungen abseits der Hauptrouten, denn sie verschlagen mich oft in Gegenden, in die ich sonst nie käme. Im zentralisierten Frankreich haben zudem die wenigen Autobahnen, die nicht nach Paris führen, wesentlich weniger Verkehr. Nachts bin ich hier oft über viele Kilometer der Einzige weit und breit.

Freitagmorgen, 7.40 Uhr

Aller schlechten Dinge sind drei – die Knarre in der Konfektionsware – Heartbeat Control – wie Trucker duschen –Feierabend mit Meeresrauschen

Dummerweise liebt auch der französische Zoll diese Querverbindungen. Denn wer nicht nach Paris fährt oder von dort kommt, ist mit höherer Wahrscheinlichkeit ein Transitreisender, womöglich sogar ein Ausländer und womöglich sogar aus Marokko. Für einen französischen Zöllner ist das wie ein Jackpot.

Das energische und andauernde Klopfen an die Fahrertür weckt mich aus tiefsten Träumen. Ich versuche, meine Gedanken zu sortieren. Das können nicht wie gestern Morgen die unverschämten Chefs aus den Niederlanden sein. Die klopfen nicht, die rufen an oder lassen das Nachrichtengerät piepsen. Also muss es jemand anderes sein. Sind es Ganoven? Kollegen in Not? Ich schiebe vorsichtig den Vorhang beiseite und beginne den Tag genau wie gestern mit einem heftigen innerlichen Fluch. Ich sehe zahlreiche Uniformen und mehrere blaue Autos mit der Aufschrift »douane«. So eine Frechheit! Da weckt mich diese Dreckszollkontrolle aus dem Tiefschlaf! Ich vermute mal, bei einem französischen Lkw würden sie das nicht machen, in Deutschland dürften sie das gar nicht erst. Vielleicht ist es hier auch so, aber zum einen weiß ich es nicht und zum anderen ist das sowieso egal, sie machen es eben.

Ich springe schnell in meine Hose und barfuß in die Schuhe und steige aus. Ich fühle mich so verschlafen und zerzaust, wie ich vermutlich auch aussehe. Ich frage die etwa zwanzig Beamten, was sie wollen, was das solle und ob sie meine Pause nicht respektieren könnten. Aber die Damen und Herren sind unerbittlich und verlangen humorlos die Papiere. Außerdem soll ich mit nach hinten kommen, sie wollen die Ladung kontrollieren. Auf meinen Verweis auf die Plombe antworten sie, ich bekäme eine neue, und das würde auch in den Dokumenten vermerkt.

Einer geht mit einem Drogenhund immer wieder um und unter den Lkw. Sowohl Herkunftsland der Ware als auch des Fahrzeugs passen schließlich in alle möglichen Zollfeindbilder. Gleich zu viert krabbeln sie unter den hängenden Röcken, Hosen und Mänteln hindurch. Sie sind freundlich und korrekt, aber es scheint ihnen wichtig, nicht ein einziges Mal zu lächeln. Freundlich korrekt sind sie auch nur, weil ich französisch spreche, das mögen französische Offizielle immer. Dennoch lassen sie ab und zu ansatzweise durchblicken, dass sie auch ganz anders könnten. Ich würde gerne auf die Toilette gehen, das verbieten die doch tatsächlich! Einer sagt noch, bis eben hätte ich ja auch geschlafen, da brauche ich das ja anscheinend nicht. Ich »darf« einen Meter weiter in die Büsche gehen.

Die Kontrolle dauert fast eine Stunde. Von meiner Schlafzeit! Nach der Situation bei dem Röntgenscanner in Tanger vor einigen Tagen und der Situation an der Hotelbar in Marbella vor gut einer Woche ist das nun die dritte Situation in einer Woche, wo mir gezeigt wird, welche gesellschaftliche Geringschätzung wir Trucker genießen. Bei einem Wohnmobil mit französischen Touristen hätte sich auch in Frankreich sicherlich kein Zöllner getraut, die ganz große Routinekontrollle durchzuführen. Die Zöllner gehen selbstverständlich ohne jedes Wort der Entschuldigung. Sie sagen »Au revoir«, ich zische ihnen ein »Nein, Danke!« hinterher.

Nach den Buchstaben des Gesetzes habe ich diese Stunde gearbeitet, also die Pause unterbrochen. Eigentlich müsste ich jetzt weitere neun Stunden Pause am Stück machen. Und eigentlich wäre das auch sinnvoll. Ich bin eben nicht ausgeschlafen. Aber in einer Dreiviertelstunde sind die auf dem Fahrtenschreiber angezeigten neun Stunden Pause um, und nur das zählt. Ich vermute, jeder Fernfahrer würde hier gegen das Gesetz verstoßen und jeder Disponent oder Chef würde das auch so verlangen.

Ich trinke in der verbleibenden Zeit viel schwarzen Kaffee und nehme mir vor, mir durch diesen Tagesanfang nicht die Laune verderben zu lassen. Doch es kommt noch dicker.

Nach eineinhalb Stunden Fahrt halte ich kurz an einer Raststätte, um mir einen weiteren Kaffee aus dem Automaten zu ziehen, den brauche ich dringend. Raststättenkaffee ist in Frankreich wesentlich erschwinglicher als in Deutschland. Da kommen schon wieder Zöllner auf mich zu. Ich soll von der Tankstelle auf den Parkplatz fahren, was ich eigentlich gar nicht vorhatte. Dort kontrollieren sie als erstes die Papiere, das ist ein Reflex (oder sollte ich sagen Komplex?) bei allen Uniformierten in Europa. Dabei sehen sie die Stempel der Kontrolle vor 120 Kilometern, und ich darf schon nach zehn Minuten weiterfahren.

Die Zollkontrollen an der Autobahn sind, wie gesagt, recht häufig in Frankreich. Mir passiert so etwas durchschnittlich spätestens jede dritte oder vierte Tour in diesem Land. Aber zwei an einem Tag hatte ich lange nicht mehr. Doch damit nicht genug. Hundert Kilometer weiter, kurz nach Rouen, zieht mich ein blaues Auto der Gendarmerie von der Autobahn auf einen riesigen Parkplatz. Die große Kontrolle von heute früh war ein Witz gegen das, was sie hier aufgefahren haben. Gendarmerie und Zoll, Hunde, einen Röntgenscanner, zahlreiche Streifenwagen, sogar ein großer Mannschaftsbus.

Als erstes werden wie üblich die Papiere kontrolliert. Mein Hinweis auf die beiden vorangegangenen Kontrollen perlt an den Beamten ab – sie sagen, da sei ja kein Röntgenscanner dabeigewesen. Als nächstes wird die Kabine kontrolliert, und dann muss ich warten. Da muss man anstehen, um sich kontrollieren zu lassen, was für ein beknackter Tag! Aber nachdem irgendwann endlich die Röntgenkontrolle geschafft ist, geht der Spaß erst richtig los. Die Auswertung findet in dem Röntgen-Lkw statt. Immer wieder gehen die Beamten dort an den Computer und dann zu meinem Truck. Es stellt sich heraus, dass sie auf ihrem Röntgenbild einen Karton ganz links vorne unten nicht genau erkennen können. Letztlich krabbeln tatsächlich zwei Uniformierte wieder durch die Wäsche und stellen nach nur einer Viertelstunde fest, dass in dem Karton Socken sind.

Doch damit nicht genug. Der Wagen wird wieder verschlossen und verplombt, Stempel in die Dokumente – und dann fällt einem Beamten auf, dass er bei der Aktion vorhin wohl seine Dienstwaffe im Auflieger verloren hat. Das darf doch nicht wahr sein! Die Suche gestaltet sich etwas langwierig, und als ich langsam ungeduldig werde, sagt mir der Oberbeamte, ich solle doch froh sein, dass ihnen der Verlust der Dienstwaffe aufgefallen sei, denn wenn sie erst beim Abladen in Wales gefunden würde, bekäme ich wohl größere Schwierigkeiten …

Alles in allem dauert diese dritte Kontrolle (an einem Tag!) mehr als zwei Stunden. Es ist absehbar, dass das ein langer Tag werden wird. Die restliche Strecke bis Calais schaffe ich ohne weitere Kontrollen. Man fährt durch eine wunderschöne, meistens sehr stürmische Landschaft. Die letzten zwei Stunden vor Calais sollte man besser keine Pause mehr machen, denn auf den Parkplätzen und Autobahnraststätten warten sie wieder auf Leute wie mich: die Haragas. Sie wollen nach England, um dort Arbeit zu finden. Ich weiß nicht, wie die französischen Zöllner bei den drei Kontrollen reagiert hätten, wenn sie »meinen« Haraga im Reservereifen gefunden hätten. Aber ich glaube, ich will das auch lieber gar nicht wissen. Die Briten sind in diesem Punkt jedenfalls völlig humorlos. In Algeciras haftet die Fährgesellschaft, falls mal ein Haraga erwischt wird. In Großbritannien ist stattdessen der Fahrer dran. Es droht sofortige Untersuchungshaft. Und nur, wenn der Fahrer zweifelsfrei nachweisen kann, dass er von dem Flüchtling nichts gewusst hat, kommt er nach ein paar Tagen wieder frei, aber ihm werden in jedem Fall und für jeden Flüchtling zweitausend Euro abgeknöpft, das kann der beste Anwalt nicht verhindern.

In Calais am Fähranleger geht es sehr viel geordneter und zivilisierter zu als in Algeciras oder Tanger. Erst kommt die Passkontrolle, dann wird jedes Fahrzeug einzeln in eine Halle gelotst, vorne und hinten werden die Türen geschlossen: Hier findet die »Heartbeat Control« statt. Jeder Fahrer muss aussteigen, dann werden Sensoren vorne, in der Mitte und am hinteren Ende des Trucks angebracht und eine komplizierte Technik lauscht nach versteckten Herztönen in dem Fahrzeug. Diese Technik habe ich lediglich in Frankreich gesehen, sie ersetzt hier den Röntgenscanner, der durch die französische Atomaufsichtsbehörde verboten wurde – Röntgenscanner dürfen nur zum Aufspüren (verbotener) Waren genutzt werden, nicht jedoch, um blinde Passagiere zu finden. Denn dann würden diese durch die Röntgenstrahlen einer erheblichen Gesundheitsgefährdung ausgesetzt. In anderen Ländern interessiert das nicht oder gilt als gerechte Strafe für illegale Migration.

Danach folgen das Einchecken für die Fähren, französischer und britischer Zoll, und dann heißt es wieder einmal Warten. Wie lange, das steht bereits auf der Bordkarte, die man beim Einchecken erhält, heute sind es mutmaßlich dreieinhalb Stunden. Es ist viel los hier am Fährhafen, weil der Eurotunnel mal wieder wegen irgendeiner Panne für ein paar Tage geschlossen ist.

Meine Schichtzeit ist bereits weit überschritten, aber da der Wagen bei den Kontrollen und der Wartezeit im Hafen ja gestanden hat, fällt das kaum auf. Früher konnten Trucker auf den Fähren gratis speisen. Das Fährticket selbst ist ja schon teuer genug. (Wie viel die Speditionen für die Fähre zahlen, wissen wir Fahrer nie. Eine einzelne einfache Fahrt würde über 600 Euro kosten, aber Vielfahrer erhalten einen erheblichen Mengenrabatt). Heute bekommen wir nur noch fünfzig Prozent Rabatt auf die britischen Preise, das Essen ist damit aber noch teuer genug.

Umsonst gibt es dafür gleich einen ersten Vorgeschmack auf die britische Küche. Meiner Meinung nach ist sie noch schlechter als ihr ohnehin schon schlechter Ruf. Ich bestelle meistens ein Steak, da kann man nicht so viel falsch machen. Außerdem kann jeder in diesem Land schnell herausfinden, wieso hier das Teetrinken so beliebt und verbreitet ist: Man muss nur ihren Kaffee probieren! Dagegen ist das schwarze Wasser, das man auf deutschen Autobahnraststätten als Filterkaffee verkauft bekommt, eine Delikatesse.

Auf den Fähren duschen wir Fahrer gerne, denn es kostet hier nichts, und man »verliert« keine Zeit. Bei unserem Zeitdruck ist das ein besonders wichtiges Argument. Es gibt hier drei Fähren. Auf zwei von denen sind die Duschen eine Unverschämtheit, auf der dritten sind sie besonders gut. Die unverschämten Duschen bestehen aus einer ganz kleinen Kabine, haben keinen Stuhl, keinen Haken, um die Sachen aufzuhängen, nicht mal einen trockenen Platz für die Schuhe. Ich wünsche mir jedes Mal, dass die Chefs der Fährgesellschaften sowie diejenigen, die diese Fahrerduschen verbrochen haben, einmal gezwungen werden, für zwei Wochen aus-

Wahrer Luxus: Meeresrauschen statt Straßenlärm zum Einschlafen und Aufwachen

schließlich diese Duschen zu nutzen. Mit absoluter Sicherheit würden sie dann andere Lösungen finden. Auf der dritten Fähre haben sie die ehemaligen Passagierkabinen stillgelegt, man hat den ganzen leeren Raum mitsamt einem Stuhl und angrenzender Nasszelle für sich allein. Da hat wohl aus Versehen jemand mitgedacht! Bei starkem Seegang zu duschen ist übrigens eine lustige Erfahrung.

Irgendwann lange nach Mitternacht kommt die Fähre in Dover an. Ich muss nach der erneuten Passkontrolle nun zum britischen Einfuhrzoll. Der Zollparkplatz dort ist frech teuer, aber das liegt eher daran, dass Großbritannien insgesamt für uns alles andere als günstig ist. Am hinteren linken Ende des asphaltieren Parkplatzes kann man durch eine etwas versteckt gelegene Durchfahrt auf einen Schotterplatz fahren. Wenn man dort bis an die hintere Mauer fährt, kann man aus der erhöhten Fahrerkabine über die Mauer direkt auf den Strand und das Meer sehen.

Ich gebe die Papiere beim Zollspediteur ab und habe Feierabend für heute. Ganz in der Nähe liegt die Kneipe The Cinque Port Arms, meine Lieblingskneipe in England. Sie befindet sich in einem über fünfhundert Jahre alten Haus, seit über 250 Jahren ist es bereits eine Kneipe. Bei den Stammgästen am Tresen bekommt man den Eindruck, die sitzen seit der Eröffnung hier. Da ich heute Feierabend machen darf, kann ich mir in dieser urigen Kneipe auch ein Bierchen genehmigen. Willkommen auf der Insel!

Samstagvormittag, zehn Uhr

Loblied auf die britischen Autofahrer – »London Orbital« und die Talkradios – »Croeso i Gymru« – der truckerfreundlichste Pförtner der Welt – Parkplatzsuche auf Britisch – warten auf Klaus Kinski

Der Spediteur hat über Nacht gut gearbeitet. Ich bekomme die aufgearbeiteten Papiere und muss nur noch kurz rüber zum Zoll. Dort bekomme ich die wichtigen Stempel, nachdem ich etwa zwanzig Euro für den Parkplatz bezahlt habe. Also auf nach London! Samstagmittag ist eine gute Zeit, sich an dieser riesigen Stadt vorbeizumogeln. Von Dover aus gibt es zwei Autobahnen nach London, die A2 und die M20. Da die A2 auf den ersten zehn Kilometern nur Landstraße und keine Autobahn ist, nimmt die Mehrheit der Trucks die M20 – ich mache natürlich genau das Gegenteil. So habe ich bis kurz vor London relativ wenig Verkehr.

Von all den Ländern, die ich mit dem Truck bereist habe, erscheint mir Großbritannien immer wieder als das exotischste. Die Menschen machen hier Sachen, die ich nicht verstehen kann. Zum Beispiel laufen viele von ihnen im tiefsten Winter bei Schnee, Eis oder kaltem Regen in T-Shirts und kurzen Hosen herum. In ihren Autos wiederum sitzen viele mit Warnweste am Steuer, ich vermute, manche von ihnen kommen damit schon zur Welt. Es gibt Sportarten, die kein Nicht-Brite versteht, und sie haben sehr merkwürdige Vorstellungen davon, welche Speisen lecker sind.

In einem Punkt aber ist dieses Land das mit Abstand angenehmste in ganz Europa, wenn nicht gar weltweit: beim Straßenverkehr. Trotz hoher Verkehrsdichte kommt es praktisch nie zu Reibereien. Jeder lässt einen vor, man wartet aufeinander, das Reißverschlusssystem funktioniert perfekt, und niemand hupt oder schimpft, wenn man sich aus Ortsunkenntnis mal einen Fehler leistet. Ein Kollege berichtete mir, er habe morgens mit verschlafenem Kopf mal vergessen, wo er sei und sei falsch herum in einen Kreisverkehr gefahren. Alle anderen Verkehrsteilnehmer warteten daraufhin vor der Einfahrt in den Kreisverkehr geduldig, bis der Kollege sich aus dieser misslichen Situation befreit und den Kreisverkehr wieder verlassen hatte. In jedem anderen europäischen Land hätte das zu großem Chaos und übelsten Beschimpfungen geführt.

Der Linksverkehr ist übrigens gar nicht so schwer, man gewöhnt sich relativ schnell daran. Es gibt aber einige wenige Verkehrssituationen, wo man höllisch aufpassen muss. Wenn man von Autobahnparkplätzen mit ganz kurzer Beschleunigungsspur wieder auf die Autobahn muss, ist das mit einem Truck ohne Assistenz durch einen Beifahrer kaum möglich, da man die von rechts hinten herankommenden Autos kaum sehen kann. Daher empfiehlt es sich für Trucker, lediglich die großen Raststätten mit den langen Ein- und Ausfädelungsstreifen anzufahren, sonst hat man ein Problem. Eine weitere Schwierigkeit entsteht, wenn man – wie der oben erwähnte Kollege – morgens losfährt und mit verschlafenem Kopf vergisst, wo man ist. Und die dritte, vielleicht gefährlichste Verkehrssituation erlebe ich immer wieder, wenn ich als Fußgänger nach Feierabend unterwegs bin und beim Überqueren einer Straße zuerst automatisch in die »falsche« Richtung gucke.

Nach einer Stunde erreiche ich die Umgehungsautobahn von London, sie trägt den beschönigenden Namen »London Orbital«. Hier ist zwar rund um die Uhr Verkehr, aber da die Menschen so diszipliniert und sozial fahren, entstehen selten Staus. Außer, wenn es schneit, dann bricht alles zusammen. Aber heute gibt es hier nur den üblichen Londoner Regen. Immerhin fahre ich mal tagsüber hier entlang. Die letzten Touren von Dover nach Wales war ich immer nachts unterwegs, habe den Tag vor dem Werkstor verschlafen und bin in der folgenden Nacht zurückgefahren.

Auf der Umgehungsautobahn höre ich immer die Londoner Talkradios. Nichts ist zu skurril, als dass es nicht Gegenstand eines Radiotalks werden könnte. Am liebsten fahre ich hier am Wochenende abends lang, da läuft auf dem größten Londoner Talkradiosender »LBC 97.3 FM« immer eine Sendung mit dem Titel »Sex in the city«. Ich liebe ja Sachen, die so schlecht sind, dass sie schon wieder gut sind, und das gehört eindeutig dazu. Moderator Jim Davis und »sexologist« Susan Quilliam sind live im Studio und sprechen mit Hörern über deren Fragen wie etwa: »Mein Freund trägt Damenwäsche, ist er jetzt schwul?« Oder: »Welchen Dildo sollte ich am besten kaufen?« Oder: »Ist Sex nicht Sünde?« Und auf alles wissen die beiden eine diskrete Antwort – einfach hinreißend! Mit den Talkradios vergehen die ein bis zwei Stunden um London herum wie im Flug, und man bekommt ein wenig von diesem fremden Land mit. Heute vor einer Woche war ich im Slum in Casablanca, jetzt läuft ein ziemlich anderer Film!

Westlich von London wird die Gegend einsamer und die Autobahn leerer. Irgendwann kommt Swindon, die Stadt der Kreisverkehre. Hier gibt es auch den »magic roundabout«, den größten Kreisverkehr der Welt. Er besteht aus fünf kleineren Kreisverkehren, die um einen großen zentralen Kreisverkehr angeordnet sind. So etwas Verrücktes kann es nur hier geben. Ich zockle gemütlich weiter Richtung Bristol. Warum können sie nicht überall so fahren? In den USA habe ich das auch erlebt. Auf dem europäischen Kontinent hingegen ist es anders, und je südlicher und östlicher man kommt, umso unangenehmer wird es. Jeder meint, er könne cleverer sein als die anderen, schneller oder einfach nur machthungriger. Dadurch kommen alle später ans Ziel, und der Verkehr ist viel anstrengender und gefährlicher.

Nach Bristol fährt man über die eineinhalb Kilometer lange Severn-Bridge, hier verläuft die Grenze zwischen England und Wales. Die Erhebung der Brückenmaut ist auf eine witzige Art und Weise sehr pragmatisch geregelt: Man zahlt nur auf der Fahrt in Richtung Wales, von der anderen Seite her hat man freie Durchfahrt. Die Verkehrsplaner haben vermutlich ausgerechnet, dass 99 Prozent aller Fahrzeuge auch hier entlang zurückfahren werden, egal ob sie aus Wales oder England kommen.

»Croeso i Gymru!« Das heißt: Willkommen in Wales. Hier sind viele Aufschriften und Hinweisschilder zweisprachig, auf Englisch und Cymraeg, also walisisch. Die walisische Sprache ist keine anachronistische Folklore, sondern weit verbreitet. Das Kennzeichnende an dieser Sprache ist (wie beim Ungarischen): Man versteht absolut kein Wort! Die Wörter sind vielmehr Wortungeheuer, sehr häufig kommt das y vor. In diesem Sprachraum gibt es auch den längsten Ortsnamen der Welt: Llanfairpwllgwyngyllgogerychwyrndrobwllllantysiliogogogoch. Und weil das nun wirklich zu lang ist, kürzen die Waliser diesen Ortsnamen liebevoll ab, der Ort heißt im Volksmund »schlicht«: Llanfairpwllgwyngyll.

Aber von der Sprache brauche ich kein Wort zu lernen, denn alles steht auch auf Englisch dort. Über Newport, Cardiff und Swansea fahre ich in Richtung Carmarthen. Zum Glück kenne ich den Kunden, denn in meinem Navigationssystem existiert dieses Industriegebiet leider nicht. Irgendwann nachmittags komme ich bei Dewhirst in Capel Hendre an. Bei dieser Ausladestelle gibt es etwas für Trucker Einmaliges. Egal zu welcher Tages- oder Nachtzeit man ankommt, man darf den Auflieger an die Rampe setzen, absatteln und danach auf einem ruhigen Parkplatz geruhsam Pause machen. Der Pförtner steht mit einer Taschenlampe daneben, geht zur Not auch zur Hand, weist einen ein, nimmt die Papiere in Verwahrung und bringt sie morgens zu Arbeitsbeginn ins Büro. Das hört sich banal an, könnte es auch sein, aber in der Realität ist es bei jeder anderen Abladestelle sehr viel unangenehmer geregelt. Wenn es einen Orden gäbe für truckerfreundliche Firmenpolitik, dann würde ihn Dewhirst in Capel Hendre bekommen für die truckerfreundlichsten Pförtner der Welt. Und wenn ich König wäre, würde ich das Preisgeld von einer Million Euro jedes Jahr DHL, Aldi und C&A in Rechnung stellen, jedenfalls so lange, bis sie sich im Interesse der Trucker und der allgemeinen Verkehrssicherheit lernfähig zeigen und genügend Arbeiter anstellen, um sämtliche ankommenden und rausgehenden Lkw selbst zu be- und entladen.

Ich könnte den Trailer sofort tauschen und dürfte sogar noch zwei Stunden in Richtung Holland fahren, aber das hat kaum Sinn. Montag früh soll ich in Ramsgate laden, diese Nachricht kam über Satellit. Wenn ich in zwei Stunden Pause machen muss, dann wohl oder übel an einer Autobahnraststätte. Und das kostet in England mindestens zwanzig Pfund und gibt Ärger vom Chef, wenn nicht gar einen Gehaltsabzug. Ja, für Trucks kosten Autobahnraststätten hier jede Menge Parkgebühren, wenn man länger als eine Stunde stehenbleibt. Und die Bezahlung ist auf die britische Art geregelt: Man muss von sich aus in der Raststätte löhnen. Tut man das nicht und wird erwischt, gibt es für den Truck eine Parkkralle, und man wird das Vielfache los. Ohne Ortskenntnisse kann man auch kaum andere Parkmöglichkeiten finden, nicht mal in Industriegebieten in Autobahnnähe. Fast überall sind die Bordsteinkanten gelb angemalt, was hier so viel heißt wie Parkverbot. Mein Lieblingskollege Martin musste mal an einer solchen Zone entladen. Die Polizei kassierte von ihm fünfzig Pfund, und die Chefs verweigerten die Erstattung.

Also mache ich hier meine Pause, immerhin haben wir Samstagnachmittag. Die Gegend ist dermaßen am Ärmel der Welt, hier gibt es nicht mal einen Pub in der Nähe. Aber ich liebe diese absolute Ruhe und fühle mich sehr wohl. Obwohl ich die Male, die ich hier war, nicht mehr an einer Hand abzählen kann, weiß ich absolut nichts von Wales, außer dass es abgelegen und ländlich ist und die Not anscheinend so groß, dass die Leute hier bereit sind, für einen Apfel und ein Ei in der Textilindustrie zu arbeiten. Abends legt sich Nebel über Feld, Wald und Wiesen und quasi wie für das Klischee bestellt ruft ein Käuzchen. Jeden Moment erwarte ich, dass das Bild nun in schwarz-weiß umspringt und Klaus Kinski um die Ecke kommt.

Sonntagvormittag, nach dem Ausschlafen

»Mein« Auflieger bei Google Earth – Luxusduschen an britischen Autobahnen – truckerfreundliche Legislative und Exekutive – Ramsgate Croquet Club

Die letzten vierzehn Stunden waren wie Urlaub: keine Hektik, kein Lärm, kein Verkehr. Allerdings auch: kein Zuhause, keine Freunde, kein Wochenende. Die Ansprüche sinken in diesem Beruf. Andere haben seit vorgestern Abend frei, und ich habe schon fast ein schlechtes Gewissen wegen der vierzehn Stunden Pause.

Wie immer tausche ich hier den Auflieger, ein leerer Trailer wartet immer an der gleichen Stelle im Hof auf mich. Man kann den sogar bei Google Earth sehen. Also Katzenwäsche, einen schnellen Kaffee und aufsatteln. Die Stangen, an denen die Ware hing, liegen auf dem Boden des leeren Aufliegers herum. Eigentlich sollten die Arbeiter sie wieder in die oberste Reihe einhängen, aber das machen die hier nie. Also darf ich den Sonntag mit einer Stunde Schufterei beginnen. Es gibt keine Stehleiter, ich balanciere auf zwei leeren Paletten und einem umgedrehten Eimer herum. Wenn das die deutsche Berufsgenossenschaft sähe, bekäme sie sogar an Werktagen nervöse Anwandlungen. Wenn ich einen Auflieger bei uns in der Spedition abstelle, bei dem die Stangen auf dem Boden liegen, dann bekomme ich fünfzig Euro Gehaltsabzug.

Nassgeschwitzt mache ich mich auf den Rückweg. Die Autobahnraststätten sind zwar sehr teuer, was Parken und Einkaufen betrifft, aber dafür haben sie auch einiges zu bieten. An jeder Raststätte gibt es sehr saubere und sehr komfortable Duschen, und das »for free«. Auch Parkplatzsorgen kennt man hier nicht – kein Wunder bei den Preisen! Hier stehen nur ein paar Ausländer länger, wer sich auskennt, findet woanders einen Unterschlupf. Wenn man sich von den britischen Preisen und den merkwürdigen Speisen nicht abhalten lässt und etwas einkauft, ist es für Deutsche immer wieder eine Überraschung, wie freundlich Verkaufspersonal in anderen Ländern sein kann, sogar an Autobahnraststätten.

In Großbritannien gibt es kein Sonntagsfahrverbot. Es gibt überhaupt recht wenige Einschränkungen für Brummis, wenn man mal von der Schwierigkeit absieht, einen erschwinglichen Parkplatz zu finden. Es gibt kaum Lkw-Überholverbote, bis vor kurzem gab es nicht einmal eine Spezialpolizei für Trucks. Viele Reglementierungen sind hier ersetzt durch die kollektive Intelligenz und soziale Kompetenz aller Verkehrsteilnehmer.

Wegen des Sonntags ist heute recht wenig Verkehr, und ich komme gut durch. In Ramsgate muss ich morgen früh Autowracks laden. Das ist einer dieser Transporte, bei denen man sich als Fahrer nicht die Sinnfrage stellen sollte. Aus irgendwelchen rechtlichen Gründen scheint es ein gutes Geschäft zu sein, jede Menge Schrottautos von England in die Niederlande zu transportieren. Solange sich so etwas lohnt, wirkt jedes Geplapper von Politikern über Umweltverträglichkeit, Nachhaltigkeit oder Kyoto-Protokoll wie Lug und Betrug.

Irgendwann nachmittags komme ich in Ramsgate an. An der Ladestelle kann ich nicht parken. Bisher bin ich dann immer zum Fähranleger gefahren, dort konnte man wunderbar gratis parken inklusive Strand und Meeresrauschen. Anscheinend haben sich da jedoch zu viele Kollegen daneben benommen und Müll aus dem Fenster geworfen. Anders kann ich es mir nicht erklären, dass das Parken hier jetzt verboten ist, obwohl jede Menge Platz vorhanden ist. Also fahre ich in den Ort Ramsgate und parke direkt vor dem Croquet Club. Drei alte Damen in weißer Croquet-Kleidung sind ganz vertieft in das Spiel. Ich gehe in den Ortskern und versuche, ein erschwingliches, möglichst unbritisches Abendessen zu finden. Hier am südöstlichsten Ende Englands geht es sehr geruhsam zu, ich kann verstehen, wieso das eine hierzulande beliebte Urlaubsgegend ist.

Montagmorgen, 7.30 Uhr

Crazy security – Schrott für Holland – Bobbies achten auf Sozialverhalten – geschlafen wird am Monatsende

Ungefrühstückt fahre ich zum größten Autofriedhof, den ich je gesehen habe. Es warten bereits jede Menge osteuropäischer und niederländischer Lkw und Kleintransporter mit abenteuerlichen Anhängern auf die Beladung mit den Autowracks. In Großbritannien gibt es nach meinem Eindruck die meisten und auch die unsinnigsten Sicherheitsbestimmungen. An vielen Ladestellen wäre die Liste dessen, was *nicht* verboten ist, kürzer als die Verbotsliste. Man bekommt in diesem Land den Eindruck, dass die Sicherheitsbestimmungen nicht dazu da sind, um die Menschen zu schützen, sondern dass die Menschen nur dafür existieren, um so viele Sicherheitsbestimmungen wie möglich einhalten zu können. Ich war öfters zum Ausladen bei einer Spedition in Leicester, dort ist es beispielsweise verboten, im geschlossenen Führerhaus etwas zu essen oder zu rauchen. Bei manchen Ladestellen muss man, wenn man warten muss, sogar im eigenen Fahrzeug die Sicherheitsweste tragen. Es gibt hier wirklich die absurdesten Vorschriften. Sie sind ja auch schnell von den Chefs erlassen, das kostet sie nur einen Federstrich, und die Arbeiter nehmen es anscheinend widerspruchslos hin. Man sieht in Firmen zum Beispiel Leute mit Schutzhelm und Warnweste, aber mit offenen Schlappen. Oder umgekehrt: mit Sicherheitsschuhen und Warnweste, aber ohne Helm, obwohl genau das eigentlich nötig wäre. Die Warnweste ist jedenfalls immer dabei. Auf diesem Schrottplatz weigern sich die Arbeiter, meinen Wagen zu beladen, wenn ich diese alberne Weste nicht trage. Ich kann sie hier gleich kaufen, das Geld bekomme ich vom Chef natürlich nicht erstattet.

Ein zum Stapler umgebauter Trecker schiebt mir drei Autowracks auf den Auflieger. Um die Ladung zu sichern, muss ich über die Schrotthaufen klettern. Einer ist ausgebrannt, und ich bin ganz schnell überall schwarz eingefärbt, zudem tropft Altöl aus den Kisten. Ich mag diese Ladung nicht, zumal sie mir total sinnlos erscheint.

Von Ramsgate bis Dover ist es nur ein Katzensprung. Da heute Wochenanfang ist, ist in Dover jede Menge los. Mir tun die Menschen hier leid. Der ganze Ort ist verstopft mit qualmenden, stinkenden Lkw. Und die Menschen profitieren null davon, denn alle sind ja nur im Transit vom oder aufs Festland, die meisten kaufen hier nicht mal ein Würstchen. Da der Großteil der Brummis aus dem Ausland kommt, fängt die Drängelei wieder an. Aber da gibt es in Dover ein lustiges Phänomen. Immer mal wieder meinen ein paar Idioten, dass sie cleverer sind als alle anderen, scheren aus und wollen sich bis ganz nach vorne vordrängeln. Da steht dann jedoch oftmals die Polizei. Zur großen Freude aller anderen machen sie diesen Rüpeln klar, dass das in diesem Land so nicht läuft, knöpfen ihnen ein Bußgeld ab und schicken sie ganz ans Ende der Schlange zurück.

Nach dem Einchecken für die Fähre muss man weitere zwei Stunden warten. Gegen neunzehn Uhr komme ich in Calais an. Eigentlich kann ich es in der vorgeschriebenen Schichtzeit von fünfzehn

Stunden nicht mehr bis zum Heimathafen schaffen. Seit 7.30 Uhr bin ich im Einsatz, und bis 22.30 Uhr schaffe ich es nicht bis zur Firma, das ist zu knapp. Aber in den Niederlanden gibt es sehr wenige Lkw-Kontrollen, und ich bekomme ja morgen sowieso wieder einen neuen Vacantiebrief. Weil vor Antwerpen mal wieder ein Stau zum Mitmachen einlädt, muss ich noch eine Pause einlegen und komme erst kurz vor Mitternacht an. Wenn es nach Recht und Gesetz ginge, bräuchte ich mich nun auch erst um frühestens neun Uhr im Büro zu melden, aber es ist klar, dass die morgens pünktlich um sieben Uhr mit mir rechnen. Geschlafen wird am Monatsende, und das haben wir jetzt nicht.

Logbuch dritte Tour: Eine Woche Nahverkehr

Dienstagmorgen, sieben Uhr

Fehler im Toll-Collect-System – sieben Tonnen selbst ausladen bei C&A – die arbeitgeberfreundliche Betriebsrätin – eine erschütternde Trampergeschichte

»Nimm dir Auflieger 205 und fahr nach Mönchengladbach-Wickrath! Hier sind die Papiere!« Bei den Papieren liegt der übliche Urlaubsschein. Wenn die Bürohengste mit uns Fahrern sprechen, hat fast jeder Satz ein Ausrufezeichen. Kein kollegiales »Guten Morgen«, kein »Wie geht's?«. Ich frage mich mal wieder, ob das an Holland liegt oder am Speditionsgewerbe. Den Kunden kenne ich jedenfalls, ein großes Zentrallager für Textilien von C&A.

An der deutschen Grenze wird es dank Toll Collect kompliziert. Hätte ich eine Obu (On-Board-Unit von Toll Collect), dann wäre alles ganz einfach, dann würde elektronisch registriert, wo ich langfahre und das Ganze bargeldlos mit dem Chef verrechnet. So aber muss ich kurz vor der Grenze für genau die Strecke zahlen, die ich zu fahren gedenke. Automaten dafür gibt es in den Niederlanden an manchen Autobahntankstellen. In Deutschland wiederum gibt es bis zu »meiner« Abfahrt bei Mönchengladbach keine Autobahnraststätte mehr. Ich kann auf dem Hinweg aber noch nicht das Ticket für die Rückfahrt kaufen, und das ist eines dieser bescheuerten Toll-Collect-Probleme, über die ich mich so besonders ärgere, weil da durch Unfähigkeit oder Schlimmeres künstliche Probleme für den Truckeralltag geschaffen wurden. Im Nachhinein kam heraus, wie krumm dieses Geschäft gelaufen ist.* Dank Toll Collect gehören die deutschen Autobahngebühren zu den höchsten in Europa. Es wäre interessant zu erfahren, wieviel Prozent dieser Milliarden bei Toll Collect selbst hängenbleiben, allein schon für die Hardware ihrer teuren, komplizierten Infrastruktur: Tausende von Automaten an Raststätten, hunderte von Brücken über den Autobahnen für die automatische Erfassung, das will alles erst mal finanziert sein! Die Bundesanstalt für den Güterverkehr kontrolliert täglich mit vielen hundert Fahrzeugen auf den Autobahnen die Lkw und überprüft anhand der Autonummern, ob die auch bezahlt haben. Das bindet natürlich Kräfte, so muss die BAG geschätzte drei Viertel ihrer Kontrollkapazitäten für Toll Collect ver(sch)wenden, dadurch gibt es seitdem wesentlich weniger Kontrollen von Arbeitszeiten, Gewicht und allen anderen die Verkehrssicherheit gefährdenden Verstößen.

Doch zurück zu meinem aktuellen Toll-Collect-Problem. Je kürzer die Strecke ist, desto kleiner wird das Zeitfenster, das mir Toll Collect lässt, um die bezahlte Strecke zu passieren. Verpasst man diese Zeit, behandeln sie einen, als hätte man gar nicht bezahlt. Die 34 Kilometer muss man in sechzig oder 75 Minuten schaffen. Ich weiß aber noch nicht, ob ich in Wickrath warten muss oder was auch immer da auf mich zukommt – daher kann ich die Rückfahrt auf dem Hinweg noch nicht buchen. Wenn man von Innsbruck über Venlo in die Niederlande fährt, gesteht einem Toll Collect für die Durchquerung Deutschlands 36 Stunden zu. An einem Wochenende in der Urlaubszeit kann das wegen des sonntäglichen Fahrverbots und des vielen Verkehrs eng werden.

Heute kann ich tricksen, weil ich die Gegend hier ein wenig kenne. Wenn ich von C&A zurückkomme, werde ich nachher illegal – weil ohne Toll Collect bezahlt zu haben – in die entgegengesetzte Rich-

* In der *Frankfurter Rundschau* vom 22.9.2008 wird der Journalist Sascha Adamek folgendermaßen zitiert: »Wir haben beispielsweise Zeugenaussagen aus dem Bundesverkehrsministerium, dass dort vor der Vergabe für die Lkw-Mautstationen monatelang der Leiter der Konzernstrategie Verkehr von Daimler-Chrysler mit im Ministerium saß. Immer telefonierte er nur über sein Firmen-Handy, nie ließ er Papiere im Ministerium liegen.« Bekanntlich erhielt das Toll-Collect-Konsortium, an dem auch Daimler beteiligt ist, den Zuschlag zu dem Milliardenauftrag.

tung fahren. An der nächsten Ausfahrt kommt ein Autohof, wo ich dann für die 37 Kilometer bis Venlo zahlen kann und darf.

Um neun Uhr komme ich an. Die Frau am Abfertigungsschalter an der Rampe gibt sich größte Mühe, so unfreundlich wie möglich zu sein. Die Unfreundlichkeit trägt sie vor sich her, damit niemand zu ihr unfreundlich ist. Sie eröffnet mir, dass ich selbst ausladen müsse, später käme jemand, der mir zur Hand ginge. »Willst du auf den warten oder gleich anfangen? Das kann aber lang dauern, ich weiß nicht, wann einer frei ist, dir zu helfen.« Daraufhin bin ich erstmal Kaffee trinken gegangen, in fünf Minuten Fußweg gibt es einen Imbiss.

Als ich zurückkomme, passieren mehrere Sachen gleichzeitig: Die unfreundliche Frau hatte einen Vorgesetzten herbeitelefoniert, der auf mich einredet. Meine Chefin ruft aus Holland an und macht mich zur Schnecke, was mir denn einfiele. Natürlich müsse ich selbst ausladen, das stünde so im Arbeitsvertrag und im Tarifvertrag und überhaupt. Ich habe da gewisse Einwände, aber das schützt mich nicht vor den Schimpftiraden. Und einer der Chefs meiner Firma taucht dann auch noch persönlich auf, er war gerade dienstlich in der Gegend. Und auf einmal kommt auch jemand von C&A zum Helfen. Zu zweit beginnen wir dann, 3423 auf Bügeln hängende, schwere Damenwintermäntel zu entladen. Die Fünfer-Gebinde werden pro Meter ein gefühltes Pfund schwerer. Als der Boss aus meiner Firma nach zwanzig Minuten mit seinen Angelegenheiten fertig ist und fährt, wird mein »Assistent« auch wieder abgezogen. Und dabei haben wir bisher nicht mal ein Viertel geschafft. Letztlich brauche ich fast fünf Stunden ohne Pause, bis sämtliche 6846 Kilogramm ausgeladen sind. Mein Rücken wird mir das drei Tage lang übelnehmen, der ist sehr nachtragend nach dem Tragen.

Das Ganze sollte noch ein Nachspiel haben. Ich schrieb eine Mail an das Hauptquartier von C&A in Düsseldorf, an die Gesamtbetriebsratsvorsitzende, Frau Roswitha P. In diesem Land kenne ich mich ein wenig aus. Ich weiß, dass in einem Unternehmen dieser Größe der Chef den Betriebsrat fragen muss, wenn er Leiharbeitnehmer dazu holt. Ich habe beim Ausladen die Arbeit von C&A gemacht. Wenn C&A nun sagt, das Ausladen durch uns Fahrer sei mit den Spediteuren vereinbart, dann kaufen sie damit Leiharbeit dazu. Ob ich von dieser Mehreinnahme meiner Chefs auch nur einen müden Gulden oder Cent zu sehen kriege, ist eine andere Frage. An diesem Detail beißt sich Roswitha P. jedoch fest, obwohl sie das eigentlich gar nichts angeht, oder vielleicht auch als Ablenkungsmanöver. Als erstes schickt sie mir jedoch einen Fragenkatalog »zwecks Aufklärung«. Die erste ihrer acht Fragen hätte mich gleich stutzig machen müssen: »Für welche Spedition fahren Sie?«

Drei Mails später steht folgendes fest: Der Betriebsrat war natürlich nicht gefragt worden. Die wussten das nicht mal, sie haben das schlicht verpennt. Jetzt, wo sie es wissen, sehen sie aber nach wie vor keinen Handlungsbedarf. Nach Meinung von Frau P. sei das alleinige Sache zwischen ihren Chefs und den Speditionen. Das einzige, was sie anscheinend umgehend gemacht hat: mich bei ihren Chefs zu denunzieren. Daher wollte sie als erstes ja wissen, für wen ich arbeite. Die Anwälte meiner Chefs verlangen jetzt Schadenersatz von mir, weil ich ihren Ruf bei einem Kunden geschädigt hätte. Ich bin mir keiner Schuld bewusst und sehe dieser Auseinandersetzung ganz gelassen entgegen. Der »Kollegin« Roswitha P. sage ich am Telefon: »Wer solche Freunde hat, braucht seine Feinde nicht zu fürchten«. Das nimmt sie zum Anlass, mir zu sagen, ich hätte sie beleidigt, sie würde meine Mails nicht mehr beantworten, wolle auch nicht mehr mit mir telefonieren und legt auf.

Laut dem internationalen Frachtabkommen (CMR) ist ein Entladen durch die Fahrer im internationalen Transportgewerbe zwar nicht zugelassen (und auch nicht versichert!), aber niemand stört sich daran, dass bestimmte Firmen regelmäßig dagegen verstoßen. Ich als Fahrer stehe nun wieder mal mit leeren Händen da und habe überhaupt niemanden, der sich für meine Interessen einsetzt. Die Dame ist nicht in der Gewerkschaft, daher kann ich ihr auch nicht über diesen Umweg eins auf den Deckel geben lassen. Der Spediteur kriegt mehr Geld für die Fuhre, wovon er mir nichts durchreicht. Mir wird die Ausladezeit sogar noch als Pause angerechnet. C&A spart jede Menge Geld, weil es sie viel teurer käme, die Ware durch eigene Angestellte entladen zu lassen. Politiker interessiert das Thema nicht, weil ja alles, was für die Wirtschaft gut ist, angeblich auch für die Menschen gut sei. Allen anderen in Frage kommenden Institutionen scheint das Thema auch völlig egal zu sein: Versicherungen, Ordnungsämter und Gewerbeaufsicht, BAG und Verkehrspolizei, den Parteien, Berufsgenossenschaften und Gewerkschaften, der Belegschaft und den Kunden von C&A.

Das Problem taucht in Deutschland übrigens fast ausschließlich bei Kaufhaus- und Supermarktketten auf. Jeder nationale Trucker mit langer Berufserfahrung weiß, dass man bei diesen Firmen oft selbst ausladen muss: Aldi, Neckermann, Edeka, Rewe. Das ist seit Jahrzehnten so, die Interessen der Fahrer und der allgemeinen Verkehrssicherheit gehen allen schlicht am Ärmel vorbei. Heute wurde der harte Preiskampf im Einzelhandel für einige Stunden jedenfalls buchstäblich auf meinem Rücken ausgetragen.

Irgendwann zwischen vierzehn und fünfzehn Uhr rolle ich – körperlich fix und fertig – vom Hof. Ich fahre nun »schwarz« auf die Autobahn Richtung Süden zum Autohof. Hier kann ich duschen, Toll Collect bezahlen und eine riesige Menge kaltes Mineralwasser kaufen. Bei C&A reagierten sie nur unfreundlich, als ich nach einem Getränkeautomaten und einer Dusche fragte. In aller Hast kaufe ich mir noch zwei belegte Brötchen. Für ein ausgiebiges Mittagessen ist keine Zeit, denn offiziell hatte ich ja schon mehr als fünf Stunden »Pause« und ich soll noch vor Feierabend der Bürohengste wieder bei uns in der Firma sein, damit sie mich gleich heute wieder rausschicken können.

Hier am Autohof treffe ich einen der letzten Anhalter Deutschlands. Er fragt, ob ich ihn bis zur Venloer Grenze mitnehmen könne. Das mache ich gerne, zum einen tue ich ihm einen Gefallen und zum anderen bringt es mir auch ein wenig Abwechslung. Auf der Fahrt erzählt er eine erschütternde Geschichte. Er heißt Dieter, ich schätze ihn auf Anfang vierzig. Dieter war früher mal Schlosser, wurde arbeitslos, als die Firma pleiteging, und später dann auch obdachlos. Er hat kein Alkohol- oder Drogenproblem, er lebt einfach seit fünf Jahren an der Autobahn. Dieter hat ganz Europa bereist, kennt die unterschiedliche Qualität der Obdachlosenasyle in den Mittelmeerländern und hat sich seit zwei Jahren auf die A61 spezialisiert. Er übernachtet meistens in Venlo an der alten Grenze, weil er dort an den außer Betrieb genommenen Zollrampen überdacht schlafen kann. Dann trampt er morgens etwa hundert Kilometer Richtung Süden und nachmittags zurück, unterwegs klappert er alle Autobahnparkplätze nach Pfandflaschen ab. Das Geschäft sei härter geworden, sagt er, er müsse jeden Tag sehr früh auf die Piste. Früher habe er Tage gehabt, an denen er über zwanzig Euro gemacht habe, aber jetzt gibt es zu viel Konkurrenz. Zwar sei er der einzige Obdachlose auf dieser Strecke, aber an die Autobahnparkplätze kämen inzwischen immer mehr Arbeitslose, Rentner und unterbezahlt Beschäftigte aus der jeweiligen Nachbarschaft, weil sie die Pfandflaschen ebenfalls zum Überleben brauchen. Verteilungskämpfe ganz unten! Hartz IV käme für ihn nicht in Frage, sagt er, denn nach den fünf Jahren sei er schwerlich in irgendwelche Wohnprojekte integrierbar. Dieter lebt wie ein Schatten in unserer Gesellschaft. Im Gegensatz zu den herkömmlichen Obdachlosen in den Städten hat er nicht mal Kumpels, nicht mal eine feste Parkbank, auf der ihn jemand antreffen könnte. Dabei fällt mir auf, dass das eigentlich auch fast genauso auf mich und meine Kollegen zutrifft. Der einzige Unterschied ist der, dass wir deutlich mehr Kohle haben als Dieter, aber das soziale Leben, das wir (nicht) führen, unterscheidet sich ansonsten kaum von seinem.

Als ich um 17.30 Uhr wieder in der Firma bin, werde ich gleich mit dem obligatorischen Rüffel empfangen. Wieso ich denn nicht nach dem Ausladen angerufen hätte! Ich hätte auf dem C&A-Gelände noch einen unserer Auflieger umsetzen sollen. Ich sagte, die Anweisung war: ausladen und dann zurückkommen. Außerdem hätten sie mich ja auch anrufen oder mir eine Satellitennachricht schicken können. Der Spruch, den ich vom Chef darauf zu hören kriege, macht mich wütend: »Wir haben ja auch den ganzen Tag nichts anderes zu tun, als Ihnen hinterherzutelefonieren.« Und der Disponent schiebt nach: »Sonst rufst du ja auch alle zehn Minuten wegen irgendwelcher unwichtigen Sachen an!« Ich sehe im Display meines Diensthandys, dass mein letzter Anruf mehr als eine Woche zurückliegt, die melden sich ja dauernd bei mir. Und ich denke mir, dass ich gerne nichts Besseres zu tun gehabt hätte, als die anzurufen. Das wäre jedenfalls angenehmer gewesen als 3423 Wintermäntel auszuladen. Aber wenn ich angeschrien werde, habe ich dank solcher Chefs gelernt, nach außen hin ganz ruhig zu werden, alles andere hat ja sowieso keinen Sinn. Ich will dann immer nur so schnell wie möglich wieder weg aus Holland.

Mittwochabend, 18.30 Uhr

Heute mal mit Planenauflieger – Industriegebiete nach Schablone

Doch daraus wird heute auch nichts. Ich bekomme den üblichen Urlaubsschein und die Anweisung: »Nimm dir Auflieger 26, fahr nach Nijmegen. Da sollst du morgen früh um sieben Uhr Sammelgut für Rouen laden. Du musst dich da beeilen, denn du sollst um 16.30 Uhr in Rouen ausladen.« Rouen ist für mich Nahverkehr, genau wie Mönchengladbach. Bis ich getankt, Auflieger gewechselt, ein paar Birnen ausgetauscht, Formulare vervollständigt, Öl und Wasser nachgefüllt habe, ist schnell eine Stunde vergangen. Und das, obwohl ich mich beeile, weil ich wieder hier weg will. Auf dem Weg kaufe ich schnell noch ein überteuertes Sandwich an der Autobahnraststätte, denn wenn ich in dem Industriegebiet Bijsterhuizen bei Nijmegen ankomme, wird dort schon alles geschlossen haben.

Ich habe diesmal keinen festen Kofferauflieger, sondern einen mit Plane. Also die klassische Variante, die man sehr viel öfter auf den Straßen sieht. Bei einem Planenfahrzeug muss man sich sehr viel genauer um die Ladungssicherung kümmern, da hier leichter mal etwas verrutschen und Unheil anrichten kann. Solange man von der Rückseite her beladen wird, gibt es ansonsten keinen Unterschied. Aber einen Planenauflieger kann man zur Not auch von der Seite beladen. Das ist mehr Aufwand, aber nur für den Fahrer, davon wird noch zu reden sein.

Als ich um kurz vor 21 Uhr in Nijmegen ankomme, liegt das ganze Industriegebiet wie ausgestorben da. Hier sieht es aus wie vorgestern in dem Industriegebiet in Wales, letzte Woche in Casablanca oder vorletzte Woche in Ciempozuelos bei Madrid. Gut, ich brauche für heute auch weder Kneipe noch sonstiges Unterhaltungsprogramm, ich bin total geschafft nach diesem knochenharten Vierzehn-Stunden-Tag.

Mittwochmorgen, 6.45 Uhr

Termingut für Rouen – Positives und Negatives über unseren Berufsstand – willkommen bei den Sch'tis

Ein Teil des Sammelguts ist Termingut. Egal ob fünf kleine Kartons, zwei Paletten oder ein Viertel der Ladung – für den Fahrer macht es keinen Unterschied. Termingut bringt mehr Geld für den Chef. Für den Fahrer bedeutet es hingegen lediglich noch mehr Zeitdruck als ohnehin schon. Der Plan für heute ist mal wieder sehr eng, da darf nichts dazwischenkommen. Einen Vorteil hat es aber doch: Ich brauche an der Ladestelle nicht zu warten und zu betteln, dass ich bitte endlich abgefertigt werde, ich bin sofort dran. Die Palettenware ist schnell sicher verstaut, auch die Papiere sind vorbereitet, und in weniger als einer Stunde kann ich losfahren. Über die Strecke nach Paris via Breda, Antwerpen und Lille brauche ich nicht viel zu erzählen, da haben Sie mich ja bereits vor zwei Wochen begleitet, als es nach Spanien und Marokko ging. Daher möchte ich die nächsten 300 Kilometer ein wenig über meine Kollegen erzählen, die Fernfahrer.

Dem schlechten Ansehen und der miserablen Behandlung von Truckern steht gegenüber, dass es sich dabei um einen hoch qualifizierten Beruf handelt. Lkw-Fahrer können nicht nur auf engstem Raum mitten in einem Istanbuler Verkehrsstau rückwärts in eine Werkseinfahrt rangieren, sie wissen auch aus dem Stegreif, zu welchen Zeiten am Wochenende während der Urlaubszeit in Tschechien Fahrverbot ist, wo man die Vignette für Bulgarien verlängern kann oder wie viele niederländische Rollwagen mit Topfpflanzen in einen Kühlauflieger passen, sie haben meistens die für die Ladungssicherung erforderlichen Grundkenntnisse von Kinetik, können einen geplatzten Bremsschlauch oder einen defekten Dieselfilter provisorisch reparieren, sie wissen, was es mit den Zolldokumenten TIR-Carnet, T2 und ATR auf sich hat und können sich radebrechend in jedem Land und jeder Sprache irgendwie verständigen.

Über meinen Berufsstand lassen sich zwei völlig verschiedene Bilder zeichnen. Bei dem einen kommen wir gut weg, bei dem anderen umso schlechter. Absurderweise treffen beide Zuschreibungen oft auf die gleichen Kollegen zu. Ich fange mal mit dem Negativen an: Trucker sind viel allein und drohen daher leicht zu sozial verwahrlosten Zombies zu werden. Sie reden laut und viel, Zuhören ist für sie ein Greuel. Aufgrund ihres jahrelangen Alleinseins vernachlässigen viele ihr Äußeres; Hygiene, Umgangsformen, Sozialverhalten und Empathie sind oft buchstäblich auf der Strecke geblieben. Viele haben auf alles im Leben nur noch Antworten und scheinbar überhaupt keine Fragen mehr an andere oder sich selbst, diese Art kann ätzend und anstrengend sein. Ein Merkmal haben viele gemeinsam: Übertreibungen und Erfindungen. Weil sie viel allein sind, wachsen manche Geschichten in der Erinnerung. Gerne werden auch Geschichten von Kollegen als die eigenen ausgegeben, dabei wird noch mal fünfzig Prozent dazugegeben, um sich interessanter zu machen. Da ich um diese »déformation professionelle« weiß, habe ich mir beim Schreiben dieses Buches ausdrücklich Mühe gegeben, anhand meiner Aufzeichnungen ehrlich zu bleiben, nichts zu übertreiben, zu beschönigen oder sonstwie verfälscht wiederzugeben – die Realität ist bedrückend genug.

In Deutschland und den Niederlanden gibt es zudem unter den Truckern viele Ausländerfeinde und Rassisten und jede Menge Kollegen, die bei politischen Diskussionen gerne für die sogenannten einfachen Lösungen eintreten. Eine weitere nervige Eigenart vieler Trucker ist es, den Wagen möglichst lang mit laufendem Motor stehenzulassen. Dabei ist es völlig egal, ob gerade Ozonalarm ist, ob man in einem Wohngebiet die Leute damit belästigt oder Kollegen nebenan in ihren Fahrerkabinen schlafen. Besonders gut darin sind die italienischen und türkischen Kollegen.

Unter Fernfahrern gibt es möglicherweise nicht mehr Menschen mit Alkohol- und Drogenproblemen als in anderen Berufen, aber leider auch nicht weniger. Der Dauerzeitdruck, die hohe Verantwortung, mangelnde soziale Kontakte und die extrem langen Arbeitszeiten lassen nicht wenige von ihnen nach Feierabend regelmäßig zur Flasche greifen und manche leider auch schon lange davor. Ich hatte einen Kollegen, der hat so viel Wodka während der Fahrt getrunken, dass er, wenn er zur Pause oder zum Feierabend ausstieg, größte Schwierigkeiten hatte, sich auf den Beinen zu halten. Ein weiteres Problem sind die Aufputschmittel, mit denen sich Nachtfahrer dopen. Hinzu kommen weiche und harte Drogen sowie Medikamente aller Art. Ich habe mit eigenen Augen gesehen, wie Fahrer Koks, Captagon (im Truckerjargon »Kapis«) und Amphetamine (»Speed«) konsumiert haben und sich direkt danach wieder ans Steuer gesetzt haben. Eigentlich hätte man in jedem einzelnen Fall sofort eingreifen müssen. Aber reden nutzt da nichts, und man will ja auch keine Kollegen bei der Polizei denunzieren.

Spätestens nach Feierabend werden die Drogen und Medikamente dann noch mit Alkohol kombiniert. Ich hatte öfter auch Chefs, die selbst Drogen- oder Alkoholprobleme hatten. So unfreundlich sie auch gewesen sein mögen, wenn man mal verschlafen hatte, war es immer hilfreich, als Begründung anzugeben, dass man am Vorabend zu viel gesoffen habe. Dann konnte man mit einer kleinen Ermahnung und einer augenzwinkernden Wir-Säufer-müssen-ja-zusammenhalten-Bemerkung glimpflich davonkommen. Umgekehrt musste ich mich selbst in all den Jahren meiner Fahrertätigkeit nur zweimal einer Alkoholkontrolle unterziehen. Einmal bei einer großen Lkw-Kontrolle an einer Maut-Zahlstelle bei Tours in Frankreich und einmal bei einer gezielten Alkoholkontrolle für alle Trucker an einer Zahlstelle bei Burgos in Spanien.

Am unangenehmsten fällt mir mein Berufsstand grundsätzlich auf, wenn über Frauen geredet wird. Da wird es einfach nur widerlich, so dass ich das meiste nicht mal wiedergeben möchte. Es ist immer das Gleiche: Man steht mit ein paar Kollegen zusammen und eine hübsche junge Frau geht vorbei. Man kann sicher sein, dass alle ihr jeweiliges Gespräch unterbrechen und sofort Bemerkungen loslassen: Wie man die von hinten und von vorne, warum ihre Lippen bestimmt so aussehen wie ihre Schamlippen und was man noch alles mit der machen würde. Dabei ist es völlig egal, ob das eine Passantin ist, eine Zöllnerin oder Polizistin, eine Chefin oder eine der wenigen Kolleginnen. Ich habe in meinem persönlichen Freundeskreis genauso viele Frauen wie Männer und unterscheide mich in diesem Punkt von den meisten Kollegen – die es sich oft absolut nicht vorstellen können, dass Frauen nicht ausschließlich Sexobjekte sind, sondern Menschen mit eigenen Gefühlen, Bedürfnissen und Abneigungen. Ich habe früher manchmal Freunde auf Touren mitgenommen, auch Freundinnen. Und die Mehrzahl meiner Kollegen war geradezu fassungslos, als sie erfuhren, dass meine Beifahrerin nicht auch meine Beischläferin war, sondern schlicht eine gute Freundin. Die spontane Frage war dann immer: »Ja, wieso nimmst du die denn dann mit?« Das konnten die tatsächlich nicht verstehen. So wie manche Speditionschefs ein Bild von der Rolle eines Chef haben, das seit hundert Jahren überholt ist, so haben viele Trucker ein Bild von der Rollenverteilung von Mann und Frau, das in anderen gesellschaftlichen Bereichen zum Glück schon jahrzehntelang der Vergangenheit angehört.

Mit diesen Ansichten gehen meistens noch zwei weitere Macken einher: Zum einen müssen diese Kerle ihre Unzulänglichkeit auch noch permanent und demonstrativ vor sich hertragen, kein Spruch ist ihnen zu peinlich. Und zum anderen sind die meisten so phantasielos, dass sie sich unmöglich vorstellen können, dass »mann« das auch ganz anders sehen kann. Wenn wieder mal Sprüche kommen, wie man eine gerade vorbeigehende Blondine und wie oft und wie toll man doch ist, dann kommt als nächstes gleich das Augenzwinkern und Schulterklopfen: »Na, Jochen, das siehst du doch auch so, oder?« Was soll ich auf so einen Mist antworten? Ich habe mir angewöhnt, dann zu sagen: »Wieso? Ich kenne die doch überhaupt nicht.« Aber statt dieser Antwort könnte ich auch eine Bemerkung über Orchideen aus Paraguay machen, sie verstehen absolut nicht, was ich damit sagen will. Es ist wirklich ärgerlich, wie flächendeckend die Frauenverachtung unter den Truckern verbreitet ist. Sie würden selbst nicht mal ansatzweise verstehen, wieso ich diese Haltung als frauenverachtend bezeichnen würde. Selbst, wenn man mal nette Kollegen trifft, ausgeflippte Typen mit Ohrring und punkigem Aussehen, Althippies mit langen oder bunten Haaren, Kollegen mit den abenteuerlichsten Lebensgeschichten, lustige, hilfsbereite, originelle Typen oder auch brave Familienväter – sobald es auf das Thema Frauen kommt, wird es gruselig. Allerdings finden nicht wenige von ihnen auch Frauen, die sich an diesem Frauenbild gar nicht stören, weil sie auf genau solche Macker stehen, das hat mich immer wieder erstaunt. Nach all den Jahren meiner

Truckerzeit kann ich die Kollegen an beiden Händen aufzählen, die verstehen wovon ich rede, wenn ich sage, dass meiner Meinung nach Sex auch etwas zu tun haben kann mit Liebe, Zuneigung, gleicher Augenhöhe und gegenseitigem Respekt. Es waren zugleich immer diejenigen, mit denen ich die besten Freundschaften geknüpft habe, sozusagen mein persönlicher Lackmustest für Beziehungsfähigkeit und soziale Kompetenz.

Mittlerweile habe ich die Niederlande und halb Belgien passiert und komme jetzt mal zu den positiven Eigenschaften meines Berufsstandes. Das wichtigste: Über neunzig Prozent meiner Kollegen sind unglaublich hilfsbereite Menschen. Ausnahmen findet man höchstens unter den deutschen und niederländischen Kollegen. Bei manchen funktioniert das mit der Hilfsbereitschaft zwar nur, wenn man sie auch ein wenig Papi spielen lässt und ihnen bestätigt, dass sie die Tollsten und Größten sind, aber spätestens dann reißen sie sich den Arm aus für dich. Ich zum Beispiel bin nicht gut im Autoschrauben und Reparieren komplizierter Pannen. Sehr viele meiner Kollegen sind wahre Genies darin und sparen ihren Chefs auf diese Art eine Menge Geld für teure Werkstattaufenthalte. Selbst wenn man sich gar nicht kennt, ist es kein Problem, einen Kollegen zu finden, der an meiner Stelle unter das Auto oder in den Motor krabbelt, sich rabenschwarz dabei macht und sich ins Innere von Motor, Getriebe oder sonstiger Hardware durcharbeitet. Sobald sie einen als Kollegen erkannt und akzeptiert haben, helfen sie, egal wobei, egal aus welchem Land der Kollege kommt, egal wie er aussieht oder wie er drauf ist. Vielleicht wollen sie Bestätigung, haben schon ähnliche Erfahrungen hinter sich oder es ist einfach nur professionelle Coolness.

Einmal stand ich im Stau an der Grenze von Moldawien zu Rumänien. Als es nach drei Stunden endlich weiterging, fuhr der moldawische Kollege vor mir nicht los, weil er eingeschlafen war. Anstatt ihn einfach zu überholen, stellte ich mich neben ihn, damit auch kein weiterer vorbeikonnte, und habe ihn geweckt. Er war überaus dankbar dafür. In der Zollabfertigung erzählte er zwei Kollegen davon, und diese drei fuhren dann eineinhalb Tage die gleiche Strecke wie ich. Es fing schon an der Grenze an, dass sie mich wie einen königlichen Gast behandelten. Ich brauchte mich um nichts mehr selbst zu kümmern, die haben die ganze komplizierte Abwicklung für mich erledigt. Abends haben sie gekocht, natürlich war ich eingeladen. Die Kollegen aus den ärmeren Ländern wie Moldawien sind es oft nicht gewohnt, wenn westliche Kollegen sie wie ihresgleichen behandeln. Tut man es dennoch, reagieren sie sehr freundlich und hilfsbereit darauf.

Ein Detail bezüglich der Hilfsbereitschaft gilt es besonders hervorzuheben: Trucker sind genial gut in Wegbeschreibungen. Selbst wenn es wegen Sprachdifferenzen nur fünf Worte gibt, die beide verstehen, kann Kollege A dem Kollegen B immer gut den Weg weisen. Dabei werden wilde Skizzen angefertigt, ich habe mir viele davon aufgehoben. Die Symbolik für Kreisverkehre, Bahnübergänge, Krankenhäuser, Fährhäfen und ähnliche Wegmarken lässt in diesen Zeichnungen schlummernde Talente erahnen. Ich habe schon oft im Nachhinein heftig geschmunzelt, wenn ich nachts im dunklen Industriegebiet auf einen Schmierzettel mit einer Wegbeschreibung geschaut habe – zum Ziel kommt man jedenfalls mit Sicherheit.

Noch etwas Positives: Internationale Trucker sind selten langweilige Spießer. Dafür haben sie zu viel gesehen von der Welt. Sie wissen, es gibt ein Leben vor dem Tod, und Vorurteile haben sie nur über Länder, in denen sie noch nicht allzu oft waren. Wer erzählt, dass alle Polen klauen, der war noch nicht dort. Und umgekehrt: Wer regelmäßig nach Polen fährt, erzählt vielleicht viel Unsinn über Türken, wird aber das Vorurteil über die klauenden Polen eher relativieren, weil er viele nichtklauende Polen kennengelernt hat.

Nicht zuletzt hat unser Job aber auch einen Vorteil: Arbeitsverdichtung gibt es überall, auch und gerade für uns Trucker. Was wir aber nicht kennen sind Schlechtes-Gewissen-Stapel auf dem eigenen Schreibtisch. Wir haben immer nur die konkrete Aufgabe zu lösen, die jeweils vor uns steht. Jeder Schreibtischtäter hingegen muss wegen des Drucks ständig irgendwelche lästigen Angelegenheiten vor sich herschieben. Ich muss nachher um 16.30 Uhr in Rouen sein, nicht mehr und nicht weniger wird von mir erwartet. Ich brauche kein monatliches Rating über meine Performance, kein

Factsheet für die Marketingstrategie des nächsten Quartals, kein Meeting über die Vorplanung für das nächste Halbjahr und kein Brainstorming für innovative Dynamikkonzepte für das Folgejahr. Ich sollte höchstens in den nächsten Monaten irgendwo mal im Vorbeifahren einen Zahnarzttermin organisieren, ohne dass ich mir dafür gleich eine ganze Woche Urlaub nehmen muss – eben Logistikprobleme, und damit kenne ich mich ja aus.

Es gibt noch einen weiteren Pluspunkt: Die Kollegen sind so gut wie nie link, intrigant oder heuchlerisch. Du weißt immer genau, woran du bei ihnen bist. In »meiner« Firma gibt es eine Ausnahme, einen türkischen Kollegen, aber der könnte genauso gut aus den Niederlanden oder Deutschland kommen. Er spielt Spion für die Chefs, fragt einen aus und trägt alles brühwarm gleich weiter. Wie so viele Trucker denkt er, dass er der allergrößte ist. Alle Kollegen hingegen halten ihn eher für ein armes Würstchen und machen Witze über ihn. Auch wird er dafür genutzt, um gezielte (Falsch-) Informationen der Geschäftsleitung zukommen zu lassen.

Ein Beispiel zur Loyalität unter Fahrern: Ich treffe den Kollegen Paul an einer Raststätte, er ist in der Gegenrichtung unterwegs. Wir treffen uns zufällig und machen gemeinsam Kaffeepause, fahren danach ganz normal weiter. Eine Stunde später ruft mich der Chef an und fragt: »Hast du Paul gesehen?« Selbstverständlich verneine ich das. Was weiß denn ich, was der dem Chef erzählt hat, wo er gerade ist und warum? Mit Paul hatte ich gar nicht darüber gesprochen, das ist auch nicht nötig. Denn ich weiß ungesehen, dass Paul umgekehrt die gleiche Antwort gäbe. So wie die Chefs in dieser Branche ticken, kapiert fast jeder, dass wir in solchen Sachen zusammenhalten müssen. Auf Pauls Hilfe kann ich mich natürlich auch verlassen, wenn mein Wagen am Straßenrand oder an einer Grenze liegenbleibt, sei es wegen Problemen mit den Papieren oder mit dem Fahrzeug.

Meine Lieblingskollegen in der Firma sind übrigens neben Paul aus Utrecht noch Martin aus Hamburg, Ibrahim aus Hannover, Krzysztof und Wieslaw aus Polen sowie Ismail aus Kurdistan. Martin und Krzysztof sind sehr gute, aber auch sehr untypische Fernfahrer, und das nicht nur, weil sie nicht diese fiesen Sprüche über

Frauen draufhaben. Krzysztof spricht eine Handvoll Fremdsprachen fließend, hat intellektuelle Neugier und hat sich mittlerweile zugunsten seiner Familie gegen das Vagabundendasein und diesen Beruf entschieden. Martin ist der einzige Trucker mit Leib und Seele, den ich getroffen habe, der Marcel Proust, James Joyce und Miguel Cervantes liest.

Von den vielen Kollegen, die ich unterwegs immer wieder getroffen habe, bin ich mit einigen bis heute in Kontakt. Da sie alle nach wie vor das Nomadenleben führen, beschränkt sich der Kontakt auf das Telefon, vielleicht trifft man sich eines Tages mal wieder für eine eilige Stunde auf einen Kaffee im Autohof unseres Vertrauens. Da ist zum Beispiel Bernd, früher Systemadministrator in einem Großbetrieb. Ich traf Bernd in Irun, der saß auf dem teuren Parkplatz dort im Wagen und las tatsächlich ein echtes Buch. Ich tauschte mit ihm einige Bücher. Im Gegensatz zu mir hat er sich mit dem Fahrerberuf angefreundet. Allerdings hat er mittlerweile einen Job gefunden, bei dem er fast täglich in seinem eigenen Bett zu Hause schlafen kann. Das täglich ist wörtlich gemeint, denn nachts muss er meistens fahren. Auch muss er bei einer der bereits erwähnten Supermarktketten jede Nacht selbst ausladen. Aber er ist zufrieden, weil er jetzt einen fairen Chef hat und ein ordentliches Gehalt. Beim Ausladen in Belgien traf ich Abdelillah, einen Franzosen marokkanischer Abstammung aus Lille. Er fuhr für eine sehr große Firma an der belgisch-französischen Grenze. Offiziell fährt er da immer noch, aber sie haben ihn die meiste Zeit auf etwas Vergleichbares wie Kurzarbeit gesetzt. Auf Französisch heißt das »technische Arbeitslosigkeit«. Oder Bianca und Klaus. Sie fahren einen Kühlzug für ein dänisches Unternehmen. Die beiden lieben sich und sie lieben ihren Beruf. Sie haben sogar im Lkw geheiratet. Wie so viele würden sie gerne den Arbeitgeber wechseln und zur Abwechslung mal für eine Firma fahren, wo sie am Ende der erlaubten Höchstarbeitszeit tatsächlich stehenbleiben dürfen. Sie würden aber nur Arbeit annehmen bei einer Firma, die zwei (bezahlte) Fahrer pro Fahrzeug einsetzt.

Mittlerweile haben wir Antwerpen wieder rechts herum umfahren und sind an Lille vorbei. Die Transit-Verkehrsführung in Lille ist originell. Wer mit dem Lkw bei Lille den gleichen Weg auf der Autobahn zurück nach Norden fährt, den er gekommen ist, muss leider einige hundert Euro zahlen. Denn nur in Richtung Süden darf man, auf fast direktem Weg, haarscharf an der Stadt vorbeifahren. In Richtung Norden wird man 25 Kilometer nach Osten umgeleitet. Paris geht heute relativ stressfrei, denn wenn man sich auf eines in Frankreich verlassen kann, dann ist es die Mittagspause. Das ist wichtig, denn sonst wäre der knappe Plan bereits hundert Kilometer vor dem Ziel gescheitert. Der Zeitplan für diese 521 Kilometer ist so gerechnet, dass ich direkt am Werkstor nach dem Laden auf achtzig Sachen beschleunige und erst kurz vor dem Werkstor beim Empfänger wieder abbremse. Plus zwanzig Minuten. Und das Schlimmste daran ist, dass das leider oft genug klappt. Der »Just-in-time«-Wahnsinn geht auch auf Kosten der Verkehrssicherheit.

Meine nächste Aufgabe ist es, den Kunden nicht nur zu finden, sondern das eben auch so schnell wie möglich. Dabei lässt einen das Navigationsgerät nicht selten im Stich wegen der Brücke, die nur 3,60 Meter Durchfahrtshöhe hat oder fünfzehn Tonnen Höchstgewicht. Spätestens beim baustellenbedingten Linksabbiegeverbot ab 3,5 Tonnen macht auch die teure Spezialsoftware schlapp. Zum Glück spreche ich die Sprache und kann nach dem Weg fragen, sonst wäre ich verloren.

Dann geht alles reibungslos. Keine Wartezeit, Türen auf, Wagen rückwärts an die Rampe, zwei Leute laden mit Ameisen (elektrischen Hubwagen) in einer Viertelstunde alle Paletten aus. Einer zählt die Paletten, gibt mir die Unterschrift, und ich kann wieder fahren. Das Ganze hat weniger als eine halbe Stunde gedauert. Ich bitte darum, noch fünfzehn Minuten länger stehenbleiben zu dürfen, dann habe ich mir wieder eine vollständige Pause ermogelt.

Ich soll morgen früh um acht Uhr bei Coca-Cola in Bergues laden. Das liegt bei Dunkerque, rund 260 Kilometer entfernt. Immerhin können mir heute die französischen Zollkontrolleure nichts anhaben. Der Wagen ist leer, und ich bin auf dem Weg von einem französischen Kunden zum nächsten französischen Kunden. Als ich um 21 Uhr in Bergues ankomme, habe ich es eilig. Der Kunde sitzt mal wieder in so einem verlassenen Industriegebiet, aber hier muss es ja irgendwo auch ein Dorf oder eine Stadt geben. Für ein französisches Dorf ist das knapp, aber vielleicht kriege ich ja auch um kurz nach 21.30 Uhr noch etwas Warmes zu essen. Ich finde das Dorf und sogar auch einen Parkplatz, am Burggraben der Stadtmauer am Dorfrand. Für so ein kleines Dorf ist hier um diese Zeit noch recht viel los. Ich sehe sogar viele Touristen mit Kameras. In der Dorfmitte steht ein hoher Turm, der darauf schließen lässt, dass dieser Ort mal wesentlich wichtiger war als heute. Während ich weitergehe, ertönt von dem Turm ein schönes Glockenspiel. Daneben steht das Rathaus, eine typische französische Mairie. Davor thront ein Riese aus Pappmaschee.

In einer Bar mit angrenzendem Restaurant wecke ich die Muttergefühle der Wirtin, und sie nimmt die Küche noch mal in Betrieb. Ein Grund, warum die Gastronomie in Frankreich so unflexibel in den Essenszeiten ist, liegt darin, dass sie keine halben Sachen mögen. Eine Frikadelle auf einer Untertasse mit Senf und einer Scheibe Brot wäre völlig undenkbar. Ich bekomme ein Wenn-schon-denn-schon-Menü. Ich frage die Leute an der Bar, wieso hier

Bergues: Zu Gast bei den Sch'tis

so viele Touristen seien. Sie amüsieren sich sehr darüber, dass ich das nicht weiß. In diesem Ort wurde der erfolgreichste französische Kinofilm aller Zeiten gedreht, er heißt »Bienvenue chez les Ch'tis«. Irgendwie sind sie auch ein wenig stolz darauf. Einige haben selbst als Statisten in dem Film mitgespielt. Nun kommen die Menschen hierhin, um sich den Ort anzusehen. Bis heute wird das Glockenspiel vom Vater des Filmemachers jeden Abend gespielt, sagen sie.

Ich habe mir den Film später auch angeschaut und fand ihn lustig und sehr gut. Ich musste nicht nur über den Film schmunzeln, sondern über noch etwas: In dieses Dorf fahren jetzt Zigtausende, weil sie den Film gesehen haben. Ich glaube, ich bin der Einzige, bei dem es umgekehrt war.

Donnerstagmorgen, 7.45 Uhr

Kein Datenschutz für Trucker – schwitzen für Coca-Cola – das schlechte Los gezogen – der dritte Urlaubsschein in einer Woche

Keine Ahnung, ob das riesige Zwischenlager für Coca-Cola dem Brausegiganten aus Atlanta gehört oder irgendeinem Unterhändler. Ohne uns Trucker gäbe es diese Buden jedenfalls nicht. Täglich fahren hier Dutzende, wenn nicht hunderte von kleinen und großen Lkw ein und aus. Leider sind solche professionellen Umschlagorte die truckerunfreundlichsten Ladestellen. In der kleinsten spanischen Finca, wo vielleicht zweimal im Jahr ein großer Lkw vorbeikommt, um die Ernte abzuholen, werden wir Fahrer freundlicher empfangen als dort, wo man es eigentlich ganz leicht besser wissen könnte, wenn man nur wollte. Schon nach zwei Minuten ist mir klar, dass das hier wieder einer dieser Läden ist, die den Spieß umdrehen und so tun, als wollten die Fahrer etwas von ihnen. Aber wer ist es denn eigentlich, dessen Ware angeliefert oder abgeholt werden soll? Nach einer gewissen Wartezeit bekommt man dort ein umfangreiches Formular in die Hand, Fragen zu Fahrzeug, Person, Datum, Uhrzeit, Reiseziel, Strecke und vieles mehr müssen akribisch beantwortet werden. Wie an so vielen Ladestellen muss man den Pass vorzeigen, der prompt auf den Fotokopierer gelegt wird. Wie immer frage ich, wie lang die das denn speichern wollen. Wie immer versteht der Pförtner meine Frage nicht einmal. Er meint, das sei doch eigentlich sehr praktisch, auch für mich. Denn wenn ich das nächste Mal käme, wüssten sie schon, wer ich sei. Und dann müsste er auch nicht wieder den Pass fotokopieren. Gespeichert werden die Daten natürlich bis zum Sankt-Nimmerleinstag. Mit dem Begriff Datenschutz kann der Pförtner ungefähr so viel anfangen, als hätte ich Desoxyribonukleinsäure oder Registerverfahrensbeschleunigungsgestz gesagt.

Dann fahre ich zur Ladestelle auf dem Betriebsgelände. Der Planenauflieger ließe sich an einer Rampe ganz leicht von hinten beladen, hinten hat der Auflieger feste Türen, die man nur öffnen müsste. Für die Gabelstaplerfahrer ist es jedoch einfacher, die Wagen von einer Seite zu beladen. Damit sie zehn Minuten weniger Arbeit haben, bin ich nun eine halbe Stunde beschäftigt, Plane und Gestänge an der Seite komplett abzubauen. Bei nagelneuen Aufliegern geht das schneller, aber meiner ist so alt, dass alles verbeult ist, hakt und klemmt. Man braucht hier eine Zange, da einen Hammer, und dort hilft einfach nur reine Muskelkraft. Alle Kollegen haben hier das gleiche Problem, links und rechts neben mir sind die Fahrer ebenfalls mächtig am Schuften. Aber für den Kunden ist es egal, wie lange das Be- und Entladen insgesamt dauert, für ihn ist es nur von Belang, dass seine Staplerfahrer auf diese Art die wenigste Arbeit haben. Vierzig Minuten abplanen, zehn Minuten beladen und vierzig Minuten alles wieder zusammenbauen ist für sie wesentlich günstiger als drei Minuten Türen öffnen, an die Rampe fahren, zwanzig Minuten beladen und weitere drei Minuten, um von der Rampe wegzuziehen und die hinteren Türen wieder zu verschließen.

Heute habe ich richtig Pech. Denn nach einem Zufallsverfahren wird jeder soundsovielte Lkw an der Werksausfahrt einer Spezialkontrolle unterzogen und in dieser Lotterie habe ich heute »gewonnen«. Der Pförtner will genau wissen, wie viele Paletten ich geladen habe. Und statt selbst auf den Auflieger zu krabbeln und die Paletten dann halt selbst zu zählen, verlangt er von mir, ich solle die gesamte Seite wieder öffnen, damit er von seinem Platz im Pförtnerhäuschen aus die Ware sehen und die Paletten zählen kann. Mit einem Aufbegehren gegen diese Praxis würde man sich nur lächerlich machen, also das Ganze noch mal von vorne. Während ich schwitzend den Wagen von einer kompletten Seite wieder öffne und nach erfolgreicher Kontrolle wieder verschließe, kommt der Anruf, auf den ich schon seit fast einer Stunde warte. Der Disponent motzt, wo ich denn bleibe. Schließlich würde das Beladen doch nur zehn Minuten dauern und ich müsse heute noch in Tilburg wieder ausladen. Es schwingt mal wieder die Unterstellung mit, dass ich zwei Stunden in Kneipe, Freibad oder Bordell vertrödelt hätte. Als ich ihm von meiner Lotteriekontrolle berichte, kommt keine Entschuldigung, sondern nur ein mürrisches »Beeil dich«. So schwankt mein Job zwischen den Extremen: Gestern Abend fand ich Bergues besonders herzig, eine gastfreundliche Abwechselung zu meiner stressigen Arbeit. Heute Morgen verfluche ich dieses Kaff nur noch und hoffe, dass ich das letzte Mal in meinem Leben hier war.

Über die Rückfahrt gibt es nichts Besonderes zu berichten, zum gefühlten 527. Mal durchquere ich Belgien. Aber beim Empfänger – Coca-Cola im niederländischen Tilburg – haben sie sich etwas ganz Nettes für uns Fahrer ausgedacht: Nicht nur, dass sie hier ebenfalls von der Seite ausladen wollen, sie wollen von beiden Seiten an die Ware heran. Also muss ich hier nicht nur eine, sondern gleich beide Seiten öffnen und das Planengestänge komplett entfernen. Auch hier dauert das eigentliche Entladen keine zehn Minuten, aber ich bin fast zwei Stunden am Schuften. Ich mag Coca-Cola nicht.

Spätnachmittags komme ich wieder in der Spedition an. Dort gibt es einen neuen Urlaubsschein, schon den dritten diese Woche, das ist Rekord! Ich soll einen beladenen Auflieger nach Sittard bringen, das liegt unweit der deutschen Grenze. Dort treffe ich auf einem Autohof den Kollegen Paul, der gerade aus Italien kommt. Wir tauschen die Auflieger, er kann dann morgen gleich wieder nach Italien donnern, und ich soll zum Kunden fahren, die Palettenware ausladen. Wieso das so geplant wird, bleibt das Geheimnis der Disponenten. Seit Dienstag mache ich praktisch nur Nahverkehr. Gemessen an den anderen Touren zählt auch Nordfrankreich für mich zum Nahverkehr. Die niederländischen Kollegen fahren diese Sachen oft gerne, da sie so ab und zu abends nach Hause fahren können. Und was machen die Disponenten? Sie schicken natürlich Paul, der Niederländer ist, schnell wieder nach Italien. Ich wiederum habe gar nichts davon, dass ich schon fast die ganze Woche nur im Nahverkehr unterwegs bin. Zum Ausladen nach Deutschland wurde der türkische Kollege geschickt, schade eigentlich.

Freitagmorgen, 6.30 Uhr

Ein frecher Lagerarbeiter – kreuz und quer durch die Niederlande – disziplinierte Stauteilnehmer

In den Niederlanden fangen viele Betriebe genauso schrecklich früh mit der Arbeit an wie in Deutschland. Ich soll um sieben Uhr beim Kunden stehen. Der Staplerfahrer dort lädt die ersten vier Paletten ab. Dann setzt er den Hubwagen auf den Auflieger. Das bedeutet, ich soll auf den Trailer klettern und ihm die schweren Paletten mit dem Hubwagen jeweils hinschieben, damit er sie mit dem Stapler ganz gemütlich weiter abladen kann. So komme nur ich ins Schwitzen, er nicht. Eigentlich ist das nicht mein Job. Wenn solche Leute doch wenigstens höflich fragen und sich danach bedanken würden! Aber die Aufforderung kommt grundsätzlich mit einer feisten Selbstverständlichkeit daher, das finde ich das Ärgerlichste daran. Aber dieser Kollege ist noch frecher. Hinten auf dem Auflieger lagen zwei leere Paletten, die ich heruntergenommen und unter den Wagen geschoben habe, damit sie nicht im Weg liegen. Nun ragen sie aber einige Zentimeter hervor, so kann er mit seinem Stapler nicht bis ganz nah an den Auflieger heranfahren. Er fordert mich auf, vom Wagen zu springen und die Paletten beiseite zu legen. Ich glaube, ich höre nicht recht! Er steht direkt daneben, bräuchte nur von seinem Stapler runter und könnte die Paletten beiseite legen. Aber dazu ist er zu faul oder möchte sich nicht die Finger schmutzig machen. Ich sage ihm, ich käme dafür jetzt nicht extra vom Wagen herunter, das könne er doch gerade mal selbst machen. Da wird er richtig böse. Wenn ich das jetzt nicht sofort täte, müsse ich sofort das Werksgelände verlassen und er würde sich bei meiner Firma beschweren. Mir fallen auf einmal nur noch fiese Holländerwitze ein.

Als der Wagen leer ist, bin ich wieder durchgeschwitzt, eine Dusche gibt es hier für uns aber nicht. Der Tag fängt ja gut an. Die Disponenten haben für mich heute einen Hollandtag vorgesehen. Ich bin mehrmals in der Spedition, tausche Auflieger aus, fahre zum Ausladen oder Laden zu den verschiedensten Zielen. Zwei Paletten Trockenblumen für Italien, Textilien für C&A in Lisse (wo ich nicht selbst ausladen muss, es geht also auch anders!). Ich fahre zum Ausladen nach Sassenheim und Oosterhout, lade Blumen in Aalsmeer, Zigaretten in Bergen op Zoom, bringe einen Auflieger in die Werkstatt – die Entfernungen sind in diesem Land immer wieder niedlich.

Im Süden der Niederlande ist die Verkehrsdichte sehr hoch, noch höher als im Ruhrgebiet oder Norditalien. In den Hauptzeiten des Berufsverkehrs hat man auf bestimmten Autobahnen hier Staugarantie. Allerdings sind die Stauteilnehmer hier viel gelassener und geduldiger als in Deutschland, und es gibt deutlich weniger neunmalkluge Drängler. Daher lösen sich die Staus meistens auch so schnell wieder auf, wie sie kommen. Meistens entstehen sie ohne Anlass wie Baustellen oder Unfall, einfach durch besonders hohes Verkehrsaufkommen. Es gibt hier viel mehr Leute als in Deutschland, die einsehen, wie dumm, sinnlos und unsozial es ist, dauernd die Fahrspur zu wechseln, weil man dann eine Wagenlänge vor dem anderen ist. Der Verkehr fließt mit gleichmäßiger Geschwindigkeit, so kommen alle am zügigsten und entspanntesten ans Ziel.

Als ich um 19 Uhr einen Auflieger zu einem Kunden nach Utrecht bringe, kommt die Erlösung. Schluss mit dem Nahverkehr, ich soll morgen früh nach Kiew fahren. Ich bitte das Büro, die Papiere heute Abend schon fertigzumachen, dann könnte ich auf dem Weg erstmals seit Monaten kurz bei mir zu Hause in Wuppertal vorbeifahren. Aber weil die im Büro Feierabend machen wollen, wird daraus leider nichts. So komme ich um 21 Uhr im »Heimathafen« an und muss bis morgen früh warten. Schade, in zwei bis drei Stunden hätte ich zu Hause sein und endlich mal wieder eine kurze Nacht in meinem eigenen Bett schlafen können.

Logbuch vierte Tour: Von den Niederlanden ins Niemandsland

Samstagmorgen, acht Uhr

Auf nach Kiew – ein origineller Studentenwettbewerb – der Kontrolleur als Kavalier – das aufgeweichte Sonntagsfahrverbot

Um acht Uhr bin ich im Büro, eine Stunde später sind auch die Papiere fertig. Ich weise den Chef darauf hin, dass an den drei Achsen des Aufliegers auf jeder Seite unterschiedliche Reifen aufgezogen sind. In dieser Firma ist das nicht die Ausnahme, sondern leider die Regel. In der Ukraine wird das streng kontrolliert und führt häufig zu Problemen, aber mein Chef meint abfällig, die an der ukrainischen Grenze wollen doch nur Bakschisch haben. Das wiederum ist ihm natürlich egal, denn das müsste ich ja bezahlen und ich bekäme es sowieso nicht erstattet, weil ja keine Quittung vorliegt. Auf Bestechungsgelder bekommt man relativ selten Quittungen …

Wie immer bei den Kiew-Touren habe ich Ware geladen für den Duty-free-Shop des Kiewer Flughafens. Da auch Schokolade geladen ist, brauche ich einen Kühlauflieger. Die Schokolade darf nicht wärmer als zwanzig und nicht kälter als fünf Grad werden. Ansonsten besteht die Ladung aus allem, was gut und teuer ist: Champagner, Havanna-Zigarren, Zigaretten, Parfum, Whiskey, Armbanduhren, Kaffee. Absender ist eine Firma in den Niederlanden, die europaweit diese Läden beliefert. Daher haben wir oft Touren nach Gibraltar, Andorra, Kosovo und sogar in den Vatikan, denn auch dort gibt es einen solchen Shop. Nach Kiew fahren wöchentlich ein bis zwei volle Trucks.

Um neun Uhr begebe ich mich auf den langen Weg nach Osten. Bei Nijmegen nehme ich zwei Tramperinnen mit, die eine lustige

Geschichte erzählen. Sie studieren Geologie in Utrecht und veranstalten jedes Jahr für ihren Jahrgang einen Wettbewerb. Die Studenten treffen sich an einem Samstag zum Frühstück und machen sich danach auf den Weg an dic Autobahn. Sie nehmen sich jedes Jahr eine andere Stadt vor, letztes Jahr war es Trier, dieses Jahr soll es Kassel sein. Und dann trampen sie los, wer als erster ankommt, hat gewonnen. Zwei Leute fahren vorab mit dem Auto, sie spielen Schiedsrichter. Eigentlich wollte ich ja über Nürnberg nach Prag fahren, aber ich tue den beiden den Gefallen und fahre über Kassel. Samstagvormittags sind die Autobahnen leer, wir kommen gut voran. Irgendwo auf der Autobahn zwischen Dortmund und Kassel winkt mich ein Streifenwagen der Bundesanstalt für Güterfernverkehr (BAG) zur Kontrolle auf einen Autobahnparkplatz. Ich begrüße den Beamten mit den Worten: »Aber ich habe doch mein Toll Collect bezahlt!« Er antwortet erfreut: »Ah, sie sprechen deutsch, das vereinfacht die Sache schon mal erheblich.« Leider fügt er dann hinzu: »Nein, ich kontrolliere das andere. Alles andere!« Er will sämtliche Papiere sehen, Papiere von Maschine und Auflieger, Transportgenehmigung, Frachtbriefe, Tachoscheiben, Urlaubsschein, Führerschein, Zolldokumente und so weiter. Während ich sie zusammensuche und dem Beamten überreiche, sage ich ihm, dann sei der Wettbewerb der Mädels wohl im Eimer. Auf seinen fragenden Blick hin erkläre ich ihm, warum wir so schnell wie möglich nach Kassel müssen. Er steigt die drei Trittstufen zur Fahrerkabine hinauf, steht neben mir und begrüßt die Studentinnen. Ich muss dazu sagen, dass sie recht hübsch aussehen. Der Beamte denkt das anscheinend auch und beachtet mich gar nicht mehr. Er verliert auch kein Wort darüber, dass diese Kabine eigentlich nur für zwei Personen zugelassen ist, die eine der beiden sitzt unangeschnallt in der Mitte auf meinem Bett. Er lässt sich von ihnen das mit dem Wettbewerb noch mal erzählen und fragt sie, auf welchem Platz sie denn lägen. »Auf Platz eins«, sagen sie und strahlen über das ganze Gesicht. Da nimmt der BAG-Mann meine Papiere, blättert sie einmal flüchtig durch und gibt sie mir zurück mit den Worten: »Fahren Sie weiter, aber schnell!« Kleine gute Taten belohnt der liebe Gott eben sofort.

Ich habe leider nicht die Zeit, die beiden runter in die Kasseler Innenstadt zu fahren, kann sie nur an der Autobahnabfahrt aussteigen lassen. Denn ich sollte heute möglichst noch aus Deutschland herauskommen, da morgen Sonntagsfahrverbot ist. Ich habe zwar einen Kühlauflieger, aber keine verderbliche Ware. In Deutschland reicht meistens ein Kühlauflieger aus, dass sie einen gar nicht erst anhalten und kontrollieren. Sie vermuten dann immer verderbliche Ware, mit der darf man auch sonntags fahren. Aber ich möchte es heute trotzdem nicht auf den Versuch ankommen lassen, denn bei einem Verstoß riskiert man einen Punkt in Flensburg, und ich möchte da meine weiße Weste behalten.

Früher brauchte es für jede einzelne Fuhre eine Ausnahmegenehmigung. In den letzten Jahren wurde jedoch in Deutschland das Sonntagsfahrverbot nahezu unbemerkt von der Öffentlichkeit zugunsten der Wirtschaft erheblich aufgeweicht. Das sogenannte Sonntagsfahrverbot ist mittlerweile nur noch eine Attrappe, fast so wenig ernstzunehmen wie das sogenannte Nachtflugverbot am Frankfurter Flughafen. Heute darf jeder mit verderblicher Ware sonntags fahren. Außerdem jeder, der irgendeine Fähre erreichen muss oder es so hindrehen kann, sowie jeglicher Transport von Luftfracht, auch wenn das von der Logik her gar keinen Sinn ergibt.

In Österreich läuft das anders. Dort darf man sonntags wirklich nur mit verderblicher Ware fahren, ausgenommen sind davon aber zum Beispiel Blumen. Wie sinnvoll der Transport von Blumen kreuz und quer durch die Welt überhaupt ist, sei sowieso mal dahingestellt, aber es muss ja nun wirklich nicht unbedingt am Sonntag sein. Auch mit »meiner« Schokolade dürfte ich in Österreich sonntags nicht fahren, denn die wird an diesem einen Tag auch nicht schlecht. Daher fahre ich über Tschechien, da gibt es nur in der Urlaubszeit ein Wochenendfahrverbot.

In einem unfallbedingten Stau »verliere« ich eine Dreiviertelstunde Zeit, daher schaffe ich es heute doch nur bis kurz vor Dresden, um 19.30 Uhr mache ich Feierabend. Ich gönne mir jedoch nur neun Stunden Pause, da ich hoffe, dass ich sonntagmorgens um 4.30 Uhr keine größeren Probleme wegen meiner Schokolade und des Sonntagsfahrverbots bekomme.

Sonntagmorgen, 4.30 Uhr

Von Dresden bis Brno – über Sinn und Unsinn unserer Ladungen – absurde Leerfahrten – Höchstleistungsstress im Begegnungsverkehr

Um diese Zeit sind die Straßen schön leer. In weniger als einer Stunde bin ich an der Grenze. Zollrechtlich könnte ich eigentlich durchfahren, aber ich muss hier die tschechische Autobahnmaut bezahlen. Das Verfahren in Tschechien ist kompliziert und bürokratisch. In der Slowakei hingegen gibt es wieder die Vignetten, ähnlich wie in den Beneluxländern und Ungarn, die zeigen, dass sich das auch wesentlich einfacher organisieren ließe. Allerdings vermute ich, dass es bei der elektronischen Kontrolle in Österreich, Deutschland und Tschechien nicht nur um die Erhebung der Gebühr geht, sondern auch um flächendeckende Überwachung. Mit deren Systemen lässt sich nämlich genau rekonstruieren, wann welches Fahrzeug an welcher Stelle vorbeigefahren ist.

Auch auf der tschechischen Seite ist wenig Verkehr. Das ist praktisch, denn die Autobahn geht noch nicht durch bis Prag, man muss gut fünfzig Kilometer Landstraße fahren. Die einzige Gefahr um diese Uhrzeit geht von besoffenen Discoheimkehrern aus, die versuchen, sinnlose Geschwindigkeitsrekorde aufzustellen. Heute habe ich aber alles in allem einen recht geruhsamen Tag, denn ich kann/darf nur Tschechien durchqueren. In Ungarn gibt es ein Sonntagsfahrverbot. Da die Geldstrafen in diesem Land so aberwitzig hoch sind und ich sie nicht von meiner Firma erstattet bekäme, will ich nicht ausprobieren, ob ich mich mit meiner Schokolade da trotzdem durchmogeln könnte.

Während der langweiligen Autobahnstunden bis Brno möchte ich ein wenig darüber berichten, was so an sinnlosen Sachen auf den Straßen kreuz und quer durch Europa transportiert wird. Von dem Altpapier von Hamburg nach Bordeaux und den Schrottautos von Ramsgate nach Rotterdam war ja schon die Rede. Als Fahrer ist es mir meistens nicht möglich zu ergründen, wer mit so etwas Geld verdient und wieviel und warum. Ich kann lediglich Beispiele aufzählen aus eigenem Erleben. In meinen ersten Jahren als internationaler Fernfahrer habe ich oft im Hafen von Bremen Rohkaffee geladen und diesen nach Montpellier gebracht. Dort wurde er geröstet und verpackt und dann wieder zum Verkauf zurück nach Deutschland transportiert. Der Airbus wird zwar in Toulouse zusammengeschraubt, aber die einzelnen Komponenten kommen aus verschiedenen europäischen Ländern und werden auf dem Luft- und Landweg nach Toulouse gebracht.

Viele Transporte entstehen auch durch unsinnige Subventionen. Vor dem Fall der Mauer wurden Produkte bezuschusst, wenn irgendein Bestandteil in Westberlin produziert wurde. So kam es tatsächlich vor, dass man Ware nach Berlin zu transportieren hatte, die man postwendend zurückbekam und wieder zum Absender brachte. Auch die EU-Subventionen bewirken viele absurde Transporte. Da wird Joghurt von Deutschland nach Italien gefahren, dort in Plastikbecher abgefüllt und dann nach Deutschland zurückgebracht. In Bayern gibt es sizilianische Butter zu kaufen und in Sizilien Burro Bavarese. Ökologisch sind diese Transporte ungefähr so sinnvoll wie Erdbeeren zu Weihnachten oder Inlandsflüge in Deutschland. Je höher die Gewinnspannen sind, desto geringer fallen die Transportkosten ins Gewicht. Die in Griechenland verkauften Camel-Zigaretten werden etwa in Trier produziert, die in Sizilien verkauften Marlboros kommen aus Tschechien, Polen oder den Niederlanden.

Wenn etwas besonders eilig durch die Gegend gefahren werden soll, wird das im sogenannten Begegnungsverkehr organisiert. Das ist so ähnlich wie früher der Pferdewechsel bei den Postkutschen im Wilden Westen und kann nur von großen Speditionen kurzfristig organisiert werden: Ein Fahrer fährt zehn Stunden in eine Richtung, und da, wo er Pause machen muss, wartet bereits ein Kollege, der den Auflieger mit der eiligen Ladung übernimmt. Auf diese Art kann eine Ladung Schnittblumen nonstop vom niederländischen Aalsmeer ins andalusische Jerez de la Frontera gejagt werden. Dieser Begegnungsverkehr ist einer der härtesten Jobs für uns Fahrer. Der Tag-Nacht-Rhythmus kommt völlig durcheinander, denn man muss so fahren, wie die Ladung gerade kommt, und man steht unter besonders extremem Zeitdruck. Beide genannten Orte sind große Zentren für den Blumenhandel. Damit die örtlichen Auktionshäuser, Großhandlungen und Blumengeschäfte eine breite Palette anbieten können, kaufen sie jeweils auch beim anderen ein. Für manche Blumen- und Pflanzensorten gibt es nur eine recht kurze Saison, und die ersten Ladungen dieser Sorten sind dann immer die eiligsten. So kam es, dass ich einige Zeit nur mit Schnittblumen auf Teilstrecken dieser Route in beide Richtungen unterwegs war – holländische Blumen nach Andalusien und andalusische Blumen nach Holland. Auf dieser Strecke sind täglich Dutzende, wenn nicht gar hunderte von Lkw unterwegs, und das sieben Tage die Woche.

Die Just-in-time-Produktion bewirkt außerdem zahlreiche absurde Leerfahrten, schließlich soll sie ja die Lagerhaltung ersetzen. Das spart so viel Geld, dass man es sich auch mal leisten kann, einen leeren Lkw auf die Schnelle quer durch ganz Europa zu schicken, um kurzfristig benötigte Waren abzuholen. Ich bin zum Beispiel leer von Pamplona nach Mailand gefahren, quer durch Osteuropa von Moldawien nach Kattowitz, mein persönlicher zweifelhafter Rekord war aber 1988 eine Leerfahrt über die Weihnachtsfeiertage vom nordfranzösischen Rouen bis nach Istanbul. Transportkosten sind so lange zu billig, wie es sich lohnt, Kartoffeln zum Waschen nach Polen oder über den Brenner und Nordseekrabben zum Pulen nach Marokko zu transportieren.

Ein weiteres dunkles Kapitel sind Gefahrguttransporte. Im Amtsdeutsch heißt Gefahrgut »kennzeichnungspflichtige Güter«. Um sie zu transportieren, braucht man eine zusätzliche Genehmigung, den sogenannten ADR-Schein. ADR ist das europäische Übereinkommen zum Transport gefährlicher Güter und auch das gebräuchliche Wort für Gefahrgut, jeder Kollege kennt es. Zahlreiche Kollegen aus mehreren Ländern haben mir berichtet und gezeigt, wie unsicher ihre Fahrzeuge sind: fehlende Feuerlöscher, schlechte Reifen und einiges mehr. Auch müssen sie genauso oft zu lange fahren wie alle anderen Kollegen. Wenn unsere Firma ADR-Gut von den Niederlanden nach Griechenland transportiert, hatten die Fahrer die Anweisung, einige Kilometer vor dem Fährhafen die Gefahrgut-Schilder einzuklappen. Mit Gefahrgut kostet die Fähre nämlich doppelt so viel. Wäre etwas passiert, dann wäre der jeweilige Fahrer drangewesen. Noch viel schlimmer aber wäre es, wenn bei einem Unglück die Feuerwehr nicht einmal um das Gefahrgut weiß.

Genau wie die illegale Praxis mit den gefälschten Urlaubsscheinen wird mit dieser Mauschelei bei Gefahrguttransporten die Grenze weit überschritten von der Ordnungswidrigkeit zur Straftat. Angesichts der Risiken halte ich die Einordnung dieser Gaunerei als Straftat auch für absolut berechtigt. Zum Glück habe ich keinen Gefahrgutschein. Für den muss man einen Kurs besuchen und eine Prüfung ablegen. Man lernt viel über Giftiges, Explosives, Brennbares, Ätzendes, Radioaktives und ähnliche Sauereien. Ich habe den Schein absichtlich nicht gemacht, um zu vermeiden, dass ich in genau solche Situationen komme. Man bekommt kein höheres Gehalt und hat durch diesen ADR-Schein nichts als Ärger. Gegen eine andere der Machenschaften »meiner« Firma war ich jedoch völlig machtlos: Ich hatte einen beladenen Auflieger mit Sammelgut für Athen auf dem Hof unserer Firma übernommen. Laut Papieren war kein Gefahrgut dabei. Beim Ausladen habe ich dann aber diese acht Fässer gesehen mit allen möglichen gelb-schwarzen Warnzeichen darauf. Ich hatte keine Chance gehabt, diesen undeklarierten Gefahrgut-Transport zu vermeiden.

Kurz hinter Brno mache ich Feierabend für heute. Ich weiß nicht, wie die in der Slowakei das mit meiner Schokolade und dem Sonntagsfahrverbot sehen. Meine Ladung ist ja nun wirklich nicht verderblich und eine Stunde später an der ungarischen Grenze wäre sowieso Schluss.

Montagmorgen, sechs Uhr

Zu Tagesbeginn ausgebremst – Kriminalität an der Strecke – mehrere Reifenwechsel – gestrandet im Niemandsland

Es gibt Tage, an denen man besser im Bett hätte bleiben sollen. Der Blitzstart erstickt im Keim, da der Wagen nicht anspringt – beziehungsweise er springt an und geht gleich wieder aus, weil die Wegfahrsperre oder irgendetwas anderes in der Elektronik spinnt. Der Volvo ist »zu intelligent«. Dauernd blinkt etwas auf, von dem die in der Werkstatt sagen würden, das brauche man nicht so ernst zu nehmen und sie könnten es irgendwie auch nicht ändern. Wenn die Elektronik spinnt, weiß ich mittlerweile, dass meist ein Steckrelais Schuld ist. Um da dranzukommen, muss man vorne einiges am Armaturenbrett abschrauben, sich zu den Relais vorarbeiten und diese dann alle einzeln ausprobieren. Beim ersten Mal habe ich dafür fast zwei Stunden gebraucht, inzwischen schaffe ich das in zwanzig Minuten. Der Unterschied ist doppelt wichtig, wenn man mit dem Lkw irgendwo im Straßenverkehr mitten im Weg steht. Ich hatte mal im Radio einen Verkehrshinweis gehört über einen Stau wegen eines liegengebliebenen Lkw – und der verhinderte Fahrer war ich.

Zum Glück habe ich genau so ein Relais dabei, das hatte ich einem Mechaniker beim letzten Werkstattaufenthalt abgeschwatzt. Zwei der drei Sorten habe ich jetzt vorrätig – Schwein gehabt. Aber durch die Verzögerung gerate ich in den Montagmorgen-Berufsverkehr bei der Durchfahrt durch Bratislava.

An der Grenze schnell die Ungarn-Vignette gekauft, nur für heute, denn abends möchte ich in der Ukraine sein. Da meine Firma in so viele verschiedene Länder fährt, lohnt es sich nicht, für jedes ein Jahresabo oder ein elektronisches Bauteil, das die Durchfahrt registriert, zu beschaffen, weil man ja nicht so oft in das jeweilige Land fährt. Daher muss ich an oder vor fast jedem Grenzübertritt immer noch irgendwo halten, um die jeweilige Durchfahrt zu bezahlen.

Der nächste Stau erwischt mich bei Budapest, und das aber richtig. Zum Glück ist nicht die ganzen zweieinhalb Stunden Stop-and-go, sondern einige Zeit steht einfach alles. So zählt ein Teil der Wartezeit im Stau als Pause. An einer Autobahnraststätte hinter Budapest fragt mich eine finstere Gestalt, ob ich ihm nicht meinen Diesel verhökern wolle. Ich könne dann das Bargeld einstecken und dem Chef einfach mehr aufschreiben. Ich mache, dass ich schnell weiterkomme. Ein zwielichtiger Geselle kommt selten allein. Es sind immer wieder die großen Transitstrecken, wo es jede Menge Ganoven auf Geld und Besitz der Durchreisenden abgesehen haben. Fast täglich könnte ich Bestandteile meines Lkw verscherbeln, sei es Diesel, Reservereifen, leere Paletten oder Teile der Ladung. Der Chef wäre machtlos, könnte mir nicht mal beweisen, dass das nicht geklaut wurde. Mein Job ist also nur in einem gegenseitigen Vertrauensverhältnis möglich. Meine Chefs müssen sich darauf verlassen können, dass ich mit dem mir anvertrauten Wagen sowie der mir anvertrauten Ladung sorgsam und ehrlich umgehe. Und weil ich das – genau wie die meisten Kollegen – zuverlässig und jederzeit garantieren kann, ärgert es mich umso mehr, wenn ich im Gegenzug von genau diesen Chefs um Teile meines Gehalts und meiner Spesen betrogen werde.

Doch zurück zu den Ganoven an den großen Raststätten: Hier warten nicht nur Hehler, auch Hütchenspieler, Taschendiebe, Zuhälter, Geldwechsler und alle möglichen anderen Trickbetrüger lungern an diesen Orten herum. Darum ist es ratsam, sich von vorneherein gar nicht erst auf allzu lange Gespräche einzulassen, man zieht sonst nur noch mehr von denen an. Wer ein Land nur auf den großen Transitstrecken durchreist, bekommt oft ein völlig falsches – weil untypisches – Bild vermittelt. Man könnte dann meinen, beispielsweise in Ungarn gäbe es überall nur Diebe, Hehler und Betrüger. Das stimmt natürlich nicht, aber die andere Seite bekommt man auf der Durchreise oft nicht mit. Das ist auch einer der Gründe, wieso viele Kollegen so misstrauisch und verbittert auftreten und in jedem Gegenüber erstmal einen potentiellen Gegner sehen.

In Deutschland bekommen Deutsche die Kriminalität an den großen Strecken weniger mit, weil sich diese zumeist gegen ortsunkundige Ausländer und weniger erfahrene Touristen richtet. Bei Deutschen versucht man es eher in anderen Ländern. In Norditalien beispielsweise kann man an manchen großen Autobahnraststätten wie etwa bei Modena zusehen, wie gut organisierte Kleinkriminelle den Touristen Laptops, Camcorder und Ähnliches andrehen wollen. Ich denke mir, wer darauf reinfällt, hat's verdient, und schau gerne Brötchen mampfend diesem Treiben zu. Sie sind sehr geübt und gut eingespielt, kurz vor der Übergabe wird der Karton vertauscht und der vermeintliche Käufer erhält eine Attrappe. Man erkennt nicht nur, wie professionell die organisiert sind, sondern auch wie viele Menschen auf dieser Raststätte tatsächlich zum Trickbetrüger-Team gehören. Von einem dieser scheinbar zufällig herumlaufenden Männer wurde ich mal angesprochen, er sagte mir freundlich aber unmissverständlich, dass meine Anwesenheit hier nicht sehr erwünscht sei.

Im spanischen Algeciras ist auf dem Hafenparkplatz mal eine Junkie-Frau auf der Beifahrerseite ungefragt in meinen Wagen gestiegen, ich hatte vergessen, diese Tür abzuschließen. Sie weigerte sich, wieder auszusteigen, dennoch wollte ich sie nicht von oben wieder auf die Straße schmeißen. Also stieg ich aus, ging auf ihre Seite und holte sie auf diesem Weg wieder herunter. Während ich vorne um den Wagen ging, hat die es aber tatsächlich geschafft, unbemerkt mein Handy zu klauen. Das war das bisher einzige Mal, wo es auch mich erwischt hat, bisher hatte ich ansonsten immer Glück beziehungsweise war vorsichtig genug.

Zurück auf die Straße. Eigentlich hatte ich auf diese ungarische Raststätte fahren wollen, um einige Reifen an den drei Hinterachsen zu wechseln, um an der ukrainischen Grenze keine Schwierigkeiten zu bekommen. Doch das vertage ich lieber auf einen sichereren Parkplatz. Je weiter man von Budapest nach Osten fährt, um so weniger ist nicht nur auf der nagelneuen Autobahn los, sondern natürlich auch auf den Raststätten. Also suche ich mir ein geruhsameres Plätzchen. Der Auflieger hat drei Hinterachsen, also sechs Reifen plus zwei Reservereifen. Durch geschicktes Hin- und Her-Tauschen würde ich es schaffen, auf einer Achse genau gleiche Reifen zu bekommen, auf der zweiten fast gleiche, auf der dritten jedoch ließ sich nichts machen. Das heißt: vier Reifen sowie beide Reservereifen abmontieren. Wie üblich weigern sich ein paar Radmuttern lange, sich auch nur einen Millimeter zu bewegen. Klar, sie wurden in der Werkstatt mit einem Pressluftschrauber richtig schön festgeknallt. Mit einem langen Eisenrohr als Verlängerung auf dem Radkreuz und mit viel Kraft kriege ich es irgendwann doch noch hin. Die ganze Aktion dauert fast zwei Stunden, und ich sehe hinterher dementsprechend aus.

Eigentlich wollte ich nachmittags schon aus Ungarn heraus sein. Doch durch die Panne am Morgen, die Staus bei Bratislava und

Budapest sowie die Reifenwechselaktion wird es nach 21 Uhr, bis ich auf den ungarischen Zollhof rolle. Die Zollabfertigung an dieser Grenze ist eine Strafarbeit und Geduldsprobe. Schon die ungarische Seite ist total anstrengend, aber nachher auf der ukrainischen Seite wird sich zeigen, dass das noch steigerungsfähig ist. Erschwert wird mein Grenzübertritt dadurch, dass ich praktisch für jeden einzelnen Karton einen gesonderten Lieferschein habe plus zu jedem Lieferschein die jeweiligen Zoll- und Herkunftsbescheinigen, Rechnungen und einiges mehr. Insgesamt habe ich über zwei Kilogramm Papiere dabei. Jedes sieht furchtbar wichtig aus und ist es auch. Wenn auch nur ein Zettel fehlt, vervielfachen sich die Probleme.

Ich parke den Wagen und gehe im Zollabfertigungsgebäude zunächst zu einem Grenzspediteur, der die ganzen Dokumente idiotensicher für die Zöllner sortiert, auflistet, Formulare ausfüllt, für die Abfertigung vorbereitet und seine Gebühr in bar kassiert. Danach wird das Ganze am Zollschalter abgegeben, und es ist mal wieder Warten angesagt. Die ungarischen Zöllner sind zwar fürchterlich bürokratisch, aber dabei immer freundlich – jedenfalls solange man selbst freundlich bleibt. Auch geht es ihnen nicht darum, einem Bakschisch abzuknöpfen, es sind ihre Vorgaben, die sie so bürokratisch handeln lassen.

Nach knapp zwei Stunden kann ich das Zollhaus wieder verlassen und muss etwa dreißig Meter weiter zu einem Abfertigungshäuschen fahren. Wie fast jedes Mal hier wollen die Beamten die Ware sehen. Das passiert außer an den ungarischen Grenzen kaum noch, sonst werden immer nur die Dokumente kontrolliert. Ich weiß nicht warum, aber es sind jedes Mal die Zigarren, die denen so großes Kopfzerbrechen bereiten. Beim Beladen wurde zum Glück darauf geachtet, dass diese Kartons ganz hinten stehen, damit man schnell an sie herankommen kann. Es sind ein halbes Dutzend verschiedene Sorten. Die Zöllner möchten nun von jeder Sorte einen Karton fotografieren. Nach dem zweiten Foto fängt der eine Beamte an, vor sich hin zu fluchen – der Akku der Zollkamera ist leer. Das Aufladen würde bis morgen früh dauern, und sie rätseln herum, was sie jetzt machen sollen, denn diese Fotos scheinen ihnen fürchterlich wichtig zu sein. Ich schlage vor, die Fotos mit meiner

Kamera zu machen und sie ihnen irgendwann in den nächsten Tagen von der Ukraine aus per Mail zu schicken. So machen wir es dann auch, und eine knappe halbe Stunde später darf ich den Auflieger wieder verschließen, bekomme eine neue Plombe und darf Ungarn verlassen.

Ich fahre in die Dunkelheit und überquere auf einer alten Eisenbrücke den Grenzfluss Theiß. Auf beiden Seiten der Grenze stauen sich rund um die Uhr die Fahrzeuge oft viele Kilometer. Da selbst die Abfertigung der Pkw sehr schleppend vorangeht, tröpfelt hier nur wenig Verkehr entlang. Auch mit dem Pkw dauert dieser Grenzübertritt oft Stunden, in der Urlaubszeit manchmal sogar Tage.

Auf der ukrainischen Seite muss ich zuerst über die Waage fahren und bekomme dann meinen Laufzettel. Zwanzig Meter weiter muss ich wieder anhalten und nacheinander drei kleine Schalterhäuschen abklappern. Am ersten wird mein Pass kontrolliert und abgestempelt, am zweiten werden die Frachtbriefe abgestempelt. Was genau an dem dritten Häuschen kontrolliert wird, weiß ich nicht. Ich reiche einfach meine zwei Kilogramm Papiere rüber. An allen drei Häuschen fragen mich die Uniformierten nach einem Trinkgeld. Da ich hier nicht zum ersten Mal entlangfahre, weiß ich, dass ich diesen drei Leuten keines geben muss, sie können mir nichts tun. In diesem Land muss ich Geldgeschenke sorgfältig einteilen, sonst bin ich bereits nach zwei Tagen gerupft wie eine polnische Weihnachtsgans auf Westbesuch.

Fünfzig Meter weiter auf dem großen Zollparkplatz geht der Tanz erst richtig los. Ich schließe alles ab und mache mich mit meiner dicken Aktentasche auf den Weg zu den diversen Amtsstuben im großen Abfertigungsgebäude. Als erstes muss ich in die erste Etage zur SMAP, der ukrainischen Transportpolizei. Und nun kommt es zu der am Anfang dieses Buches beschriebenen Szene, in der der Beamte die Taschenlampe aus der Schublade holt. Die SMAP interessiert sich immer nur für drei Dinge: Erstens kontrollieren sie die Zollplombe, da gibt es diesmal keine Probleme. Zweitens suchen sie nach Sprüngen in der Windschutzscheibe, verursacht durch Steinschlag. Die Spediteure ersparen sich oft die teure Reparatur. Solange die Risse in diesem Verbundglas nicht größer werden und die Sicht nicht behindert wird, ist das auch halb so schlimm. Daher wird das in den EU-Ländern auch selten bei Kontrollen beanstandet, aber die ukrainischen Beamten sind richtig scharf auf dieses Detail. Zum Glück ist »mein« Lkw einer der wenigen in der Spedition, bei dem die Windschutzscheibe noch makellos ist.

Und das Dritte sind eben die Reifen auf den drei Hinterachsen. Mein Visumsstempel im Pass wird mit einem weiteren Stempel entstempelt: »Dosvedanje Ukraine«, auf Wiedersehen. Die ukrainischen Beamten an der Ausfahrt in Richtung Ungarn wissen schon Bescheid, als ich bei ihnen ankomme, der Schlagbaum wird geöffnet, und nach nur einer guten Stunde Aufenthalt in der Ukraine bin ich wieder auf der ungarischen Seite. Doch die Ungarn wollen mich nicht wieder hereinlassen. Zollrechtlich habe ich die EU verlassen, das ist ja mit vielen Stempeln auf den Papieren dokumentiert. Ein Re-Import würde jetzt fürchterlich kompliziert. Das Ganze macht mich ein wenig schadenfroh, weil ich es so hatte kommen sehen. Diese Nacht kann ich nichts mehr machen. Ich suche mir ein stilles Plätzchen im Niemandsland und mache Feierabend für heute, es ist zwei Uhr nachts.

Dienstagmorgen, sieben Uhr

Ukrainischer Zollmarathon – die paneuropäische Truckersprache – zwei Stunden »Ausgang« – Igor aus Lugansk

Das Telefon reißt mich aus dem Tiefschlaf. Die Zentrale will wissen, wieso heute Nacht die Türen des Aufliegers geöffnet wurden. Selbst das können sie sehen über ihre Satellitentechnik! Weil das anscheinend irgendeinen Alarm ausgelöst hat, kommt der Anruf auch gleich um sieben Uhr, sonst hätte ich vielleicht noch ein Stündchen länger schlafen können. Ich berichte von der Zigarren-Fotografier-Aktion. Dann sei ja alles in Ordnung, sagt der Chef und will wieder auflegen. Da schildere ich ihm meine aktuelle Situation im Niemandsland und frage ihn, was jetzt geschehen soll. Er sagt, das sei ja kein Problem, ich solle bis nach acht Uhr warten, dann sei ja eine andere Schicht dran und ich solle es wieder probieren, diesmal mit Bakschisch. Die reden in der Firma über die Ukraine, als sei das eine Bananenrepublik! Aber das sage ich ihm nicht, bin ja nur Fahrer. Also versuche ich eine Stunde später wieder mein Glück auf der ukrainischen Seite. Da ich noch keine neun Stunden Pause habe, muss ich vorher die Tachoscheibe wechseln. Würde ich jetzt noch so lange hier stehenbleiben, bis wenigstens die neun Stunden voll sind, dann würde in einer Viertelstunde per Telefon gefragt, wieso ich denn noch da stünde. Ich solle doch nachher Pause machen, wenn ich auf der ukrainischen Seite warten müsse. Das Wechseln der Scheibe wirkt heute allerdings eher unglaubwürdig, denn zwischen dem Herausnehmen der alten und dem Einlegen der neuen liegen nicht nur ein halber Kilometer Fahrstrecke, sondern auch eine knappe halbe Stunde: erst die Waage, dann die drei kleinen Häuschen, wieder auf den Parkplatz an dem großen Abfertigungsgebäude und dann erst die neue Tachoscheibe rein.

In der Amtsstube bei der SMAP arbeitet in der jetzigen Schicht der einzige Beamte, der deutsch spricht. Ansonsten kommt man im gesamten Gebäude nicht mal mit Englisch weiter, nur mit Ukrainisch, Russisch oder Zeichensprache. Natürlich weiß er bereits Bescheid und spricht mich darauf an, dass ich doch letzte Nacht zurückgeschickt worden sei. Ich sage ihm ehrlich, der Chef habe gesagt, ich solle es nochmals probieren, sage ihm auch, was ich von meinem Chef halte und dass ich selbst die Beanstandung eigentlich auch für berechtigt halte. Er berät sich mit seinen Kollegen und sagt, dieses eine Mal wollten sie noch ein Auge zudrücken, aber dann sei definitiv Schluss. Sie kennen meine Firma und nächstes Mal werden sie in einem solchen Fall nicht mit sich reden lassen und den Wagen zurückschicken. Er füllt ein Protokoll aus und fordert mich auf, eine Stellungnahme hineinzuschreiben. Ich schreibe auf Deutsch, dass die Reifen nicht korrekt sind, dass ich das einsehe und setze meine Unterschrift darunter. Auch er setzt Unterschrift und Stempel darunter und händigt mir einen Durchschlag des kyrillischen Formulars aus, es hängt jetzt bei mir im Badezimmer. Überraschenderweise muss ich weder offiziell noch inoffiziell irgendetwas bezahlen.

Nach der SMAP kommt der ganze weitere behördliche Hürdenmarathon, den es an dieser Grenze immer zu durchlaufen gilt. Man muss zum Veterinär, egal was man geladen hat. Dann zur »Ökologie«-Kontrolle, wo der Beamte regelmäßig über den dicken Stapel Frachtbriefe flucht, denn er muss jeden einzelnen abstempeln. Dafür will er ein Bakschisch haben. Auch diese Kontrolle ist etwas sinnfrei, denn der gute Mann versteht ja nicht mal, was auf all den Papieren geschrieben steht. Es folgen mehrere weitere Schalter und Amtsstuben, teilweise weiß ich nicht mal, was genau die kontrollieren. Einer will meinen Kilometerstand wissen, der andere, ob ich eine ansteckende Krankheit habe. Manche sind gar nicht an ihrem Platz, man muss lange auf sie warten. Das liegt unter anderem daran, dass sich in der ersten Etage neben dem Büro der SMAP eine kleine Gaststätte befindet, in der es nicht nur gutes, deftiges Essen gibt, sondern vor allem auch Wodka und Bier.

Wie meistens bin ich der einzige Westeuropäer hier. Transporte aus der und in die Ukraine werden fast immer von Osteuropäern durchgeführt, das ist wesentlich billiger, weil sowohl die Fahrer als auch alle Dienstleistungen, Reparaturen, Lagerarbeiter und so weiter weniger als ein Viertel »kosten«. Hier sind nur Kollegen aus der Ukraine, Moldawien, Ex-Jugoslawien, Slowaken, Russen und Ungarn. Auch auf der gesamten Strecke bis Kiew sieht man so gut wie keine Kennzeichen aus Westeuropa. Wie in Moldawien fällt mein Lkw in der Ukraine dennoch kaum auf, nur wenn man genau auf das Kennzeichen sieht. Denn fast alle Trucks hier wurden gebraucht im Westen gekauft, meistens wurden nicht mal die deutschen oder niederländischen Aufschriften entfernt; und gelbe Kennzeichen gibt es auch an manchen ukrainischen Lkw.

Doch von meiner Einreise in die Ukraine trennen mich noch weitere bürokratische Hürden. Gegen Mittag habe ich die Schalterrallye vollständig absolviert. Das heißt aber noch lange nicht, dass ich losfahren kann. Jemand nimmt den dicken Stapel Papiere, verschwindet damit irgendwohin und sagt mir dann, dass das heute nichts mehr wird mit Losfahren, aber vielleicht (!) »zavtra«, das heißt morgen.

Während meines Feierabends möchte ich etwas über die paneuropäische Truckersprache erzählen. Das erste Wort, das ein Trucker in jedem Land lernt, ist genau dieses »zavtra«. »Tomorrow« auf

Englisch, »avrio« auf Griechisch, »sutra« auf Serbokroatisch, »holnap« auf Ungarisch oder »mâine« auf Rumänisch, wobei das »a« wie ein »u« ausgesprochen wird. In manchen Sprachen wird es häufig noch ergänzt, da heißt es »morgen am Morgen« (»demain matin« auf Französisch, »domani mattina« auf Italienisch, »mañana por la mañana« auf Spanisch) oder »heute nicht, morgen« (»bugn yok, yarin« auf Türkisch). Das muss übrigens nicht immer stimmen, es passiert nicht selten, dass man am Folgetag das Gleiche zu hören bekommt. Dennoch sind es in vielen Sprachen feste Ausdrücke, es wird zum Fahrer nicht »morgen«, sondern grundsätzlich »morgen früh« gesagt, auch wenn es gar nicht stimmt. Die paneuropäische Truckersprache beherrschen übrigens nicht nur internationale Fernfahrer, sondern zwischen Dublin und Teheran, Casablanca und St. Petersburg auch zahllose Lagerarbeiter, Staplerfahrer, Hafenarbeiter, Speditionssekretärinnen, Polizisten, Zöllner und Bedienstete von Truckstops.

Einige Worte sind international und in so gut wie jedem Land verwendbar. Da sind zum Beispiel die drei Worte, die oft in Kombination auftreten. Wenn zwei dieser Worte zusammentreffen, ist fast immer automatisch das dritte dabei: »Kamion« (Lkw), »Kontrol« und »Problem«. Ein weiteres überall in Truckerkreisen geläufiges Wort ist die Umschreibung für Diebstahl: »zapzerap« oder auch »zapzarap«. Jeder Trucker in Europa kennt es, es steht mittlerweile sogar im Duden. Und »Kontrabanda« ist die überall geläufige Umschreibung für Schmuggel. Der Verdacht auf Kontrabanda beginnt aber bereits, wenn man einen Karton mehr geladen hat, als in den Papieren steht, oder wenn in den Papieren irgendein Stempel fehlt.

Wichtig ist auch das Wort »leer« für einen unbeladenen Lkw, man benötigt es beispielsweise an den Grenzen. Ich kenne es in ungefähr einem Dutzend Sprachen. Bei diesem Wort hat man sich jedoch wie bei manchen anderen wichtigen Begriffen als Notlösung auf eine Sprache geeinigt. Wer das Wort leer in der jeweiligen Landessprache nicht weiß, kann es mit dem türkischen »boş« probieren, wobei der letzte Buchstabe wie sch ausgesprochen wird. Als es die Grenze in Bad Reichenhall noch gab, fragten die deutschen Zöllner das oft die einreisenden Fahrer, egal aus welchem Land sie kamen.

Für schnell reicht oft das türkische »çabuk«, das russische »dawai« oder das spanische »rápido«, für langsam das türkische »yavaş« oder das italienische »piano«. Sammelgut ist überall »Groupage«. Die paneuropäische Umschreibung für die Lkw-Polizei ist »B.A.G.«, das stammt aus dem Deutschen und ist ursprünglich die Abkürzung für die Transportkontrolle der Bundesanstalt für den Güterverkehr. Die euphemistischsten Begriffe schließlich gibt es für das Wort Korruption, darüber werde ich berichten, wenn wir in die Ukraine eingereist sind, da passt das gut hin.

Den Rest des Tages muss ich nun die Zeit totschlagen. Leider erlauben die zwar freundlichen, aber immer schrecklich bürokratischen Grenzer es nicht, dass ich die Grenzstation verlasse, meistens hilft da nicht einmal Bestechungsgeld. Ich habe an dieser beknackten Grenze schon ganze sechs Tage die Zeit totschlagen müssen. Allerdings habe ich mittlerweile einen Trick gefunden, mit dem ich mir trotzdem einen Ausgang erschleichen kann. Auf der Gegenspur, der Ausreise aus der Ukraine in Richtung Ungarn, kann man die Grenzer bestechen, dass man zum Duschen auf einen angrenzenden Parkplatz gehen darf. Von dort lassen sie einen manchmal hinausgehen, wenn man seinen Pass als Pfand dalässt und verspricht, nur kurz in einen Supermarkt in der Nähe zu gehen. Wenn man dann dennoch drei Stunden wegbleibt, gibt das zwar Ärger, aber letztlich müssen sie einen ja wieder hineinlassen, dann muss man eben nochmal einen kleinen diskreten Schein rüberreichen. Ja, hier muss man sich die Bewegungsfreiheit mit Bargeld erkaufen, fremde Währungen werden auch akzeptiert.

Ich gehe zuerst in ein Internetcafé, um den ungarischen Zöllnern die versprochenen Fotos von den Zigarrenkartons zu mailen und ein wenig mit Freunden in der fernen Heimat zu chatten. Dann noch schnell in den Supermarkt und zum Duschen, ich komme mir vor wie ein Freigänger aus dem Strafvollzug (oder ein Trucker, der bei DHL-Istanbul übernachten muss).

Als ich zurück auf dem Zollparkplatz bin, lädt mich Igor ein, ganz viel Wodka mit ihm zu trinken. Igor stammt aus Lugansk, das liegt im Osten der Ukraine, und parkt direkt neben mir. Er kommt mit Ladung aus Italien, aber weil ihm irgendein Stempel in den Papie-

Noch ein wenig Restblut im Alkohol: zum Warten verurteilte Kollegen

ren fehlt, steht der arme Kerl hier bereits seit siebzehn Tagen. Er sagt, man verdächtige ihn der Kontrabanda. Igor hat sich hier schon fast häuslich eingerichtet. Er hat eine Wäscheleine zwischen seiner Fahrerkabine und einem Zaun aufgespannt und trocknet hier seine von Hand gewaschene Kleidung. Ich stehe ja nicht so auf Wodka, aber vielleicht würde sich das auch ändern, wenn man mich hier jetzt siebzehn Tage festsetzen würde. Zum Glück findet sich ein weiterer ukrainischer Kollege, der sich nun gemeinsam mit Igor die Kante gibt.

Mittwochmorgen, neun Uhr

Was du heute kannst verschieben, das besorge auch nicht morgen – Globalisierung der Korruption – Schach dem Zöllner – wo sich Eule und Eisvogel gute Nacht sagen

Heute habe ich mir keinen Wecker gestellt, denn ich weiß, wie gemächlich es hier zugeht. Auch mein Chef drängelt nicht, anscheinend zahlt also der Kunde die Wartezeit. Alle Grenzer, die ich frage, wann es denn nun losgeht, zucken mit den Schultern. Wenn ich alle Zeit zusammenrechne, dann habe ich dieses Jahr drei Wochen an dieser Grenze gestanden. In dem Restaurant kennen sie mich schon, es gibt hier leckeren Borschtsch. Die Einrichtung erinnert mich an die DDR-Autobahnraststätten von damals, einschließlich der obligatorischen Plastikblumen sowie der Betonfrisuren und geblümten Kittelschürzen der Serviererinnen.

Neben der Gaststätte gibt es einen kleinen Balkon, der als Raucherecke von denen genutzt wird, die sich nicht schon während der Arbeitszeit die Kante geben. Von hier oben kann man gut die Abfertigung der Pkw beobachten. Man sieht ganz deutlich, dass fast alle Durchreisenden den Kontrolleuren diskret Geldscheine zustecken oder in ihren Pässen »vergessen« haben. Selbst wenn es sich nur um kleine Scheine handeln sollte, müssen die Beamten hier sagenhafte Tagesumsätze erwirtschaften. Zum Schichtwechsel sieht man auch, dass sie in neuen, großen Limousinen von und zur Arbeit fahren.

Da wir nun schon wieder beim Thema Korruption sind: Meine ersten Erfahrungen damit machte ich Anfang der achtziger Jahre in Frankreich. Damals war fast jeder Autobahnpolizist korrupt, allerdings meistens nur gegenüber Truckern und auch nur gegenüber Ausländern. Das lief folgendermaßen ab: Sie haben einen kontrolliert und irgendetwas gefunden. Sie sagten dann, das würde Tausende Francs Geldstrafe kosten und drohten einem Tod und Teufel an, der Wagen würde festgesetzt, sie würden einen mitnehmen und alles Mögliche. Man musste sie reden lassen und den richtigen Zeitpunkt finden, um dann zu fragen, ob sich das nicht auch anders regeln ließe. Die Beamten sagten dann, okay, du gibst mir einen Kaffee aus, und dann ist alles wieder gut. Wer kein Französisch sprach, brauchte auch einfach nur »Kaffee?« zu fragen. Anfang der Achtziger lag ein »Kaffee« bei fünfzig Francs, Mitte der Achtziger stieg der Kaffeetarif dann auf hundert und 150 Francs. In Mark war das etwa ein Drittel. Manche Kontrollen fingen ganz ernsthaft als wirkliche Kontrollen an, manche waren aber von vornherein nur auf diesen »Kaffee« aus.

Als ich dann Mitte der achtziger Jahre begann, in den Ostblock und die Türkei zu fahren, nahm die Korruption weit größere Ausmaße an. Hier war die Umschreibung nicht »Kaffee«, sondern das persische Wort »Bakschisch«, was eigentlich Geschenk oder Almosen heißt. Ich durfte dem Chef für jede Türkei-Tour fünfzig und für jede Rumänien-Tour vierzig Mark aufschreiben, dieser konnte das sogar beim Finanzamt geltend machen. Aber diese Summen waren sehr knapp bemessen, oft kam ich damit gar nicht hin.

In den meisten Ländern wollten die korrupten Beamten jedoch kein Bargeld haben, sondern es gab Ersatzwährungen. In der Türkei beispielsweise war die feste Korruptionswährung Marlboro-100-Zigaretten. Es mussten aber genau die langen Roten sein, alles andere wurde nicht akzeptiert. Man konnte sie vorher günstig im Intershop in Bulgarien kaufen, bei jeder Tour gingen mehrere Stangen für Bakschisch drauf. Man musste die verschiedenen Bakschisch-Währungen der Länder kennen, das hatte sich völlig verselbständigt. In Jugoslawien war es gemahlener deutscher Filterkaffee. Sie fragten danach wie geübte französische Autobahnpolizisten, meinten aber tatsächlich ein Paket Kaffee. Die Ungarn wollten immer Kassetten mit westlicher Discomusik haben und kaltes Bier, in Rumänien waren es Kent-Zigaretten und im Irak Rothmans. Einmal ist es mir damals an einer Grenze sogar gelungen, einen Schweizer Zöllner mit fünfzig Schweizer Franken zu bestechen. Die einzigen Länder, die ich damals nicht als korrupt erlebt habe, waren die skandinavischen Länder, die Schweiz (mit dieser einen Ausnahme), die Bundesrepublik Deutschland (wo nur ausländische Kollegen erzählten, dass ihnen hier Bakschisch abgeknöpft wurde) sowie die DDR und Bulgarien. Am schlimmsten war die Korruption damals in Rumänien. Man verließ das Land immer total geschröpft, ich nannte das den Dracula-Sozialismus.

Heutzutage hat sich einiges verändert. In Rumänien ist die Korruption stark zurückgegangen, in Bulgarien hat sie enorm zugenommen. In der Türkei begegnet man als Trucker praktisch überhaupt keiner Korruption mehr. Angesichts dessen, wie verbreitet sie damals war, ist das eine enorme Leistung. Auch in Frankreich haut einen kein Polizist mehr um einen Kaffee an. In Süditalien kann einem das aber nach wie vor passieren. Während in den westlichen Mittelmeerländern »Kaffee« der Euphemismus für Bestechungsgeld ist, ist es auf dem Balkan »Ciorba«, das heißt Suppe. Wenn ein Polizist Suppengeld verlangt, stellt er das auch noch als ein Entgegenkommen seinerseits dar. Bert Brecht hat mal gesagt, Korruption sei die Menschlichkeit der Bürokraten. Wenn ich jedoch sehe, wie sehr beispielsweise in Bulgarien oder Moldawien Einheimische unter diesem Phänomen zu leiden haben, weiß ich nicht, ob ich darin überhaupt etwas Menschliches erkennen kann.

Der Übergang vom Geschenk zum Bestechungsgeld ist fließend. Auch Arbeiter wollen etwas von dem Kuchen abhaben und sind sich nicht zu schade, mich anzubetteln. Für solche Fälle hatte ich immer Bier dabei. Ich habe dann den spanischen Arbeitern das russische Bier aus der Ukraine gegeben und den Ukrainern das spanische. Den Türken spendierte ich Heineken und den Niederländern türkisches Efes-Pils. Das schmeckt mittlerweile zwar alles mehr oder weniger gleich, aber dennoch meinen sie, das sei etwas ganz Besonderes …

Die korruptesten Länder, die ich zuletzt mit dem Truck bereist habe, sind Marokko, Moldawien und die Ukraine. Man akzeptiert hier jeweils die Landeswährung, aber noch lieber nimmt man gleich Euros. Bevor man in diese Länder reist, sollte man daher unbedingt viel Kleingeld einwechseln, also größere Münzen und kleinere Scheine, denn auf Bakschisch gibt es nie Wechselgeld heraus. In der Ukraine gibt es übrigens auch den krassesten Euphemismus für diese Wegelagerei. Da hält ein Uniformierter die Hand auf und fordert: »Tradicia!« – Tradition …

Mittags kommt jemand zu meinem Wagen und teilt mir mit, dass das heute wohl nichts mehr wird, aber vielleicht »zavtra«. Weil ich nichts Besseres zu tun habe, schlendere ich auf dem Gelände um das Abfertigungsgebäude herum. Ich bleibe an einem geschlossenen Schalter stehen und schaue drinnen einem Uniformierten über die Schulter, der am Computer Schach spielt. Irgendwann bemerkt er das und dreht sich zu mir um. Er fühlt sich ertappt und fragt, was ich wolle. Ich beschwichtige, dass ich nur seinem Spiel zusehe und gebe ihm einen Tipp für seinen nächsten Zug. Da bittet er mich herein in den Kontrollraum, holt ein richtiges Schachspiel aus seinem

Schreibtisch und fordert mich zu einer Partie heraus. Irgendwann macht er einen Fehler und setzt einen Zug, nach dem ich ihn sofort matt setzen könnte. Ich weise ihn darauf hin und erlaube ihm, diesen Zug zurückzunehmen. Danach gewinnt er, das ist mir hier auch lieber so. Er will gleich, dass wir beide seinen großen Sieg mit Wodka begießen. Überhaupt scheinen hier alle viel und oft Wodka zu trinken, bei jeder Gelegenheit und zu jeder Tageszeit.

Ich verkrümele mich lieber wieder in meine Kabine und schlage hier die restliche Zeit des Tages tot. Ich habe den Wagen extra so geparkt, dass ich nicht auf das Treiben an der Grenze, sondern in die Natur blicke. Wenn man länger in der Kabine sitzt, bekommt man viele Tiere zu sehen, da sie selbst einen nicht wahrnehmen. Ich habe in den letzten Monaten vielen Wildschweinen zusehen können, Füchsen und vor allem zahlreichen Vögeln. Es ist immer wieder ergreifend, aus nächster Nähe Tiere zu beobachten, sogar mitunter näher als im Zoo. Keine zwei Meter vor der Windschutzscheibe ist ein alter Zaun.

Als ich gestern Abend im Wagen saß, landete dort plötzlich direkt vor mir eine große Eule oder ein Uhu und starrte mich viele Minuten unentwegt an mit diesen riesigen Augen, die niemals zwinkern. Heute konnte ich tagsüber länger einem Eisvogel zusehen. Ich war ganz gebannt und habe mich nicht getraut, mich zu bewegen. Von mir aus können sie mich hier noch tagelang warten lassen, ich empfinde das trotz der Unfreiheit als erholsame Verschnaufpause.

Donnerstagmorgen, 8.30 Uhr

Die Kalaschnikow in meinem Bett – die Radarpistole in der Ortsdurchfahrt – Dienst nach Vorschrift

Heute heißt es, dass wir möglicherweise mittags wegkommen. Ich sage »wir«, denn ich werde eine Eskorte bekommen. Da meine Ladung aus zollfreier Ware besteht, wird sie ja offiziell nicht importiert. Um sicherzustellen, dass ich sie auch wirklich zum Dutyfree-Shop nach Kiew bringe, soll ich von mehreren Zöllnern begleitet werden: Mindestens ein Auto fährt vorweg, manchmal noch ein weiteres hinterher, und in meiner Kabine fahren ein oder auch zwei Leute mit kugelsicheren Westen mit.

Während sie mir an der Grenze erklären, dass ich diese Eskorte bekomme, nennen sie das Konvoi und kreisen dabei mit dem Zeigefinger über dem Kopf. Das soll ein Blaulicht andeuten und sieht zum Totlachen komisch aus. Ich finde es jedoch eigentlich ätzend, wenn ich jemand in meinem Wohnzimmer erdulden muss, den ich mir nicht selbst aussuchen kann. Letztes Mal war es ein Alkoholiker, der sich den ganzen Tag mit Wodka zulaufen ließ, dann während der Fahrt dauernd zu mir rüberkam, mich küssen wollte und mir seine Uniformmütze so aufsetzen wollte, dass ich nichts mehr sehen konnte. Auch stört es mich, dass die Jungs immer ihre Kalaschnikow auf meiner Koje ablegen – ich mag keine Kalaschnikows in meinem Bett. Meistens sind die Konvoi-Leute jedoch recht freundlich, auch wenn eine Kommunikation durch die enorme Sprachbarriere nahezu unmöglich ist.

Mittags ist es tatsächlich soweit, es tut sich was. Ich bekomme meinen Stapel Papiere zurück, muss nochmals drei Schalter abklappern und dann zur Kabinenkontrolle – die jedoch recht lässig

Meine persönliche Eskorte

ist, immerhin kennen mich die Zöllner von den tagelangen Aufenthalten hier. Außerdem sitzen ihre Kollegen ja bei mir auf dem Beifahrersitz und machen »Konvoi«.

Nach drei Kilometern gibt es wieder einen Halt. In einem kleinen Industriegebiet residiert die Zolldienststelle, die meine Papiere bearbeitet hatte. Ich muss dafür eine saftige Gebühr von 300 Euro bezahlen, dafür brauche ich natürlich nicht mal eine Viertelstunde zu warten. Außerdem ist eine Tankstelle in der Nähe, die meine Plastikkarte akzeptiert. Diesel ist spottbillig in der Ukraine.

Dann können wir endlich wirklich losfahren. Von der Fläche her ist die Ukraine das größte Land Europas. Zwar ist Russland wesentlich und die Türkei ein klein wenig größer, aber nur ein Bruchteil ihrer Territorien gehört zu Europa. Von der ungarischen Grenze bis nach Kiew sind es etwa tausend Kilometer. Früher haben wir die Strecke in drei Tagen gemacht, den begleitenden Zöllnern konnte man nicht so viel zumuten wie uns Truckern … Mittlerweile sind nur noch zwei Tage angesetzt. Die Straßen sind schlecht, mittlerweile werden sie aber dank der Fußball-Europameisterschaft 2012 nach und nach hochmodern ausgebaut.

Durch den sogenannten Konvoi fühle ich mich sehr unfrei. Die Zöllner bestimmen, wo Pause gemacht wird und wie ich zu fahren habe. Sie drängeln beispielsweise in den Dörfern, mich nicht an die vorgeschriebene Höchstgeschwindigkeit von fünfzig Stundenkilometern zu halten. Das finde ich zum Kotzen, muss mich aber letztlich fügen. Sie rufen immer »Dawai, towarischtsch!« und zeigen auf ihre nicht vorhandene Armbanduhr. In einigen Ortschaften lauern Polizisten mit Radarpistolen dem Durchgangsverkehr auf, aber auch hier halten die Fahrer von Pkw und Lkw zusammen, indem sie sich gegenseitig durch Lichthupe warnen.

Wieder mal durchquere ich Höhenzüge der Karpaten, letzten Winter lag hier lausig viel Schnee. Dann fahren wir Richtung L'Viv, dem früheren polnischen Lemberg. Früher war hier die erste Tagesreise bereits zu Ende, jetzt nageln wir weiter in Richtung Rivne, immer weiter nach Osten. Auch hier sind viele Wegweiser nur auf Kyrillisch, aber ich habe ja ortskundige Begleitung.

In irgendeinem Dorf erwischt mich dann die Polizei. Ich dachte, wegen meines Begleiters können sie mir nichts. Aber der Feigling zieht sich zurück und muss auf einmal fürchterlich dringend mit seinem Handy telefonieren. Der Polizist will mehrere hundert Euro von mir haben. Dann bittet er mich zu sich in sein Polizeiauto, und ich weiß schon, dass er gleich nach »Tradicia« fragen wird. Er knöpft mir zwanzig Euro ab – ich bin stinksauer auf meinen Begleiter. Der hat auch noch die Chuzpe, ans Fenster zu klopfen und den Polizisten um einen Kugelschreiber zu bitten. Ab jetzt fahre ich konsequent 49 in jeder Ortschaft. Mit Händen und Füßen erklärt mir mein Begleiter, dass ich nicht mehr als fünf Euro hätte zahlen müssen. Na toll, da hätte er mir ja mal helfen können. Die beiden Begleitfahrzeuge veranlassen einen Halt am Straßenrand. Sie wollen mir klarmachen, dass ich schneller fahren müsse, sonst schafften wir die Reststrecke morgen nicht. Der Verweis auf geltende Gesetze entlockt ihnen nur ein Schulterzucken. Mir sind hier die Hierarchien völlig unklar: Manche Polizisten kuschen vor den Konvoi-Leuten, manchmal ist es genau umgekehrt.

Um zwanzig Uhr kommen wir in Rivne an. Die Konvoikollegen beschließen, dass wir um fünf Uhr morgens weiterfahren. Erstens nervt es mich, dass ich nur die kurze Pause machen soll, zweitens aber vor allem, dass mir jemand anderes das vorschreibt. Aber Proteste nützen nichts. Auf der morgigen Strecke nach Kiew gibt es Teilstücke, die für Lkw verboten sind, wenn es wärmer als 33 Grad wird, und das ist gut möglich, wenn wir zu spät losfahren. Die Jungs nehmen ihre Kalaschnikows und verschwinden im Hotel. Vermutlich zahlt das alles der Kunde.

Freitagmorgen, fünf Uhr

Schöne große Pilze aus Tschernobyl – wie der Apparat die Demokratie in der Ukraine sabotiert – Eskalationspotential – die Wache ausgetrickst – die Nacht auf dem Rollfeld

Um diese Uhrzeit ist es noch angenehm kühl. Die Zöllner drängen zum eiligen Aufbruch, schließlich wollen sie heute Abend wieder zu Hause sein. Im Gegensatz zu den Niederlanden, Großbritannien und Frankreich gibt es in der Ukraine übrigens kaum Menschen, die Ressentiments gegen Deutsche haben. Das ist umso überraschender, weil die Deutschen im Zweiten Weltkrieg hierzulande ganz schrecklich gewütet haben. Es lässt sich aber vor allem dadurch erklären, dass die wenigsten Menschen hier Nachfahren der Opfer sind, denn viele der Überlebenden sind später freiwillig oder unfreiwillig in andere Gegenden gezogen.

Wir fahren in Richtung Zytomir. Je mehr wir uns Kiew nähern, umso dichter wird der Verkehr, doch mittlerweile ist die Straße fast durchgehend zweispurig. Außerdem ist in der Ukraine die Verkehrsdichte insgesamt immer noch geringer als in Westeuropa, wenn man mal von Kiew absieht. Hinter Zytomir führt die Piste viele Kilometer durch einen Nadelwald. Am Straßenrand bieten ärmlich gekleidete Menschen Reisigbesen, Pilze und andere Früchte des Waldes an. Hier kaufe ich immer einige Gläser Pfifferlinge und Steinpilze, die kann ich dann später in Frankreich oder Spanien als Bakschisch geben. Weil Dienstleistung kaum etwas kostet, sind die Pilze in der Ukraine unglaublich billig. Man sollte sie jedoch nicht irgendwo auf dem Markt kaufen. Öfters schon haben mir Ukrainer erklärt, dass die auf den Märkten verkauften Pilze meistens aus der Gegend von Tschernobyl stammen. Denn dort wachsen sie nicht nur gut, sondern werden auch besonders groß. Woran das nur liegt? Aber in diesem Wald bei Zytomir kann man davon ausgehen, dass sie vor Ort geerntet wurden.

Die Preise hier sind sowieso erfreulich niedrig, jedenfalls für unsereins. Wenn alles nur ein Viertel kostet, die Menschen jedoch zehnmal weniger verdienen, kann man allerdings auch nachvollziehen, warum die Menschen hier über die hohen Preise stöhnen. Noch mehr leiden die Menschen in der Ukraine aber unter der Bürokratie und der Korruption. Zwar hat es vor Jahren hier eine demokratische Revolution gegeben, aber die demokratischste Regierung nutzt nichts, wenn der Apparat nicht mitspielt. Seit dem Zarenreich kannten die Menschen hier nichts anderes als den Obrigkeitsstaat. Es gibt wenige demokratische Instanzen, die als Korrektiv gegen Behördenwillkür helfen könnten. Die Bürokratie hat sich dermaßen verselbständigt, dass nahezu alle darunter zu leiden haben. Es wird mehrere Generationen brauchen, bis sich das herauswächst.

Wie auch in Moldawien und Georgien kommt dazu das Problem der verschiedenen Ethnien. Es gibt in der Ukraine eine große russische Minderheit, in vielen Landstrichen stellen sie sogar die Mehrheit. Und diese Menschen haben Angst vor einer Annäherung an das EU-Europa. Sie haben gesehen, wie die russischstämmigen Menschen im Baltikum, die früher dort die Oberschicht darstellten, jetzt mit dem Rücken zur Wand stehen und wollen nicht in die gleiche Lage geraten. In Verwaltung, Polizei und Zoll sitzen viele russischstämmige Ukrainer, und man hat den Eindruck, das Festhalten an Traditionen wie Bürokratie und Korruption soll jede Erneuerung von vornherein sabotieren. Das könnte auch eine Erklärung sein, wieso die demokratische Regierung wieder abgewählt und der alte moskaufreundliche Patriarch erneut an die Macht gekommen ist – Moskau ist einfach näher als Brüssel.

Ich war auf dem weg nach Moldawien, als sich der Konflikt um Südossetien zum offenen Krieg ausweitete. Je weiter ich nach Südosten fuhr, desto gebannter saßen die Menschen vor dem Fernseher, viele hatten richtig Angst. Denn die ethnischen Konflikte in Moldawien bergen ein riesiges Eskalationspotential. Das Beängstigende daran ist, dass eigentlich nirgends ein Lösungsansatz in Sicht ist. Ich war früher viel mit dem Lkw in Jugoslawien und habe damals Textilien geladen in Tuzla, Sarajevo, Srebrenica, Travnik und all den anderen Orten, die einige Jahre später durch die Nachrichten der Kriegsberichterstatter traurige Berühmtheit erlangten. Weil ich mittlerweile selbst Journalist geworden war, bin ich als Reporter wieder in diese Gegenden gefahren. Ich wollte verstehen, wieso die plötzlich aufeinander schießen. Mit diesem Wissen fürchte ich heute, dass die Konflikte in Moldawien und der Ukraine ganz ähnlich gelagert und ein riesiges Pulverfass sind. Das derzeitige, halbwegs friedliche Miteinander oder wenigstens Nebeneinander scheint mir in beiden Ländern sehr brüchig und äußerst gefährdet. Der Kreml unterstützt jeweils die Russen, Nato und Brüssel hingegen sagen »Ihr könnt gerne kommen, aber erst dann, wenn ihr dieses Problem gelöst habt«. In ihrer Bräsigkeit macht keiner von ihnen der jeweils anderen Seite irgendein Angebot. Das reicht nicht, auch wenn ich mit dieser Einschätzung gerne unrecht hätte.

Doch konzentrieren wir uns wieder auf den Straßenverkehr, der vor Kiew immer dichter wird. Wir liegen gut in der Zeit, das Thermometer zeigt noch unter 33 Grad, mein Konvoibegleiter ist um die Mittagszeit noch so gut wie nüchtern, was will ich mehr. Mein Ziel, der internationale Flughafen Borispol, liegt knapp fünfzig Kilometer östlich von Kiew, ich muss also durch die ganze Stadt. Ich habe nirgends so viele Verbotsschilder für Lkw gesehen wie in Kiew. Es wäre einfacher und billiger gewesen, die Straßen auszuschildern, die erlaubt sind für uns. Zudem ist die Beschilderung auch noch grottenschlecht. Wer sich nicht auskennt, ist hier mit dem Lkw hoffnungslos verloren. Man kommt tatsächlich an Kreuzungen, wo das Linksabbiegen für Lkw genauso verboten ist wie das Geradeausfahren, das Rechtsabbiegen und das Wenden. Dabei sind manche Verbote mehr und manche weniger wichtig, das muss man einfach wissen – und genug Kleingeld für die »Tradicia« dabeihaben. In Kiew geht es mir wie in Bulgarien oder Österreich: Ich würde den Verantwortlichen gerne einen zweiwöchigen Lkw-Streik an den Hals wünschen, damit sie mal sehen, wie sie es ohne uns schaffen, alles aufrechtzuerhalten. Zum Glück kenne ich die Strecke mittlerweile und würde sie auch finden, wenn mein Konvoibegleiter besoffen wäre.

Am östlichen Ortsausgang von Kiew, nach der großen Brücke über den Dnjepr, wird die Straße wieder sechs- oder siebenspurig. Das Dumme ist nur, dass hier auf großen Schildern steht, dass Lkw nicht weiterfahren dürfen, sondern an der nächsten Ausfahrt raus müssen. Dieses Schild scheint aber eines der weniger wichtigen zu sein, denn ich fahre zwar weit und breit den einzigen Brummi hier, habe aber deswegen noch nie Probleme bekommen.

Etwa zwei Kilometer vor dem Flughafen muss man rechts abbiegen und vor einer Schranke anhalten. Eigentlich kann man hier gar nicht stehenbleiben, denn an diesem Hintereingang zum Flughafengelände herrscht ein ständiges Kommen und Gehen, und ich beziehungsweise mein Wagen wird zum unverschämten Verkehrshindernis, da es keinerlei Parkbucht gibt und die Straße viel zu eng ist. Der Konvoikollege und die anderen aus den beiden Begleitautos gehen aber unbeeindruckt mit meinem dicken Stapel Papiere zum Pförtnerhäuschen an der Schranke und verschwinden darin für eine Viertelstunde. In dieser Zeit könnte ich alle russischen und ukrainischen Schimpfwörter lernen, die sich Verkehrsteilnehmer so gegenseitig an den Kopf werfen. Diesmal gelten sie leider alle mir, ich habe sogar Verständnis dafür, aber was soll ich machen?

Irgendwann kommen die Männer wieder, verabschieden sich kurz, und ich darf bis zur Schranke vorfahren. Dort kontrolliert ein Flughafensicherheitsmensch meine Kabine, wobei ich nicht so recht weiß, wonach er sucht. Nach der Schranke biege ich links ab und nähere mich, parallel zum breiten Flughafenzubringer, dem Rollfeld. Am Beginn des Rollfeldes, auf der Höhe des Terminals, gibt es eine weitere Schranke mit einer noch intensiveren Sicherheitskontrolle, das ist verständlich. Dann soll ich gleich durchfahren zu einem Wellblechschuppen, der direkt auf dem Rollfeld steht. Hier, im offiziell exterritorialen Gebiet, ist das Vorratslager für den Duty-free-Shop.

Obwohl es nicht mal vierzehn Uhr ist, teilen mir die Leute dort mit, dass erst morgen ausgeladen werde. Viele Kollegen würden jetzt fürchterlich fluchen, aber ich denke mir nur, schade, dass die hier samstags arbeiten, wie gerne hätte ich mal ein Wochenende in Kiew verbracht. Ich stelle den Wagen ab und gehe zu Fuß die zweihundert Meter zurück durch die letzte Schranke. Es kostet mich ein kleines Bakschisch, damit die mich überhaupt wieder aus dem Sicherheitsbereich herauslassen, denn eigentlich ist das gar nicht vorgesehen. Ich sage ihnen, ich hätte Hunger, es gibt dort eine kleine Kantine mit ostalgischem Flair, die bis etwa sechzehn Uhr geöffnet hat. In den umliegenden Gebäuden wird Luftfracht angeliefert, abgeholt, verzollt und abgefertigt. In der Kantine trinke ich einen Kaffee und rufe Wladimir Boriskov an. Ich hatte ihn bei einer meiner ersten Touren hier kennengelernt. Wladimir hat die ukrainischen Vertriebsrechte für alle Filme von 20th Century Fox und muss hier oft Filmrollen und Werbematerial abholen. Er freut sich und sagt, er sei gerade sowieso unterwegs zum Flughafen, weil er einen Karton Filmplakate abholen muss, leider habe er aber nicht viel Zeit. Als er ankommt, begleite ich ihn zu den verschiedenen Schaltern und bekomme wieder eine Lektion aus dem Kapitel Ukraine für Anfänger. Der arme Kerl ist wegen dieses einen dusseligen Kartons nun bereits zum dritten Mal am Flughafen, hat mittlerweile ein gutes Dutzend wichtiger Formulare mit großen blauen und schwarzen, runden und eckigen Stempeln. Obwohl ich durch meinen Beruf ja nun einiges gewohnt bin, bewundere ich seine geduldige Gelassenheit. Er sagt, ohne die könne man hier gar nicht bestehen, und legt sich gewaltig ins Zeug. Hier ein Bakschisch, da ein freundliches Wort, dort jemandem recht geben, der schimpft, weil irgendwas falsch sei. Es dauert geschlagene zwei Stunden, bis wir sein Paket in Empfang nehmen dürfen. Darin befinden sich lediglich acht DIN-A1-Filmplakate auf Plastikwänden, und dafür dieser Aufwand! Die Bürokratie in diesem Land lähmt jeglichen Aufschwung. Niemand hat etwas davon, aber alle wissen, dass man es anscheinend auch nicht ändern kann.

Leider muss Wladimir sofort zum nächsten Termin, aber er kann mir trotzdem noch einen Gefallen tun, es ist nicht das erste Mal. Gemeinsam mit ihm fahre ich zur Schranke am Ausgang des inneren Flughafenbereichs. Wenn ich allein zu Fuß dorthin käme, würden sie mich nicht rauslassen, das habe ich schon mehrfach ausprobiert. So aber werden lediglich der Kofferraum und unsere Pässe kontrolliert, niemand beanstandet etwas. Wladimir fährt mich zum Terminal und verabschiedet sich. Im Terminal gibt es ein hervorragendes Restaurant mit Preisen, die eines internationalen Flughafens absolut unwürdig sind, also superbillig. Außerdem Geldautomaten, Internetcafé und Geschäfte. Ohne Wladimir würde ich jetzt keine andere Möglichkeit haben als in meiner Fahrerkabine zu sitzen, mitten auf dem Rollfeld, keine Kneipe, kein Geschäft, nicht einmal ein Kaffeeautomat in erreichbarer Nähe. Irgendwann nachmittags schließen die Arbeiter die Wellblechhütte ab und gehen nach Hause. Ein Zöllner hängt noch eine Plombe an das Vorhängeschloss, verzieht sich ebenfalls. Normalerweise mag ich keine Flughäfen, aber in Kiew erscheint mir das Terminal wie ein Rettungsanker, ein Draht zur Zivilisation.

Ich lasse mir also viel Zeit, zumal ich weiß, dass mir nachher wieder der große Ärger bevorsteht. Mein Wagen steht nur zweihundert Meter von hier entfernt auf dem Rollfeld, aber zwischen ihm und mir liegt die geballte Macht ukrainischer Bürokratie. Am Spätnachmittag fahre ich mit dem Taxi die zwei Kilometer zurück bis zu der Schranke, vor der ich vorhin Verkehrshindernis spielen musste. Und da gibt es die erwarteten Probleme, die sich nicht einmal mit »Tradicia« lösen lassen. Die Sicherheitsleute sagen, es könne gar nicht sein, dass ich auf dieser Seite der Schranke bin. Aber sie müssen ja etwas tun, denn drinnen steht mein Wagen. Sie sind freundlich und total ratlos, denn dieser Fall ist einfach nicht vorgesehen. Ich zeige ihnen meine Autoschlüssel und sage, sie könnten mich ja begleiten und meine Angaben überprüfen. Ich weiß aus Erfahrung, dass sie nach großem Palaver genau das tun werden. Das ist auch praktisch für mich, so muss ich die zwei Kilometer nicht zu Fuß zurücklaufen. Sie fordern ein Auto der Wache an und begleiten mich sage und schreibe zu dritt zu meinem Volvo. Von Wladimir erzähle ich ihnen natürlich nichts. Möglicherweise rätseln sie bis heute, wie ich überhaupt auf die andere Seite der Schranke gelangen konnte. Manchmal kommt mir die Ukraine wie ein riesi-

Es gibt hier nicht mal eine Toilette, aber ich kann ja an eine Boeing pinkeln.

ger Knast vor: die Ausgangssperre an der Grenze, die sich nur mit Tricks überwinden lässt, die Konvoibegleitung, die mir vorschreibt, wann, wo und wie lange ich Pause zu machen habe, das Eingesperrtsein auf dem Rollfeld. Man könnte meinen, der Ukrainer Leonid Breschnew sei noch putzmunter.

Die Sicherheitsleute ermahnen mich, dass ich nun keine weiteren Ausflüge oder sonstigen Eskapaden mehr unternehmen solle, schließlich sei ich hier im besonders sensiblen Hochsicherheitsbereich. Das ist doch absurd! Sie lassen mich allein auf dem Rollfeld neben all den Flugzeugen und begründen das noch mit der Sicherheit.

Samstagmorgen, neun Uhr

Jede Flasche wird gezählt – mit Irina und Natascha nach Nowograd-Wolynsk – Einladung zu Abendessen und Badewanne

In dem Wellblechschuppen gibt es frischen Kaffee und sogar eine Dusche. Das Ausladen dauert zwei Stunden, das Nachzählen doppelt so lang. Jeder Karton wird geöffnet, jede Armbanduhr und jede Whiskey-Flasche wird einzeln gezählt. Einmal war hier ein Vorarbeiter, der englisch konnte. Ich fragte ihn, wieso das nicht per Luftfracht geschickt wird, immerhin sitzen sie ja quasi an der Quelle. Er sagte, das hätten sie früher auch gemacht, aber damals ging die Ware über Amsterdam und Paris nach Kiew, da sei auf der Strecke zu viel geklaut worden. Es fehlten immer zehn bis zwanzig Prozent, und das kam auf Dauer zu teuer. Wegen dieser schlechten Erfahrungen und weil die Ware so besonders attraktiv für kleine und große Diebe ist, nehmen sie sich jetzt auch so viel Zeit, alles genau nachzuzählen, das ist irgendwie verständlich. Und auch hier scheinen die Gewinnspannen so enorm, dass Transportkosten inklusive der langen Wartezeiten in der Berechnung kaum ins Gewicht fallen.

Ich rufe in Holland an, teile mit, dass ich mittags oder nachmittags hier wegkomme, und frage, wohin ich fahren solle. Das wissen sie noch nicht genau, ich soll erstmal in Richtung Krakau fahren. In der Ukraine gibt es nie eine Rückladung. Zum einen werden so ziemlich alle Transportaufträge aus der Ukraine an Ukrainer vergeben, weil das deutlich billiger ist, zum anderen werden unsere Touren anscheinend so gut bezahlt, dass sie selbst bei einer Leerfahrt zurück nach Holland ein gutes Geschäft sind. Man kann also nur spekulieren: Marlboro laden bei Katowice für Südfrankreich oder Spanien oder dreihundert leere Paletten in dem kleinen Dorf bei Wroclaw für die Niederlande? Letztlich kommt es dann doch immer ganz anders …

Am frühen Nachmittag ist alles durchgezählt, ich bekomme Stempel und Unterschrift auf den Frachtbrief und kann endlich dieses Rollfeld verlassen. Es ist 27 Grad, also darf ich auch durch Kiew fahren. Hinter der Dnjepr-Brücke verfahre ich mich, weil ich eine Abfahrt verpasse, die nicht beschildert ist. Kurz danach stehe ich vor eine Unterführung, die nur 3,50 Meter hoch und daher für mich unmöglich zu durchfahren ist. Ich blockiere sämtlichen Verkehr durch ein wildes Wendemanöver. Peinlicherweise muss ich gestehen, dass ich mich letztes Mal an genau der gleichen Stelle verfranst hatte und das gleiche wilde Wendemanöver durchführen musste.

Am westlichen Ortsausgang stehen mehrere Dutzend Anhalter. In der Ukraine ist diese Form der Fortbewegung sehr verbreitet. Die Leute wollen aber nicht umsonst mitgenommen werden, sondern sind bereit, einen kleinen Obulus zu bezahlen, etwa so viel wie auch der Bus kosten würde. Vielen Autofahrern kommt das sehr gelegen, oftmals werden die Anhalter in die Fahrtkosten von vornherein einkalkuliert. Daher sind die Chancen, mitgenommen zu werden, auch wesentlich größer als in den reichen Ländern.

Ich nehme Irina und Natascha mit, sie möchten nach Nowograd-Wolynsk. Ein Blick auf meine Straßenkarte, in der nicht nur kyrillische Namen stehen, zeigt, dass ich dort entlangfahre. Die beiden waren in der Hauptstadt auf Arbeitssuche. Sie hatten jedoch nur höchst unseriöse Angebote bekommen und wollen daher wieder nach Hause. Ich nehme sehr gerne Anhalter mit, dann ist die Fahrt weniger langweilig und ich kann einiges über Land und Leute erfahren. Die beiden haben nicht gerade wenig Bier und Wodka als

Wegzehrung dabei und legen sich mächtig ins Zeug, diese Vorräte zu reduzieren. Sie singen laut, lachen viel und erzählen von ihren Familien und ihrer Stadt. Irina spricht sogar englisch, das erleichtert die Kommunikation.

Zum Glück ist mein Wagen von weitem nicht als Holländer zu erkennen, so gerate ich in keine Bakschisch-Kontrollen. Auch fahre ich tatsächlich nur mit fünfzig durch die Ortschaften. Die einzigen, die das ebenfalls tun, sind Fahrzeuge, die einfach nicht schneller können. Alle anderen spielen Autorennen, außer wenn der Gegenverkehr durch wildes Lichthupen vor Kontrollen warnt. Da ich heute noch nichts gegessen habe, lade ich die beiden in eine Raststätte ein. So werden sie vielleicht auch wieder nüchterner. Im Russischen gibt es einige Worte, die aus dem Deutschen stammen, zum Beispiel Schlagbaum und Butterbrot. Ich weiß, dass Kaviar »Ikra« heißt und kenne aus DDR-Zeiten noch die gute alte Soljanka. Mit Soljanka oder Borschtsch und Butterbrot mit Ikra kommt man schon ganz gut durch. In den meisten Restaurants in der Ukraine und Rumänien stehen zwar auch Rindfleischgerichte auf den Speisekarten, aber die gibt es praktisch nie. Das Essen ist zwar sehr fleischhaltig, aber fast ausschließlich mit Schweinefleisch, so fett wie möglich. Vielleicht mögen sie das so gerne, um den vielen Wodka zu kompensieren.

Da sowieso noch nicht klar ist, wohin ich zum Laden fahren muss, und weil eigentlich Wochenende ist, lasse ich mir heute einfach etwas mehr Zeit. Ich beschließe, nur bis zu der Stadt zu fahren, in die die Anhalterinnen möchten. Irina wird tatsächlich wieder nüchterner. Natascha hingegen schießt sich systematisch ab. Irgendwann legt sie sich in mein Bett und schläft ein. Als wir in Nowograd-Wolynsk ankommen, ist es bereits dunkel. Irina bittet mich, Natascha nach Hause zu bringen, weil sie das alleine nicht schaffen würde. Ich frage sie, ob sie in einer Straße wohne, die ich mit meinem großen Auto erreichen könne und ob ich da auch wenden könne. Sie bejaht das, aber leider stimmt es nicht. Wir haben Irina zwar heile nach Hause gebracht, aber beim Wenden danach komme ich ganz arg ins Schwitzen. Ich habe mich fast festgefahren, das Manöver dauert zwanzig Minuten. Die Fenster der angrenzenden Plattenbauten gehen auf, und ich habe zahlreiche Zuschauer. Als ich es endlich geschafft hatte, geben sie mir tatsächlich Applaus aus ihren Fenstern. Ich frage Irina, ob es in dem Ort die Möglichkeit gäbe, das Fahrzeug sicher über Nacht zu parken, vielleicht vor einer Polizeiwache. Aber in dem Ort gibt es tatsächlich einen kostenpflichtigen, bewachten Lkw-Parkplatz. Ohne sie hätte ich den niemals gefunden. Außerdem ist es in dem Ort um diese Zeit schon stockduster, keine Kneipen, keine Lichtreklamen und wenig los auf der Straße. Irina hatte zwischendurch ihre Mutter, bei der sie wohnt, angerufen und sagt mir nun, ich sei zum Abendessen eingeladen, die Mutter habe schon für uns gekocht. Ich könne auch dort übernachten. Fast jeder Kollege von mir würde nun nur an das Eine denken, aber das war gar nicht geplant, weder von mir noch von ihr. Immerhin bin ich mehr als doppelt so alt wie sie.

So gehen wir denn durch den Ort zu den verfallenen Plattenbauten, wo ihre Wohnung liegt. Es sind nicht nur die Häuser verwildert, sondern auch die großzügigen Grünflächen dazwischen. Viele Bäume und üppig wucherndes Grün lassen das ganze Viertel weniger hässlich erscheinen.

Die Mutter hat nicht nur lecker für uns gekocht, sondern auch den Badebollerofen für mich angeworfen. Ich kenne solche Öfen noch aus meiner Kindheit, ich glaube, heute gibt es das in Deutschland kaum noch. Mir geht es hier richtig gut. Zum ersten Mal seit fast einem halben Jahr eine richtige Badewanne! Und zum ersten Mal seit Monaten ein richtiges Bett in einem Haus aus Stein und nicht aus Blech – Nowograd-Wolynsk finde ich super!

Sonntagmorgen, acht Uhr

Die Freiheit genießen – wie die Ukraine sich selbst im Weg steht – Time-out an der polnischen Grenze

Nach einem ausgiebigen Frühstück muss ich leider weiter – das übliche Truckerschicksal. Selbst wenn man mal nette Menschen und gemütliche Orte trifft, bleibt nicht lange Zeit, das genießen zu können, und es ist unklar, ob ich jemals wieder hierherkommen werde. Wie gerne würde ich jetzt noch einen Tag bleiben, immerhin haben wir Sonntag. Aber dann hieße es, ich hätte doch an der Grenze bei der Einreise schon eineinhalb Tage Zeit und große Pause gehabt. Na toll, das war nicht meine Entscheidung, der Ort war ja nun auch nicht gerade prickelnd, und »frei« war ich in der Zeit erst recht nicht.

Sonntagsvormittags ist auch in der Ukraine wenig Verkehr, und daher gibt es auch wenige »Tradicia«-Verkehrskontrollen. Wenn ich mich beeile, schaffe ich vielleicht heute noch die Grenze nach Polen.

Ich genieße vor allem meine wiedergewonnene Freiheit. Ich kann selbst entscheiden, wie schnell ich fahre und wo ich für eine Kaffeepause anhalte. Mittags gehe ich ausgiebig essen. Für uns ist die Ukraine spottbillig. Selbst wenn man ganz viel bestellt und nur vom Teuersten, ist es nicht möglich, zehn Euro auszugeben, meistens bleibt es sogar unter fünf Euro. Wenn dieses Land nicht so viele bürokratische Hürden aufgebaut hätte, dann würden sich das Lohn- und Preisgefälle sicherlich wesentlich mehr Kapitalisten aus dem Westen zunutze machen und »Lohnveredelung« betreiben (lassen).

Als ich mich am Spätnachmittag der polnischen Grenze nähere, muss ich feststellen, dass mein Plan nicht aufgeht. Denn trotz Sonntag erwarten mich viele, viele Kilometer Lkw-Stau. Das liegt unter anderem daran, dass hier auch zahlreiche Lkw aus Russland und Weißrussland stehen, und außerdem dürfen in Billiglohnländern wie der Ukraine wesentlich weniger Menschen von Errungenschaften wie dem garantierten freien Wochenende profitieren.

Eine kurze Rechnung ergibt, dass ich heute die Grenze nicht

mehr schaffen kann. Denn ich bin um 8.30 Uhr losgefahren und meine Schichtzeit dürfte maximal dreizehn oder in Ausnahmefällen fünfzehn Stunden betragen. Ich müsste also spätestens um 21.30 Uhr, allerspätestens um 23.30 Uhr Feierabend machen. Dann werde ich jedoch mitten im Stop-and-go-Grenzstau stehen, was jede Tachoscheibe ruiniert. Und ich kann ja schlecht direkt am Grenzhäuschen sagen: »So Leute, tut mir leid, aber ich muss jetzt neun Stunden stehenbleiben, weil die EU-Gesetze das von mir verlangen.« Also bleibt mir nur, ein ruhiges Plätzchen zu finden und zu versuchen vorzuschlafen, damit ich heute Nacht das Projekt Grenzübertritt beginnen kann.

Montagmorgen, 3.30 Uhr

Ukrainisch-polnische Grenzerfahrungen – Röntgenstrafe für Flüchtlinge – nervöse Verkehrsteilnehmer in Polen

Der Stau an der Grenze ist über Nacht noch länger geworden. Ich reihe mich geduldig ein. Fliegende Händler gehen die Lkw-Schlange entlang und bieten Porno-DVDs, Hehlerware und Lebensmittel zum Verkauf an. Die Fahrer nehmen die Wartezeit mit stoischer, professioneller Gelassenheit hin. Würde man Autofahrer so lange warten lassen, gäbe es hier vermutlich öfters Amokläufe. In deutschen Internetforen beschweren sie sich etwa darüber, dass sie manchmal ganze zwei oder drei Stunden an dieser Grenze warten mussten – darüber können wir nur müde lächeln. Um es kurz zu machen: Ich brauche geschlagene acht Stunden auf der ukrainischen und weitere zwei auf der polnischen Seite. Eine lustige Anekdote passiert mir bei der ukrainischen Kabinenkontrolle. Hier wollen sie immer etwa fünf Euro »Tradicia« haben, andernfalls nehmen sie einem alles auseinander. Der kontrollierende Zöllner sieht meine Geldbörse mit einem Dutzend verschiedener Währungen und ist höchst interessiert, da er Geldscheine aus möglichst vielen Ländern sammelt Er ist scharf auf meine marokkanischen Dirham, davon hat er noch nichts. Ich gebe ihm einen Zwanzigerschein, das sind etwa zwei Euro. So habe ich etwas Geld gespart, und er ist hochzufrieden. Ich finde es amüsant, dass ich in der Ukraine Bakschisch in marokkanischer Währung zahlen kann. Im spanischen Irun kenne ich eine Kneipe, wo der Kellner ebenfalls dieser Sammelleidenschaft frönt. Dort bekam ich öfters ein Bier für einen ganz kleinen moldawischen, bulgarischen oder ukrainischen Geldschein.

Ab acht Uhr meldet sich etwa alle zwei Stunden das Satellitengerät. Die Zentrale will wissen, wie lange ich noch brauche an der Grenze. Das würde ich auch gerne wissen. Auf der polnischen Seite muss ich mal wieder durch den Röntgenscanner fahren. Die wenigen Firmen, die diese teure Technik produzieren, freuen sich vermutlich ein Loch in den Bauch über das Schengen-Abkommen. Dass eventuelle blinde Passagiere dadurch die volle Dröhnung Röntgenstrahlen abbekämen, interessiert in Polen genauso wenig wie in der Türkei, Bulgarien, Marokko, Ungarn oder Griechenland. Abgesehen von Frankreich scheinen alle anderen das als gerechte Strafe für die Armutsflüchtlinge zu empfinden. Ob die Röntgenstrahlen wirklich nur den Auflieger erreichen oder vielleicht auch mich in der Fahrerkabine, darüber will ich lieber gar nicht genauer nachdenken.

Um 13.30 Uhr bin ich endlich durch alle Kontrollen durch, habe meine Polen-Vignette für zwei Tage bezahlt und »darf« weiterfahren. Zum Mittagessen ist keine Zeit, denn die wenigen verbleibenden Stunden zulässiger Schichtzeit muss ich zum Fahren nutzen, die Grenzschikanen gelten offiziell als sehr lange »Pause«. Ich fahre über Rzeszów nach Krakau. Momentan ist diese Strecke eine einzige Großbaustelle – wegen der Fußball-Europameisterschaft 2012 werden auch in Polen die großen Transitstrecken alle ausgebaut. Man darf gespannt sein, ob sich bis dahin die endlosen Grenzabfertigungen verkürzen werden, sonst nutzt nämlich auch der beste Ausbau nichts.

Polen ist eines der Länder mit den höchsten Unfallzahlen Europas, denn die Autofahrer sind hier ganz eklige Hektiker. In Italien fahren sie ja auch hektisch, aber sie können es wenigstens etwas besser. Hierzu ein sehr typisches Beispiel: Ich fahre in Polen eine ganz enge, einsame Landstraße entlang. Niemand könnte überholen oder passieren, so eng ist sie. Fünfhundert Meter vor mir sehe ich, wie jemand auf diese Straße in meine Richtung einbiegen will. Die meisten wären pfiffig genug einzusehen, dass es sinnvoller ist, zu warten, bis ich vorbei bin. Nicht so der polnische Autofahrer. Er biegt ein, ich muss eine Vollbremsung hinlegen, wir stehen uns gegenüber, und nichts geht mehr. Da hupt der auch noch! Was soll ich denn machen? Das Ende vom Lied ist, dass er zurücksetzen muss, damit wir beide weiterkommen. Das Ganze hat uns beide zehn Minuten total sinnlos verbrachte Zeit gekostet, nur weil der so ungeduldig war.

Mittlerweile bekam ich die Anweisung, dass ich zu Philip Morris im tschechischen Kutná Hora fahren soll. Dort soll ich Mittwochmorgen Zigaretten für Italien laden. Bei Philip Morris werden Fahrer wesentlich besser behandelt als etwa bei JTI in Trier, wo ich oft Camel-Zigaretten laden muss. In der Fabrik von Philip Morris im niederländischen Bergen op Zoom gibt es während der Wartezeit sogar gratis Kaffee, Softdrinks und Zigaretten, sozusagen »all you can drink and all you can smoke«. Zum Umgang von JTI mit uns Fahrern morgen mehr.

Kurz vor Krakau beginnt dann endlich die Autobahn. Sie ist sehr gut ausgebaut, und es gibt wenige Baustellen. Ich fahre bis kurz hinter Krakau und mache an einer Autobahnraststätte für heute Feierabend, da meine maximale Schichtzeit erreicht ist.

Dienstagmorgen, sieben Uhr

Die große Kontrolle und der überraschende Persilschein – die Camel passt nicht durchs Nadelöhr – Kutná Hora: eine sensationelle Stadt

Nach einer Dusche und mit einem heißen Kaffee geht es weiter in Richtung Westen. Heute habe ich relativ wenig Zeitdruck. Der Disponent hatte zwar gesagt, ich solle probieren, ob ich bereits am Dienstagnachmittag in Kutná Hora laden könne. Aber selbst wenn ich mich beamen könnte und schon jetzt bei denen am Werkstor stehen würde, weiß ich schon, wie das ausgehen wird: Die berühmten computertechnischen Gründe werden eine Beladung vor Mittwochmorgen keinesfalls zulassen. Also sage ich brav »ja, das werde ich versuchen« und grinse mir einen.

Nach einer guten Stunde Fahrzeit kommt auf freier Strecke eine Geschwindigkeitsbegrenzung auf achtzig, danach eine auf sechzig für Pkw, vierzig für Lkw, und die drei Fahrspuren werden durch Barrieren auf eine verengt. Ich ahne schon, was jetzt kommen wird. Und richtig: Am nächsten Parkplatz hat die polnische Transportpolizei die ganz große Lkw-Kontrolle aufgebaut. Mit Waage, Ingenieuren, Hunden und allem Drum und Dran. Bei solchen Kontrollen erwarte ich immer, dass die Sache mit meinen gefälschten Urlaubsscheinen doch mal auffliegen muss. Denn ich weigere mich ja stets, diese zu unterschreiben, und würde auf Nachfrage auch zugeben, dass sie gelogen und gefälscht sind. Doch heute komme ich wieder einmal davon, und zwar mit einer verblüffenden Begründung. Der Beamte entnimmt meinen Papieren, dass ich gerade aus der Ukraine komme. Daher will er lediglich die Tachoscheibe von heute und gestern sehen, vorher sei ich ja außerhalb der EU gewesen. Das ist überraschend, weil ich erstens nicht 28 Tage außerhalb der EU war und zweitens das Gesetz vorschreibt, dass die Vorschriften über Lenk- und Ruhezeiten für innerhalb der EU registrierte Fahrzeuge für die gesamte Fahrtstrecke gelten, auch wenn Teile der Strecke außerhalb der EU liegen. In Frankreich und Spanien werden daher auch meine Fahrtzeiten aus Marokko kontrolliert, in Bulgarien die aus der Türkei. Aber ich finde es ja ganz prima, dass die das hier anders handhaben, und widerspreche nicht.

Sie wollen jetzt nur noch mein Navigationsgerät kontrollieren. Das ist doch mal etwas Neues, das hatte ich noch nie. Sie sehen nach, ob sich darauf geklaute Software befindet. Meine polnischen Kollegen in der Firma hatten mir bereits berichtet, dass sie auch die Laptops der Fahrer daraufhin kontrollieren, was ich als frechen Eingriff in die Privatsphäre empfinde. Man stelle sich vor, die Polizei kommt in die Wohnung, um private Computer zu inspizieren! Bei meinem Laptop geben sie es aber ziemlich schnell wieder auf, da sie mit dem deutschen Betriebssystem nicht klarkommen.

Zum Schluss bekomme ich sogar noch den begehrten Persilschein:

Ein Formular, das mir bescheinigt, dass ich heute kontrolliert wurde und keine Beanstandungen gefunden wurden. Wenn ich nun in zwei oder drei Tagen in Österreich, Deutschland oder einem anderen EU-Land in eine Kontrolle komme, brauche ich nur diese Tage nachzuweisen und für die restliche Zeit dieses Formular vorzuzeigen. Mein gefälschter Urlaubsschein wird so durch ein echtes, legales polnisches Formular ersetzt. Mittlerweile hängt es bei mir im Badezimmer neben dem ukrainischen Protokoll über die falschen Reifen.

Nun geht's in Richtung Tschechien. Was die Grenzabfertigung betrifft, sind Polen und Tschechien schon wesentlich EU-fähiger als etwa die Ungarn an der rumänischen Grenze: Man kann schlicht durchfahren wie an jeder Grenze in Westeuropa, abgesehen natürlich von der lästigen Autobahnmaut.

Während der restlichen Fahrtstunden Richtung Kutná Hora möchte ich wie versprochen berichten, wie es ist, wenn man bei JTI in Trier Zigaretten laden muss. Es ist ein typisches Beispiel dafür, wie man mit uns Fahrern umspringen kann, allerdings ein besonders krasses. Bei meiner ersten Tour dorthin kam ich um Mitternacht an. Vor der Werkseinfahrt ist rechts ein großer Lkw-Parkplatz. Wer tagsüber ankommt und direkt bis zur Werkseinfahrt vorfährt, bekommt gleich einen Rüffel, denn alle ankommenden Lkw hätten zuerst diesen Parkplatz anzufahren. Das hatten mir vorher schon Kollegen als Tipp mit auf den Weg gegeben. Wenn man nachts ankommt und direkt auf diesen Parkplatz fährt, ist das aber auch wieder falsch. Ich hatte gerade mal eine halbe Stunde geschlafen, da weckten mich Sicherheitsleute und sagten, ich dürfe dort nicht stehen. Das sei kein Parkplatz! Ich sagte, das sähe aber doch ziemlich verdächtig genau danach aus, und sie antworteten, das sei eine »Check-in-Zone«, das stünde da auch. Auf meine Frage, wo ich denn parken solle, zuckten sie nur mit den Schultern. Ich musste wieder wegfahren.

Morgens um sieben Uhr fuhr ich brav wieder auf diesen Parkplatz beziehungsweise in diese »Check-In-Zone«, bei null Grad und strömendem Regen. Nun muss man zu Fuß die fünfzig Meter zum Pförtnerhäuschen gehen. Dort steht man dann ein Viertelstündchen im Freien herum, bei Schnee, Sturm oder Hitze. Sie wollten den Pass sehen und legten ihn gleich auf den Fotokopierer. Auch hier zuckten sie nur verständnislos mit den Schultern auf meine Frage, wie lang denn diese Daten gespeichert würden. Ich bekam eine Plastikkarte, mit der sich die Schranke an der Werkseinfahrt öffnen lässt. Der Apparat, in den man diese Karte einstecken muss, ist in der Höhe für Pkw angebracht, also musste ich wieder raus in den strömenden Regen. Trotz der gigantischen Gewinne der Zigarettenindustrie scheint kein Geld dafür da zu sein, auch einen Apparat in Lkw-Höhe anzubringen. Parken musste ich am hinteren Ende des Werksgeländes, dann wieder durch den Regen quer über einen großen Platz zum Büro. Im Büro hieß es, dass ich noch eine halbe Stunde warten solle. Die einzige Toilette, die auch Fahrer benutzen dürfen, ist am anderen Ende des Gebäudes. Allerdings durfte ich keinesfalls – wie die Angestellten – durch das Gebäude, ich musste außen herum durch den Regen gehen. Immerhin brauchte ich an dem Tag keine Dusche mehr.

Nach einer halben Stunde sind die oft noch nicht fertig, man soll dann immer mal wiederkommen und fragen. Sie drehen es so, als ob die Fahrer etwas von ihnen wollen. Dabei wollen sie etwas von uns, nämlich dass wir ihre Ware transportieren. Irgendwann ist alles so weit vorbereitet und man bekommt einen weiteren Zettel in die Hand gedrückt, mit dem man Laden »darf«. Geladen wird allerdings nicht hier, sondern beim Hausspediteur einige Kilometer weiter. Wieso man erst hierhin fahren und so lange warten muss, habe ich nie verstanden. Es erscheint mir absolut überflüssig. JTI wiederum erscheint es absolut überflüssig, diese Prozedur zu überdenken. Beim Hausspediteur müssen die Fahrer wiederum warten, bis sie an die Rampe fahren dürfen. Das Beladen selbst dauert noch mal eine halbe Stunde. Zum Abschluss bekommt man eine Plombe. Losfahren darf man aber noch lange nicht, jetzt geht es zurück zu JTI, wo die ganze Prozedur von vorne anfängt. Und dann warten, bis die Papiere fertig sind und die Plombe vom Hausspediteur durch eine andere Plombe von JTI ersetzt wird.

Um vierzehn Uhr ist alles fertig. Rekapitulieren wir mal die Arbeitszeit, wie sie im Fahrtenschreiber festgehalten ist. In der Nacht keine durchgehenden neun Stunden Pause, weil eine »Check-in-Zone« kein Parkplatz ist, auch wenn sie genau so aussieht. Das Fahrzeug wurde seit sieben Uhr immer mal wieder ein wenig sinnlos durch die Gegend gefahren. Also sieben Stunden Schichtzeit für nichts und wieder nichts. Wegen der begrenzten Schichtzeit bleiben nur noch sechs Stunden Fahrzeit, abzüglich 45 Minuten Pause irgendwann dazwischen. Fazit: Eher passt eine Camel durch ein Nadelöhr, als dass JTI auf uns Fahrer Rücksicht nimmt.

Ich habe für die Recherchen zu diesem Buch die Firma JTI angeschrieben und mehrfach bei der zuständigen Abteilung für Öffentlichkeitsarbeit angerufen. Am Telefon erklärte man mir nur, dass einige Missstände mittlerweile behoben seien und verwies mich auf die schriftliche Stellungnahme, die ich in den nächsten Tagen erhalten solle. Das Warten auf die zugesagte Antwort habe ich nach einigen Monaten aufgegeben. Ich erinnere mich an die weiter oben beschriebene Textilfabrik in Wales, wo ich nachts ankam, das Fahrzeug direkt an die Rampe setzen durfte und erst wieder funktionieren musste, als alles fertig und bereit zur Abreise war, einschließlich der Papiere. So geht es auch!

Die Kathedrale Mariä Himmelfahrt des ehemaligen Zisterzienserklosters

Mittelalterliche katholische Folklore

In den frühen Nachmittagsstunden komme ich bei Philip Morris in Kutná Hora an. Natürlich wird heute nicht mehr beladen, obwohl die hier noch lange nicht Feierabend haben. Aber es ist einfach nicht vorgesehen, und basta. Das gibt mir Zeit für einen Spaziergang in die sensationelle Altstadt. Sie gehört zum UNESCO-Weltkulturerbe. Heute hat die Stadt nur gut 20 000 Einwohner, aber im Mittelalter war sie wegen ihres Silberbergbaus sehr viel bedeutender. Die Stadt hat eine Burg, zwei große Barockkirchen sowie drei gotische Kathedralen fast so groß wie der Kölner Dom.

In zahlreichen Bussen kommen chinesische, japanische und australische Touristen hierher, die Stadt scheint dort bekannter zu sein als in Europa. Das Bizarrste ist eine kleine Kapelle beziehungsweise deren Inneres: Kronleuchter, Altäre und überhaupt die komplette Inneneinrichtung wurden aus den Knochen von 40 000 Pesttoten hergestellt.

In dem ehemaligen Speisesaal und der Barockkapelle des alten Zisterzienserklosters betreibt Philip Morris heute ein Tabakmuseum. Das ist absurd, historisch gesehen gehört zu den Zisterziensern – wenn überhaupt – ein Weinmuseum.

Mittwochmorgen, sieben Uhr

Alfonso spielt Alonso – legal unterwegs dank Zigaretten – Überwachung und Unfreiheit für Marlboro-Fahrer

Obwohl ein halbes Dutzend Lkw vor mir dran ist, wird das Beladen noch am Vormittag fertig, die Papiere ebenfalls. Die Zigaretten gehen nach Catania in Sizilien. Ich kann aber nicht gleich losfahren, denn ich soll bis zur deutschen Grenze wieder eine bewaffnete Eskorte bekommen. Der Warenwert meiner Ladung beträgt mehrere Millionen Euro, und das findet die Sicherheitsfirma anscheinend zu riskant für Tschechien. Immerhin fahren die Jungs diskret in eigenen Autos mit, ich muss niemanden in meine Kabine und keine Kalaschnikow auf mein Bett lassen.

Zu unserem Konvoi gehört auch ein spanischer Lkw mit Zigaretten für Bologna. Der Kollege heißt Alfonso. Es gibt den alten Truckergrundsatz, dass bei Konvois der Langsamste vorne fährt, leider ist mein Auto etwas schneller. Der spanische Kollege rast vor mir her, als hieße er nicht Alfonso, sondern Alonso. Ich muss mich wegen der Eskorte notgedrungen seinem Fahrstil anpassen. Am meisten ärgert es mich, dass er jeden überholt, der auch nur einen halben Stundenkilometer langsamer fährt. Bei manchen Überholvorgängen muss ich daher minutenlang die linke Spur blockieren. Manch ein Autofahrer beschimpft mich wütend. Ich finde Wutausbrüche und Aggressionen wegen so etwas zwar völlig albern, aber in der Sache haben sie ja recht. Ich hasse einen solchen Fahrstil, vielleicht bin ich in diesem Punkt ein eher untypischer Fernfahrer. Das ist nervenaufreibender, unsozialer und bringt auf der ganzen Strecke sicher keine fünf Minuten Zeitgewinn. Bei der Durchfahrt durch Prag werden wir sowieso durch einen Stau ausgebremst. Tagsüber ist in Prag eigentlich immer Stau. Vielleicht sollten sie auch hier mal eine Fußball-Europameisterschaft veranstalten, vorher wird sich daran vermutlich nichts ändern.

Sehr zum Verdruss der Sicherheitsbegleiter müssen wir wegen des stauverursachten Zeitverlusts schon vor der tschechisch-deutschen Grenze unsere erste Pause einlegen. Alfonso und ich rechnen es durch. Wie wir es auch drehen und wenden, durch den Stau ist der Plan gestorben, es heute bis Italien zu schaffen. Das ginge nicht mehr in der vorgeschriebenen Fahrtzeit. Wenn man Zigaretten geladen hat, darf man nur an ganz bestimmten Sicherheitsparkplätzen die große Pause machen. In ganz Italien gibt es nur einen einzigen dafür zugelassenen Parkplatz, in Südtirol kurz nach der österreichischen Grenze, aber genau den schaffen wir heute nicht mehr. In Österreich gibt es keinen, daher können wir nur bis zu einem bestimmten Autohof in der Umgebung von München fahren. Wieso der sicherer sein soll als die anderen Autohöfe an der Strecke, wird mir immer ein Rätsel bleiben.

Nach der Pause fahren wir weiter mit Begleitung über Pilsen bis zum Grenzübergang Waidhaus. Dort überholen uns die Sicherheitsleute, hupen und winken kurz und rasen an der nächsten Ausfahrt auf die Gegenspur und zurück nach Hause. Von hier sind es noch knapp 2000 Kilometer bis zum Kunden, durchgehend Autobahn. Zum vermutlich großen Verdruss von Alfonso darf ich ihn jetzt endlich überholen und mich von ihm absetzen. Ich weiß, dass viele Macho-Fahrer so etwas als eine persönliche Schmach erleben. Aber ich bin seinen Fahrstil leid und freue mich, dass ich wieder so fahren kann, wie ich das für richtig halte. Ich werde ihn ja nachher auf dem Autohof sowieso wieder treffen.

Die restliche Strecke bis München ist total langweilig. Ich habe das Gefühl, ich kenne hier jede Kurve, zumal ich mal einige Jahre in dieser Gegend hier gewohnt habe. Obwohl ich heute genug Zeit hätte, dürfte ich nicht mal auf einen Kaffee bei Freunden vorbeifahren, die in der Nähe der Autobahn wohnen. Dafür ist die Ladung zu teuer, das halten die für die Sicherheit Verantwortlichen für zu riskant. Ich werde von ihnen lückenlos überwacht, das mag ich nicht an diesen Zigarettentransporten. Europaweit ist dafür eine Sicherheitsfirma aus Madrid verantwortlich, sie rufen mich mehrmals täglich von ihrem Callcenter aus an. Ich habe ein persönliches Passwort, und sie betreuen mich, bis ich die Zigaretten beim Empfänger abgeliefert habe. Betreuen ist etwas euphemistisch, eigentlich überwachen und kontrollieren sie mich eher.

Diese Transporte haben jedoch auch einen Vorteil. Wenn nicht gerade ein dicker Stau dazwischenkommt, sind die Tagesetappen so eingeteilt, dass man sie locker in der legalen Zeit schaffen kann. Auch ist es mit einer Zigarettenladung in Italien streng verboten, nachts zwischen 22 und fünf Uhr zu fahren. Einmal bin ich eine Viertelstunde zu früh losgefahren, da bekam ich sofort einen Anruf, das merken die gleich über das Satellitensystem. Sogar meine Chefs müssen diese Vorgaben akzeptieren und können von mir nicht verlangen, mich auch über diese Regeln hinwegzusetzen. Sie schlucken diese Kröte aber gerne, denn anscheinend sind diese Werttransporte äußerst gut bezahlt – allerdings nur für sie, mein Lohn bleibt gleich.

Neben dem Diensthandy hat die Sicherheitsfirma eine weitere Telefonleitung in mein Auto mittels einer Freisprecheinrichtung. Sie können sich unbemerkt dazuschalten und mich abhören. Allerdings sehe ich das zum Glück durch ein kleines Lämpchen am Armaturenbrett. Außerdem habe ich mehrere versteckte Alarmknöpfe in meinem Truck, einer ist direkt über meinem Kopfkissen. Wenn ich einen von denen drücken würde, würden vermutlich in wenigen Minuten ganz viele Blaulichter um mein Auto herumkreisen, aber ich habe bislang darauf verzichtet, das einmal auszuprobieren.

Am frühen Abend komme ich auf dem Autohof an. Ich mag ihn nicht, er ist einer dieser herzlosen Kommerzunternehmen der großen Autohofketten. Immerhin kann ich mir hier endlich mal wieder eine deutsche Zeitung kaufen, die erste seit dem ermogelten Aufenthalt im Flughafenterminal von Borispol bei Kiew.

Donnerstagmorgen, sieben Uhr

500 Kilometer Überholverbot – wie Autofahrer sich ihre Probleme selbst schaffen – Fahren unter Hochsicherheitsbedingungen – Logesta und die Bürokratie

»Oa Brezn bittschön und a Kaffee.« Endlich mal wieder in einem Land, in dem die Sprache nur ein ganz klein wenig fremd ist. Mit dieser Stärkung fahre ich gut gelaunt mitten in die Staus des Berufsverkehrs der Münchener Ortsumgehung. Wieso Menschen sich so etwas fünf Tage die Woche jeden Tag aufs Neue antun, werde ich nie verstehen. In dem Münchener Umland sind die öffentlichen Nahverkehrsverbindungen hervorragend. Aber was soll ich mit meiner Zigarettenladung darüber lamentieren? Die einen fühlen sich eben von dieser Droge abhängig, die anderen von jener und die dritten verdienen an beiden – so läuft das eben. Der Stau darf nur nicht zu lange aufhalten, sonst schaffe ich es heute nicht bis Bologna. Und davor gäbe es keine Möglichkeit, ohne größte Komplikationen anzuhalten.

Heute ist mal wieder einer dieser föhnigen Tage, an denen die Alpen so klar zu sehen sind, dass sie fast wie in Rufweite erscheinen. Ich finde das immer wieder faszinierend, denn an anderen Tagen sieht man bei vermeintlich klarer Sicht nicht die Spur von Bergen aus dieser Entfernung. Zum Glück ist auch gerade keine Urlaubszeit, sind keine Schulferien in irgendeinem deutschen Bundesland. Denn dann würde der Verkehr hinter München nicht flüssiger, sondern noch dichter. Den Irschenberg hinauf gilt ein Überholverbot für Lkw, aber es gibt immer wieder Cowboys, die meinen, dass das nur für die anderen gilt. Und genauso regelmäßig werden die von der Polizei buchstäblich aus dem Verkehr gezogen, denn die warten oft oben an der Raststätte auf genau solche »Kunden«. Es sind übrigens fast nur Westeuropäer. Die Osteuropäer sind meistens sehr viel vorsichtiger, denn für sie wären die Bußgelder eine viel empfindlichere Strafe angesichts ihrer mickrigen Gehälter.

An dieser Stelle muss ich auch mal um ein wenig Verständnis für Verkehrssünder bitten. Das geschieht mir selten, meistens halte ich die Gesetze und Kontrollen für nicht restriktiv genug. Aber hinter München gibt es auf den 520 kommenden Kilometern bis Modena nicht einmal dreißig Kilometer ohne Lkw-Überholverbot. Und die Brummis sind nun mal sehr unterschiedlich schnell, es kommt beispielsweise darauf an, ob sie neu oder alt, klein oder groß und vor allem ob sie leer oder beladen sind. Da haben wir es wieder, das alte Wasch-mir-den-Pelz-aber-mach-mich-nicht-nass-Spiel. Man will einerseits unsere Waren, aber die Trucks will man andererseits am liebsten komplett verbieten. Die Bahnverladung für die Alpenquerung kostet ein Vielfaches vom Transport über die Straße. Da ist es doch kein Wunder, dass die Spediteure im Wettbewerb ökonomischen Zwängen folgen. Hier wäre eigentlich die Politik gefragt, aber die richten eher die Alpen zugrunde, als der Wirtschaft ökologisch sinnvolle Beschränkungen aufzuerlegen. Ausgetragen wird auch das auf dem Rücken der Fahrer, die durch unzählige Beschränkungen schikaniert werden. Und natürlich auf Kosten von Klima und Natur, aber das interessiert ja sowieso niemanden, da die Folgen die Bilanz dieses und nächstes Jahr wenig belasten werden.

Anstatt das Problem grundsätzlicher anzugehen, hat der deutsche Bundesverkehrsminister angekündigt, sich gegen die österreichischen Reglementierungen für Lkw auf der Brennerstrecke zu wehren. Er kündigte groß in der Presse an, dass nun im Gegenzug die deutsche Polizei verstärkt österreichische Kollegen kontrollieren werde. Was für eine grandiose Idee, immer auf die Kleinen! Polizisten und Fahrer sollen das irgendwie unter sich austragen. Einerseits werden die Kontrollen und Auflagen immer weiter verschärft, aber andererseits wächst der Warenverkehr gleichzeitig trotzdem weiter. Genauso gut könnte man per Dekret die Erde wieder zur Scheibe deklarieren. Die Subventionen für den alpenüberquerenden Verkehr landwirtschaftlicher Produkte etwa steigen Jahr für Jahr weiter an. Wenn jeder an sich denkt, ist doch an alle gedacht …

Kurz vor Rosenheim geht's am Inntaldreieck ab Richtung Italien. Von hier sind es nur noch gut dreißig Kilometer bis zur österreichischen Grenze. Ab da ist nun Überholverbot für uns bis Modena. Lediglich hinter Innsbruck wird es noch an zwei oder drei Stellen für einige Kilometer gnädigerweise aufgehoben. Mir soll es recht sein, so muss ich nicht so schnell fahren. Eigentlich ist es ganz einfach: Das wichtigste ist die Haltung, die man zum Fahren hat. Ich bin jetzt im Zustand des Fahrens, so sehe ich das. Wenn ich mal Beifahrer habe, bekomme ich mit, dass die das ganz anders definieren, nämlich wie die typischen Autofahrer: Sie sind in Gedanken schon am Ziel, empfinden den Weg als äußerst lästiges Intermezzo, das sie so schnell wie möglich zum Ende bringen wollen. Das Dumme ist nur, dass sie dadurch nicht schneller als ich vorankommen, es geht ihnen

Von der Brennerautobahn hat man einen wunderschönen Blick auf Innsbruck.

nur schlechter mit dieser Einstellung. Der Straßenverkehr hat etwas ganz Archaisches und lässt die friedlichsten Menschen zu aggressiven Kriegern werden, weil sie sich durch ihre Erwartungshaltung selbst unter Druck setzen. Das passiert nicht auf der Straße, sondern im Kopf, und wäre völlig vermeidbar. Unbewusst verselbständigt sich das auf die Dauer. Es ist zum Beispiel ein witziges Phänomen, dass Autofahrer oft versuchen, weniger als fünfzig Meter entfernt vom Ziel ihre Blechkisten abzustellen. Fast allen Autofahrern erscheinen hundert oder gar fünfhundert Meter Fußweg richtig schlimm. Da könnte man eigentlich Mitleid haben, wenn diese Haltung nicht so viel Unheil an der Umwelt anrichten würde. Außerdem machen sie den gleichen Fehler wie meine Chefs. Sie stricken oft ihre Zeitpläne zu eng, dann hetzt man immer den Vorgaben und Planungen hinterher.

Doch konzentrieren wir uns wieder auf die Autobahn. Bei Wörgl gibt es eine Kontrollstelle für Lkw. Wenn sie besetzt ist, müssen wir alle herausfahren und uns kontrollieren lassen. Tagsüber ist sie meistens besetzt, heute auch. Ich bekomme aber nur die kleine Kontrolle, also Frachtbrief und Gewicht. Bei Zigaretten sind die

Polizisten oft vorsichtig, denn sie wissen, wenn sie mich jetzt hier festsetzen müssten, hätten sie ein Sicherheitsproblem. Also schauen sie gar nicht erst nach den Tachoscheiben. Das ist eigentlich schade, wo ich doch meinen schönen polnischen Persilschein dabeihabe.

Hinter Innsbruck, wo das Überholverbot für Lkw noch mal kurz aufgehoben wird, finden qualmende Elefantenrennen statt, weil sich jeder in eine günstige Ausgangsposition begeben will. Das Dumme ist nur, in diesem Spiel gibt es keine Pole-Position, man hat irgendwann doch immer wieder ein langsameres Fahrzeug vor der Nase. Normalerweise müsste ich da jetzt mitspielen, aber ich will kurz hinter der italienischen Grenze sowieso Pause machen, und das sind nur noch weniger als fünfzig Kilometer.

Für Österreich und Italien habe ich an der Windschutzscheibe je eine kleine Plastikkiste kleben, die sogenannte GO-Box. Damit wird die Autobahnmaut automatisch ermittelt und berechnet, ich muss mich zum Glück nicht weiter darum kümmern. Ich habe daher auch keinen Aufenthalt bei oder vor dem Grenzübertritt in diese beiden Länder. Etwa zwanzig Kilometer nach der Grenze kommt die erste Zahlstelle für die Autobahngebühr in Italien, ich biege rechts ab zum Autohof von Vipiteno/Sterzing. Hier ist ein riesig großer Parkplatz, vielleicht der größte, den ich je gesehen habe. Er liegt auf dem ehemaligen Zollhof. Man findet dort praktisch immer einen freien Platz. Außerdem gibt es ein erschwingliches Lokal mit italienischer und Südtiroler Küche, Duschen, Waschmaschinen, einem Geldautomaten sowie einen guten, kleinen Laden. An allen Autohöfen in Deutschland gibt es Shops, die vermeintlichen Bedarf für Trucker verkaufen. Dort wird oft unglaublich viel sinnloser Plastik-Schnickschnack feilgeboten zu überhöhten Preisen. Das, was man wirklich braucht, ist hingegen oft nicht zu finden. In diesem kleinen Laden ist es genau umgekehrt. Ich bin immer wieder erstaunt, wie viele nützliche Sachen sie auf diesem kleinen Raum anbieten können, und das auch noch zu realistischen Preisen. Von der Sicherheitsnadel über warme Kniestrümpfe für den Winter, italienische Handychips, erschwingliche Textilien bis hin zu Sicherheitsschuhen, Frischmilch, Südtiroler Wein, Werkzeug und Ersatzteilen für den Truck. In dem Lokal sind sie immer geradezu empört, wenn jemand mittags Pizza bestellen will. Sie sagen, die gebe es in Italien zumindest traditionell nur abends. Aber Spaghetti gibt es auch mittags und einen guten Kaffee danach sowieso. Wer in Italien oder anderen Mittelmeerländern oft Kaffee getrunken hat, kann dem labberigen deutschen Filterkaffee sowieso nichts mehr abgewinnen. Aus den großen Espresso-Höllenmaschinen schmeckt der einfach viel besser.

Frisch gestärkt fahre ich im Pulk weiter bergab, hinein nach Italien. Vor dem Bau der Autobahn muss das weite Tal des Brenners mal wunderschön gewesen sein. Seitdem dringt der Verkehrslärm rund um die Uhr bis in die entlegensten Seitentäler, das ist der Preis für Fortschritt, freien Warenaustausch und gute Geschäfte. Die Autobahn führt brutal mitten durch Bozen und an Trento vorbei. Bei Verona ist man unten in der Po-Ebene angekommen. Von hier bis Bologna ist es flach wie in Ungarn oder Holland. Man fährt an riesigen Monokulturen vorbei, mittlerweile stehen hier fast nur Reisfelder.

Die meisten Kollegen legen ihre Pause ein in Campogalliano, das liegt kurz vor Modena. Hier gibt es einen riesigen Zollhof, Geschäfte, Restaurants und vor allem viele Kollegen. Wie die Lemminge fahren sie alle gerne an die gleiche Stelle. Dann muss man nichts Neues ausprobieren und weiß, dass man in der knapp bemessenen Freizeit ein gutes Essen zu realistischen Preisen bekommt. Ich bevorzuge Pegognaga, das liegt einige Ausfahrten davor. Etwa drei Kilometer von der Autobahn entfernt gibt es ein kleines Restaurant in einem Industriegebiet, die Osteria Osso Bruno. Es gibt genug Platz zum Parken, das Essen ist lecker und preiswert, und nachts ist es hier sehr ruhig. Das schätze ich besonders, muss ich mich doch sonst fast immer an lauten Orten aufhalten. Viele Kollegen stört das nicht, vermutlich hören sie das gar nicht mehr.

Heute muss ich jedoch in Affi meine Pause machen. Das liegt kurz vor Verona. Direkt neben der Autobahn gibt es ebenfalls ein Restaurant mit großem Parkplatz. Vor allem gibt es dort aber auch ein großes Einkaufszentrum mit Kaufhäusern und Geschäften. Ich muss zum Optiker, meine Brille reparieren lassen. So etwas wie Optikerläden gibt es selten in Gegenden, wo ich vorbeikomme und dann obendrein dort auch noch parken kann. Beim Beladen in Kutná Hora hatte mich jemand angerempelt, nun ist sie verbogen. Ich hatte schon seit fast tausend Kilometern hier den Gang zum Optiker eingeplant. Dafür muss ich es auch riskieren, den Wagen und die teure Ladung für eine halbe Stunde aus den Augen zu lassen, aber dieser Parkplatz hier erscheint mir halbwegs sicher. In meinem Job werden ganz banale Alltagsaufgaben gelegentlich zum größeren Problem. Alles, für das man normalerweise in die Stadt fährt, ist in diesem ununterbrochenen Vagabundenleben, dazu noch mit einem Lkw, schwierig zu organisieren.

Mein Zeitdruck ist heute nicht ganz so groß. Ich muss es nur bis 22 Uhr spätestens bis Bologna schaffen, und das ist absolut kein Problem. Da es in Italien außer in Vipiteno keine einzige Raststätte gibt, die ich mit meiner Ladung anfahren darf, muss ich über Nacht bei Logesta parken. Logesta ist eine international agierende Gruppe, die vor allem Zigaretten kreuz und quer durch Europa transportiert. In Spanien, Italien und Frankreich sind sie für die Versorgung des ganzen Landes mit Zigaretten verantwortlich und arbeiten mit dem Staat zusammen. In diesen drei Ländern haben sie überall verteilt große Zigarettendepots. Die Lager sind mit Stacheldraht, Alarmanlagen und ständiger Polizeipräsenz so geschützt, als würden dort Goldvorräte gebunkert. Ich konnte nie herausfinden, wem dieser Konzern gehört. So bürokratisch, wie sie strukturiert sind, vermute ich aber, dass die Staaten irgendwie beteiligt sind. Das Hauptquartier ist vermutlich in Spanien – in Madrid ist das größte Lager, und dort in der Nähe ist auch der Sitz der Sicherheitsfirma, die sämtliche Zigarettentransporte überwacht.

Am frühen Abend komme ich im Interporto bei Bologna an. Das ist ein geschlossenes, sehr gut bewachtes, großes Industriegebiet. Es hat nur eine einzige Zufahrt mit Schranke und bewaffneten Sicherheitsposten. Bei der Einfahrt zieht man ein Ticket, das in der jeweiligen Firma, bei der man be- oder entlädt, irgendwie computertechnisch bearbeitet wird. Ohne das kommt man von dem Gelände nicht wieder runter. Das Logesta-Depot selbst wird zudem von Polizisten der italienischen Guardia di Finanza bewacht. Die italienischen Lkw, die die Zigaretten von hier zu den Großhändlern bringen, fahren alle mit bewaffneter Eskorte der Guardia di Finanza vom Hof, oft sogar mit Blaulicht.

Die Prozedur, der ich mich jetzt unterziehen muss, ist kompliziert und bürokratisch. Meine Ankunft war durch die Sicherheitsfirma bereits angekündigt. Denen muss ich morgens immer sagen, wo ich abends Pause machen werde. Ich muss nun bis zu einer Schranke fahren, viele Videokameras überwachen mich dabei, dann zu Fuß zum Glaskasten gehen, in dem ein bewaffneter Wachmann sitzt. Ihm muss ich Pass, Papiere und das Einlassticket aushändigen. Der Pass wird selbstverständlich kopiert. Bei Logesta Bologna müssten sie die Kopien meines Passes bereits dutzendweise in ihren Akten haben. Durch die Kameras sieht der Uniformierte nur meine vordere Autonummer, daher gibt er mir eine Videokamera, mit der ich um mein Auto herum zum hinteren Nummernschild gehen soll. Dann erst darf ich in den inneren Bereich des heiligen Geländes einfahren und muss den Auflieger abstellen, ich selbst darf keinesfalls über Nacht hier bleiben. Den Auflieger muss ich abschließend mit einem schweren Zapfenschloss sichern, damit niemand anders den aufsatteln und damit wegfahren könnte. Diese Prozedur ist lächerlich. Denn zum einen wird mein Auflieger sowieso ununterbrochen überwacht, zum zweiten darf ich den Schlüssel nicht mal behalten, sondern muss ihn beim Pförtner abliefern, und zum dritten hält dieses Schloss sowieso nichts aus, es ist eher eine Attrappe. Wenn man mit der Zugmaschine mit ein wenig Schwung unter den Auflieger fährt, zerbricht es einfach und fällt herunter. Das habe ich mal bei einem Kollegen gesehen, er hatte vergessen, dass dieses lächerliche Ding unter seinem Auflieger hängt.

Bevor ich den Auflieger abkoppele, muss ich unbedingt die Sicherheitsfirma in Madrid anrufen, da durch das Abkoppeln ein Alarm ausgelöst wird. Das könnte eigentlich auch der Wachmann machen. Aber die ziehen sich bräsig auf ihre minimalen Zuständigkeiten zurück, Logesta ist wie gesagt sehr bürokratisch.

Der Interporto liegt leider weit vor den Toren der Stadt Bologna, ich habe es nur ein einziges Mal geschafft, mir die schöne Altstadt anzusehen. Stattdessen stehe ich mal wieder in einem anonymen, ausgestorbenen Industriegebiet herum.

Freitagmorgen, sieben Uhr

Lückenlos überwacht von Bologna nach Napoli – nun wollen schon Arbeiter Bakschisch von mir – ich muss mich selbst filzen

Auch heute habe ich eine überschaubare Aufgabe und traumhaft wenig Zeitdruck. Ich muss es nur bis Logesta Napoli schaffen, das sind gut 600 Kilometer. Ich könnte locker hundert Kilometer mehr schaffen, aber südlich von Napoli gibt es kein weiteres Logesta-Depot für die Pause. Die ganze Strecke ist langweilige Autobahn. Früher mussten wir auf der Höhe von Rom immer stehenbleiben und auf eine Eskorte warten. Sämtliche Zigarettentransporte in Süditalien bekamen bewaffnete Begleitung von der Guardia di Finanza. Inzwischen setzen sie hochmoderne Technik ein, über die ich nicht mehr erzählen darf. Daher dürfen wir manchmal auch ohne Begleitung fahren. Sobald ich jedoch länger als eine oder zwei Minuten – also eine Rotphase an einer Ampel – stehe, klingelt bei mir sofort das Telefon. Bei jeder Pinkelpause erreicht mich der Anruf also genau auf der Toilette. Würde ich das Telefon nicht mitnehmen, sondern im Wagen vergessen und nicht drangehen, hätte das unabsehbare Konsequenzen, vermutlich gäbe es dann sofort Großalarm. Wenn ich duschen gehe, muss ich das Telefon ebenfalls mitnehmen. Bei Zigarettentransporten gehöre ich mit Haut und Haar der Firma.

Von Bologna geht es wieder hoch in die Berge. Bis Firenze ist durchgehend Lkw-Überholverbot, bei Verstoß drohen drakonische Strafen, daher halten sich auch fast alle daran. Ich müsste nicht nur hunderte von Euro bezahlen, sondern bekäme auch ein sechsmonatiges Verbot, mit dem Lkw nach Italien zu fahren.

Parallel zur Autobahn wird eine weitere Autobahn gebaut. Italien ist das Land, in dem europaweit am meisten Beton für Straßen, Brücken und Tunnels verbaut wird. Das hat viel zu tun mit Korruption und Mafia. Sogar in der Schweiz munkeln viele, dass die Bauaufträge für die ganzen Alpentunnel sich von Seilschaften gegenseitig zugeschoben werden. Der Volksmund dort nennt das die »Tunnelmafia«. Auch in der Presse liest man häufig, dass die Mafia bei der Auftragsvergabe mitmischt. Es gibt in Italien immer wieder mal Festnahmen und Anklagen, das Phänomen an sich jedoch bleibt bestehen. An diese Meldungen muss ich immer denken, wenn ich die gigantischen Betonbrücken an diesem Autobahnneubau sehe. Das Projekt muss ein irrsinniges Geld verschlingen.

Genau wie in Frankreich gibt es in Italien entlang der großen Autobahnen in der Nähe der Ausfahrten sehr gute Restaurants, die meistens nur von Truckern und ein paar Vertretern genutzt werden. Man muss wissen, an welchen Ausfahrten die besten sind, andernfalls kann man aber auch italienische Kollegen befragen. Das italienische Wort für Trucker ist übrigens ganz witzig, es heißt »autisti«. Ich mache gerne Pause in Orte, das liegt knapp achtzig Kilometer vor Rom. Neben dem Restaurant mit großem Parkplatz gibt es dort auch einen Supermarkt. Dann geht es weiter in Richtung Süden, vorbei an Rom. Die Autobahnumgehung ist so weiträumig, dass es selbst hier selten Staus gibt.

Am Spätnachmittag komme ich bei Logesta in Caserta bei Napoli an. Ich habe schon fast ein schlechtes Gewissen, dass ich heute »nur« acht Stunden gearbeitet habe. Vor einigen Wochen musste ich hier das letzte Mal Zigaretten ausladen. Da haben die Lagerarbeiter doch tatsächlich ein Bakschisch von mir gefordert! Dann würden sie schneller arbeiten, sonst müsse ich warten. Schlimm genug, wenn Offizielle von einem Bakschisch verlangen, aber wenn jetzt auch noch Arbeiter damit anfangen, ufert das ja völlig aus. Hinzu kommt, dass die bei Logesta eigentlich recht gut bezahlt werden. Ich war so empört, dass ich nach dem Ausladen bei der Zentrale in Madrid angerufen und diese unkollegialen Kollegen verpetzt und mich über sie beschwert habe.

Bei Logesta Napoli haben sie sich eine weitere Schikane einfallen lassen. Wie in Bologna muss ich mit der Handkamera das rückwärtige Nummernschild filmen. Aber zudem verlangen sie von mir, dass ich meine Fahrerkabine abfilme. Nicht nur, dass sie in meiner Privatsphäre herumschnüffeln, sie fordern mich auch noch auf, dass ich mich selbst kontrolliere. Ich finde das demütigend und unverschämt, muss mich aber natürlich fügen.

Nach dem Absatteln gibt es eine schöne Überraschung für mich.

Ich ging davon aus, dass ich morgen bis Catania fahre und dort dann am Montagmorgen ausladen kann. Aber die Sicherheitsleute in Madrid haben Wochenende. Also darf ich morgen gar nicht fahren. Das bedeutet tatsächlich, dass ich ein richtiges Wochenende habe wie jeder ganz normale Arbeiter. Also von Freitagabend bis Montagmorgen. Das ist das erste Mal seit fünf Monaten! Das letzte Mal hatte mich dieses Schicksal auch bei einer Zigarettentour ereilt, da stand ich in Rom. Auch meine Firma nörgelt nicht herum, die Zigarettentransporte müssen wirklich verdammt gut bezahlt werden.

Allerdings ist das Industriegebiet, wo ich nun mit meiner Zugmaschine stehe, total öde und weit weg von allem. Nicht mal ein Restaurant gibt es im Umkreis von mehreren Kilometern. Aber ich habe ja noch Vorräte und endlich mal richtig viel Zeit. Vor allem kann ich auf dem Parkplatz vor dem Werkstor ausgiebig ausschlafen, das ist prima.

Montagmorgen, sieben Uhr

Wochenauftakt mit Selbstkontrolle – ein widerlicher Trickbetrüger – buona sera, Catania

War das ein schönes Wochenende! Ganze zwei Tage, das kannte ich schon gar nicht mehr. Am Samstagvormittag hatte ich mir von den Wachmännern ein Taxi rufen lassen und bin nach Caserta gefahren. Taxifahrer in Süditalien hauen einen zwar immer übers Ohr, aber ich hatte ja keine andere Wahl, das Fahrzeug darf ja wegen Wochenendpause nicht einen Meter bewegt werden. Sie haben zwar einen Taxameter, aber am Ende der Fahrt legen sie den Schalter immer um, und die Summe wird einfach auf dreißig Euro aufgerundet. Die Begründung ist jedes Mal eine andere: weil Wochenende sei, man müsse die Anfahrt auch mitbezahlen, weil es nach siebzehn Uhr sei … Da sind der Phantasie keine Grenzen gesetzt. Von Caserta bin ich mit dem Bummelzug nach Napoli hineingefahren. Eisenbahn fahren wiederum ist spottbillig in Italien. Wenn man deutsche Bahnpreise gewohnt ist, erlebt man allerdings –

außer in der Schweiz und Großbritannien – in ganz Europa nur freudige Überraschungen. In Napoli hatte ich mir am Samstagabend ein preiswertes Hotel gesucht. Was für ein Luxus, nach Nowograd-Wolynsk schon zum zweiten Mal innerhalb von zehn Tagen in einem richtigen Bett in geschlossenen vier Wänden zu schlafen! Die Stadt selbst ist quirlig und sehr interessant. Allerdings habe ich – genau wie in Marokko – Angst gehabt, meine Fotokamera zu benutzen. Sie war nicht nur teuer, sondern man sieht es ihr leider auch an.

Logesta Madrid sagte, ich könne heute Nachmittag in Catania ausladen. Ich sagte ihnen, das könne ich nicht. Denn es sind acht Stunden reine Fahrzeit plus eine Stunde Sizilien-Fähre plus eine bis zwei Stunden Wartezeit. Wenn ich morgens um sieben erst losfahren darf, dann ist das bis fünfzehn Uhr nicht zu schaffen. Ich muss ein wenig schmunzeln, anscheinend sind die in dem Büro in Madrid genauso drauf wie in meiner Firma: Versuchen kann man's ja mal. Bevor ich meinen Auflieger holen »darf«, muss ich heute Morgen wieder mit der Kamera mein Bett und meine Kabine für die Security filmen. Bis ich loskomme, ist es halb acht, aber auch das heutige Tagespensum kann ich gut schaffen, wenn nichts dazwischenkommt, nur natürlich nicht bis fünfzehn Uhr, eher zwei oder drei Stunden später.

Zunächst geht es weitläufig um den Vesuv herum nach Salerno. Danach schraubt sich die Autobahn in die Berge, und man fährt durch sehr schöne, dünn besiedelte Landschaften der Provinzen Basilicata und Calabria, anschließend wieder herunter ans Mittelmeer bis zum Fährhafen in Reggio di Calabria. Während ich dort auf die Fähre warte, kommt ein älterer deutscher Herr zu mir, ich schätze ihn auf Mitte siebzig. Man habe ihm und seiner Frau das Auto gestohlen, er habe jetzt lediglich sein Handy, seinen Pass und ein paar Münzen bei sich. Bei einem Anruf in der Botschaft in Rom sei ihm gesagt worden, man könne ihnen helfen, aber dazu müssten sie jetzt nach Rom kommen. Dafür brauche er etwas Geld, er würde mir das dann in Deutschland zurücküberweisen. Er zeigt mir seinen Pass und ich notiere die Daten, er heißt Horst Becker und ist tatsächlich 74 Jahre alt. Eigentlich wollte ich ihm zwanzig oder dreißig Euro geben, aber da ich keine kleinen Scheine habe, gebe ich ihm fünfzig Euro.

Später habe ich von Deutschland aus einen Horst Becker in München gefunden und angerufen. Der sagte mir, ich sei einem Betrüger aufgesessen, der Pass sei gefälscht. Dieser Mann sei seines Wissens seit mindestens acht Jahren in ganz Europa mit dieser Masche unterwegs, er bekäme öfters Anrufe wie meinen. Hat es also nun doch jemand geschafft, mich auf einer Transitstrecke übers Ohr zu hauen! Und gegen alle Klischees kein marodierender Zigeuner, kein klauender Pole, Rumäne oder Moslem, sondern ein spießig aussehender Deutscher. Das asozialste daran finde ich das Ausnutzen von Hilfsbereitschaft. Denn nach solch einer Erfahrung wird man beim nächsten Mal nicht mehr helfen, auch wenn jemand die Wahrheit sagt und wirklich in Not ist. Ich rufe beim Betrugsdezernat der Münchener Kripo an und frage, ob es sinnvoll sei, Anzeige zu erstatten, zumal es sich um einen Serientäter handele. Aber die winken nur ab, das würde sowieso nichts bringen. Sie haben offensichtlich keine Lust auf überflüssigen Papierkram.

Ich setze mit der Fähre über nach Messina, von hier ist es noch

Der Dom von Catania, durch Erdbeben zerstört und im 18. Jahrhundert wieder aufgebaut

eine gute Stunde Fahrzeit bis Catania, wo ich am Spätnachmittag ankomme. Hier folgt wieder die übliche Prozedur. Als ich den Trailer im Depot abgesattelt habe, fahre ich mit der Zugmaschine Richtung Innenstadt. An der Hafeneinfahrt gibt es einen großen Parkplatz. Ich parke direkt neben dem Posten der Hafenpolizei, hier kann ich den Wagen sicher stehenlassen und in die Stadt gehen. Dass in meine Kabine in all den Jahren nicht ein einziges Mal eingebrochen wurde, ist nicht nur das Resultat von Vorsicht, ich habe bisher einfach auch immer Glück gehabt. Denn in der Kabine ist ja mein gesamter Hausstand von nicht unbeträchtlichem Wert.

In fünf Minuten Fußweg vom Parkplatz gibt es sogar einen kleinen Strand. Aber ich schlendere zum Feierabend lieber durch die schöne Altstadt von Catania.

Dienstagmorgen, sieben Uhr

Freundliche Lagerarbeiter in Catania – mein persönlicher Giro d'Italia – das Logbuch wird zugeklappt

Für Logesta-Verhältnisse sind sie in Catania besonders freundlich. Es gibt hier kaum Wartezeiten, und während der Wagen entladen wird, kann ich dort auch duschen und einen Kaffee am Automaten ziehen. Nun bin ich aus der Verantwortung der Madrider Zentrale entlassen und habe wieder mit »meinen« Holländern zu tun. Meistens gibt es keine Rückladung in Sizilien, so ist es auch diesmal. Stattdessen bekomme ich etwa ein halbes Dutzend Rückladeadressen für die Niederlande. Damit bin ich bis Freitag beschäftigt.

Hier beende ich dieses Logbuch, möchte jedoch noch kurz berichten von der Rückfahrt in den niederländischen »Heimathafen«. Mit dem Rückladen fange ich an in Eboli, das ich bisher nur von der Redewendung und dem gleichnamigen Roman kannte. Weitere Ladestellen sind in La California bei Livorno, ich lade vier Paletten bei einer Luftballonfabrik in einer Kleinstadt in den Bergen und einige Paletten Spritzgussteile in Baggiovara, das liegt direkt neben Maranello. Eigentlich ist Maranello eher ein Dorf, es hat 16 000 Einwohner, wurde aber durch die Autofabrik weltberühmt. Wenn Ferrari bei

Formel-1-Rennen gewinnt, läuten hier die Kirchenglocken. So lernt man Italien kennen und kommt an Orte, die man als Tourist nie zu Gesicht bekäme. In La California muss ich bei einem Biobauern zwei Paletten Olivenöl laden. Die Adresse ist schwer zu finden, ich muss über unbefestigte Feldwege fahren und durch enge Dörfer. Für die Luftballons fahre ich über steile Serpentinenstraßen und Brücken aus der Römerzeit.

Für die letzten freien Lademeter muss ich zu einer Spedition nach Modena, um dort Sammelgut zu laden. Ich komme hier Freitagmittag an. Wenn es hier schnell ginge, könnte ich am Sonntag endlich mal wieder in meiner Wohnung sein, aber es kommt anders. Die Waren werden im Laufe des Nachmittags erst angeliefert. Zuerst werden die firmeneigenen Fahrzeuge beladen, danach die italienischen Lkw, damit die Fahrer übers Wochenende nach Hause kommen, und zu allerletzt die ausländischen Fahrzeuge. Bis ich hier vom Hof komme, ist es fast Mitternacht, und damit ist der Sonntag zu Hause gestorben. Jetzt wird es sogar knapp, bis Samstag fünfzehn Uhr und damit rechtzeitig zum Wochenendfahrverbot durch Österreich durchzukommen. Da mein Auto lediglich die sogenannte Euro-3-Norm erfüllt, darf ich nachts nicht über den Brenner fahren. Wegen der vorgeschrieben Pause dürfte ich das aber sowieso nicht. Also fahre ich wieder bis Vipiteno und mache dort die verkürzte Neun-Stunden-Pause. Bei Wörgl ist der Lkw-Kontrollposten zwar besetzt, aber es ist noch nicht fünfzehn Uhr – danach ziehen sie hier gnadenlos jeden raus und bitten zur Kasse. Da geben sie nicht einmal eine Viertelstunde Kulanz. Um fünf Minuten vor fünfzehn Uhr verlasse ich Österreich. Bei Nürnberg und bei Würzburg gibt es große Staus, daher schaffe ich es nur bis zum Autohof in Wertheim, wo wir zu Beginn dieses Buches schon einmal übernachtet haben. Statt zu Hause verbringe ich den Sonntag hier, prima. Montag früh starte ich um vier Uhr, so kann ich mittags beim ersten Kunden sein und abends die »heimische« Spedition erreichen. Dienstagmorgen geht es dann mit einem anderen Auflieger und einem neuen Urlaubsschein, was sonst, los in Richtung Athen. Aber das erzähle ich vielleicht ein andermal.

Zum guten Schluss

Ich habe diesen Beruf mittlerweile weit hinter mir gelassen und bin froh und dankbar darüber. Es ist für einen Fernfahrer schwierig bis unmöglich, den Spagat zu lösen zwischen dem, was der Chef von ihm verlangt, und dem, was der Gesetzgeber, die allgemeine Verkehrssicherheit und der gesunde Menschenverstand von ihm verlangen. Ich will mit diesem Dilemma nichts mehr zu tun haben. Und ich möchte mich dafür einsetzen, dass diese alltägliche Praxis so schnell wie möglich beendet wird. Mehr Gesetze und Kontrollen haben das bisher nicht geschafft, und ich bezweifle, ob sich das in nächster Zukunft ändert. Vielmehr ist ein tiefergehendes Umdenken erforderlich. Da können sie noch so tolle Straßen bauen, pfiffige Ampelschaltungen, Flüsterasphalt und Hybridautos entwickeln – man wird eines Tages nicht mehr darum herumkommen, den individuellen Verkehr von Personen und Waren grundlegender in Frage zu stellen.

Und ich möchte die Aufmerksamkeit lenken auf die Arbeitsbedingungen und Nöte der Fernfahrer. Wenn ein Trucker am Berg mit fünfzig Stundenkilometern auf der Autobahn einen Kollegen überholt, der mit dreißig Stundenkilometern unterwegs ist, tut er das nicht, um Sie in Ihrem Pkw zu ärgern. Dass so viele von seinesgleichen die Autobahnen verstopfen, hat er auch nicht zu verantworten. Nahezu jeder Gegenstand, den Sie in die Hand nehmen, hat schon mehrere Lkw-Fahrten hinter sich. Einiges davon wäre anders organisierbar, aber dann gäbe es nicht zwölf Monate im Jahr Erdbeeren zu kaufen.

Ich bekomme noch fast täglich Anrufe von Kollegen, die sich aus den unterschiedlichsten Ecken Europas melden. An ihren Arbeitsbedingungen hat sich nichts verbessert. Der Druck wird eher stärker, da immer mehr westeuropäische Transportunternehmen nach Ost- und Südosteuropa ausflaggen. Eine kurzfristige Verbesserung der Verkehrssicherheit ließe sich schnell durch ein Bündel von Maßnahmen realisieren. Dazu gehören zum Beispiel eine Erhöhung der Kontrolldichte auf der Straße und in den jeweiligen Betrieben, Straffreiheit bei Selbstanzeige für Fahrer, die schärfere Verfolgung der eigentlichen Verursacher zugunsten der Fahrer, die auf Anweisung handeln, ein Mindestlohn für Fahrer und einiges mehr. Wer jedoch Wirtschaftswachstum über Verkehrssicherheit stellt, der nimmt die Folgen – etwa tote oder verletzte Verkehrsopfer sowie Umweltschäden, um nur zwei Beispiele zu nennen – bewusst in Kauf.

Danksagungen

Ich möchte hier nicht nur Namen aufzählen, sondern auch in dieser Passage noch ein wenig berichten, wie mir gute Freunde und Weggefährten mein Leben erleichtert haben in dieser anstrengenden Zeit. Meine liebsten Kollegen hatte ich ja schon genannt. Auch fast alle anderen niederländischen, deutschen, türkischen und polnischen Fahrerkollegen in der Firma waren immer freundlich und hilfsbereit. Ich wünsche Euch jederzeit eine gute und sichere Fahrt, Goede reis, Szczęśliwej podróży und İyi yolculuklar!

Die größte Stütze für mich war Andrea Marotz. Sie versorgte mich regelmäßig mit neuen Hörbüchern. Außerdem hatte sie für mich immer ein Ohr und viel Zeit für lange Telefongespräche. Auch war sie die erste Korrekturleserin dieses Buches.

Johnny Cash, Manu Chao, die marokkanische Sängerin Saida Fikri und Funny van Dannen nenne ich hier stellvertretend für all die guten Musiker und Musikerinnen, die mir durch endlos lange Nächte halfen. Eine große, kleine Freude am Wegesrand waren mir immer alle, die freundlich im Vorbeifahren von einer Autobahnbrücke oder vom Straßenrand winkten, egal ob Kinder oder Erwachsene. Ich habe auch immer gerne mit allen möglichen erlaubten und nicht erlaubten Zeichen zurückgegrüßt.

Telefongespräche mit der fernen Heimat waren mir ein wichtiger Notanker, damit nicht alle Kontakte völlig abreißen. Außerdem halfen sie mir, hunderte von langweiligen Autobahnkilometern zu überbrücken (natürlich nur mit Knopf im Ohr!). Viel Zeit am Telefon hatten für mich auch Sigrid Chamberlain, Anne Allex, Cornelia Löhlein, Joachim Schultz-Tornau, Michael Block, Daniel Belger und Stephan Bonitz.

Roland Kunkel und Michael Osiander waren die nettesten Chefs der Welt.

Florian Schwinn hat mich bestärkt, dieses Buch zu schreiben, und wichtige Kontakte geknüpft. Zum Beispiel zu Michael Neher und Rüdiger Grünhagen, ohne die es dieses Buch jetzt nicht gäbe.

Ich danke Herrn Kaiser von der Wuppertaler Spanien-Spedition Albrecht dafür, dass ich dort die drei Male parken durfte, die ich nach Hause kam. Und für seine Dienstanweisung an die dort beschäftigten Kollegen, dass sie die Lenk- und Ruhezeiten, Geschwindigkeitsbeschränkungen und Sicherheitsbestimmungen einzuhalten haben. Zeigt es doch, dass Betriebe auch in der Legalität überleben können.

Rechtsanwalt Gus Bogaard hilft mir derzeit dabei, mein angeschlagenes Holland-Bild wieder aufzubessern, und Physiotherapeut Wolfgang Schäfer hat meinen ramponierten Rücken so gut es noch geht »repariert«. Martin Piontek von der Wuppertaler Arbeitsagentur half, mich von der Straße zu holen und zu resozialisieren.

Ich spiele seit Jahren ein Online-Computerspiel mit Namen Horizon. In der Truckerzeit wurde es so etwas wie meine zweite Heimat. Sobald ich irgendwo ein Internetcafé fand, habe ich mich gleich nach dem Abrufen und Beantworten meiner Mails bei www.starborn.org als beeblebrox eingeloggt und konnte dann mit all den seit Jahren vertrauten Weltraumfreunden spielen und chatten, mehr als ein Dutzend habe ich sogar unterwegs getroffen. So hatte ich ein kleines Stück vertraute Heimat, egal in welchem fremden Land. Den Mitspielern und vor allem den Anbietern dieses unterhaltsamen, werbefreien Weltraumspiels sei ebenfalls ein herzliches Dankeschön zugerufen. Tim, Sven (Schorsch) und Jürgen waren auch die Ersten, die mich zu diesem Buchprojekt ermutigten, und das, obwohl sie in diesem Spiel doch der Fraktion der Feinde und Gegner angehören.

Zu guter Letzt möchte ich all diejenigen erwähnen, die ich auf der Strecke besuchen durfte. Ich konnte dort ausspannen, Wäsche waschen und bei genügend Zeit auch übernachten. Angesichts meines Vagabundenlebens war das jedes Mal wieder wie ein dickes Geschenk. Sonja und Micha in Mötzing/Niederbayern, Marie-Aude

Chevallier in Paris, Familie Heinz in Idenheim in der Eifel, Angela Klinggraef in Berlin, Armin und Familie in Hannover, Corina und Michail Cepoi in Chisinau/Moldawien, Wladimir Boriskov in Kiew, Annemarie und Helmut von Kietzell in Regensburg, Lothar Kram in Frankfurt, Irina in Nowograd-Wolynsk.

Nachwort

Als ich vor einigen Jahren nach langer Pause wieder mit dem Lkw-Fahren begann, entstand bei mir der Eindruck, dass sich ja kaum etwas verändert habe. Ich landete zuerst bei einem windigen Subunternehmer aus Ostwestfalen, der offensichtlich von vornherein gar nicht vorhatte, mich zu bezahlen. Und danach bei dem tief fliegenden Holländer, der seine Gewinne mit geradezu krimineller Energie maximierte. Die Unfreundlichkeit und die illegalen Machenschaften nahmen weiter zu, als die große Wirtschaftskrise begann.

Die weißen Schafe in der Branche, also Fahrer, die immer so legal wie möglich bleiben und dieses von ihren Chefs auch ermöglicht oder sogar vorgeschrieben bekommen, kannte ich nur vom Hörensagen. In den Jahren zuvor sollte sich ja auf dem Gebiet angeblich eine Menge getan haben, aber davon bekam ich in meiner unmittelbaren Umgebung nichts mit, auch nicht von Kollegen anderer Firmen, die man an Ladestellen und Raststätten regelmäßig trifft. Möglicherweise waren meine Arbeitgeber besonders schwarze Schafe, während der Wirtschaftskrise war aber an einen Wechsel nicht zu denken. Und die Manipulation beginnt ja nicht erst mit dem Urlaubsschein oder dem Verheimlichen von Gefahrgutladung, sondern bereits dann, wenn jemand den Fahrtenschreiber auf Pause und nicht auf Arbeits- oder Bereitschaftszeit stellt, wenn er an einer Ladestelle mehrere Stunden stehen und sich um das Be- oder Entladen kümmern muss. Das ist bis heute sehr verbreitet, jeder in der Branche weiß das.

Nach dem Erscheinen dieses Buches lernte ich jedoch auch ganz andere Kollegen, Disponenten und Spediteure persönlich kennen.

In meiner Heimatstadt Wuppertal hatte ich zum Beispiel längere Gespräche mit Falk Albrecht von der gleichnamigen Wuppertaler Spanienspedition. Ein gewissenhafter und verantwortungsbewusster Unternehmer, der mir erklärte, wie schwer es ihm manchmal gemacht wird, hundertprozentig legal zu agieren, zumal sich manche Gesetze regelrecht widersprechen. Spediteur Ralf Koppenhöfer aus Frankenthal erzählte mir das Gleiche. Die Politik macht es sich in diesem gesamten Bereich viel zu einfach. Schnell wird hier noch eine Bestimmung vom Land erlassen, dort ein Gesetz vom Bund, hier eine weitere Auflage von der Kommune und dort eine Bestimmung aus Brüssel. Und niemand hat die Gesamtsituation im Blick, mit der wir alle in der Transportbranche dann täglich konfrontiert sind. Man will die Lkws nicht und man will sich nicht auf unpopuläre Weise mit dem Thema befassen. Alle meine Kollegen haben unzählige Beispiele und Situationen erlebt, in denen Autofahrer uns nicht mochten einfach aufgrund der Tatsache, dass wir existieren. Kaum einer von ihnen zählt mal eins und eins zusammen. Dann käme er oder sie nämlich zu dem Schluss, dass es diese schönen kleinen Autos ohne Lkws gar nicht gäbe. In Interviews

Lkws auszubremsen ist auch keine Lösung.

habe ich die Journalisten immer darauf hingewiesen, dass ihre Kaffeetasse oder ihr Mikrofon oder ihr Laptop schon mindestens ein halbes oder ganzes Dutzend Lkw-Fahrten hinter sich haben.

Ich habe das Buch nach bestem Wissen und Gewissen geschrieben. Ich wollte keinen Gesamtüberblick erstellen, sondern subjektiv von meinen ganz persönlichen Erfahrungen erzählen. Möglicherweise entsteht beim Lesen der Eindruck, als gäbe es nur schwarze Schafe, aber das stimmt natürlich nicht. Klar ist aber auch, dass deren Anzahl nach wie vor viel zu hoch ist und dass denen das Handwerk gelegt gehört. Dabei ist es auch egal, ob ihr Anteil nun siebzig oder dreißig Prozent beträgt.

Die Rückmeldungen nach Erscheinen des Buches fielen sehr unterschiedlich aus. Viele Fahrer und deren Angehörige haben sich bedankt dafür, dass endlich mal etwas aus dem ganz normalen Arbeitsalltag eines internationalen Fernfahrers beschrieben wird. Ich bekam solche Rückmeldungen über den Verlag, bei Facebook, persönlich und auf zahlreichen Veranstaltungen. Denn alle Lkw-Fahrer (und ihre Angehörigen) bekommen täglich das miserable gesellschaftliche Ansehen zu spüren, dieses »Mit-uns-kann-man's-ja-machen«. Vorurteile beruhen oft auf Nicht-Wissen und Nicht-darüber-Nachdenken(-wollen). Wer den Lkw nicht mag, weil der ihn in dem Moment am rasanten Fortkommen hindert, denkt sich schnell, da sitzt der typische bräsige Schmerbauch hinterm Steuer: ein unrasierter Primitivling mit bekleckertem Feinrippunterhemd, unrasiert und ungewaschen und nur darauf aus, jedem Pkw-Fahrer das Leben so schwer wie möglich zu machen, einfach aus Spaß an der Freude. In dieser Überspitzung wird deutlich, was für ein Unsinn das ist. Natürlich gibt es auch den, Rüpel gibt es schließlich in allen gesellschaftlichen Schichten und Bereichen. Nach meiner Erfahrung sind sie aber in unserem Berufsstand eher die Minderheit.

Kürzlich besuchte mich mein ehemaliger Lieblingskollege Ismail, er fährt mittlerweile für eine andere Firma immer zwischen der Türkei und den Niederlanden hin und her. Er spricht sehr wenig Deutsch und viele würden ihn alleine schon deshalb und wegen seines Berufes für ungebildet halten. Auf dem Armaturenbrett seines DAF-Trucks sah ich das türkischsprachige Buch, welches er gerade las: die *Persischen Briefe* des französischen Philosophen der Aufklärung, Baron de Montesquieu. Und wer darüber erstaunt und überrascht ist, sollte bitte auch mal sein oder ihr Vorurteil über Fernfahrer hinterfragen.

Übrigens habe ich weiterhin intensiven Kontakt zu meinen ehemaligen Kollegen. Da die niederländische Spedition mittlerweile eine Filiale in Rumänien eröffnet hat, haben sie in Holland fast alle Ausländer gekündigt, teilweise fristlos und das ohne Begründung. Daher bin ich nicht der einzige, der dort noch einen Rechtsstreit laufen hat. (Zwar hängt in der Spedition ein großes Foto vom niederländischen Königspaar, aber die Unternehmerfamilie scheint eher ein anarchistisches Verhältnis zum niederländischen Rechtsstaat zu haben.) Ein polnischer Ex-Kollege meldete sich vor einigen Monaten bei mir, weil er ein Schreiben einer rheinland-pfälzischen Staatsanwaltschaft bekommen hatte, die ihm vorwarf, er habe in einer Baustelle einen Pkw gefährdet und abgedrängt. Er war aber an diesem Tag laut seinen Aufzeichnungen gar nicht in Deutschland. In seinem Namen teilte ich das der Staatsanwaltschaft mit und das Verfahren gegen ihn wurde eingestellt. Er sagte, er wisse, wer der Delinquent in Wirklichkeit gewesen sei, nämlich ein niederländischer Kollege, könne das aber nicht beweisen. Etwa ein bis zwei Monate später meldete sich ein weiterer polnischer Ex-Kollege bei mir, nun hatte er das Verfahren am Hals. Diesmal kam das Schreiben von einer anderen Staatsanwaltschaft aus dem gleichen Bundesland, diesmal gleich von einem Oberstaatsanwalt. Auch dieser Fahrerkollege war zum fraglichen Zeitpunkt knapp tausend Kilometer vom »Tatort« entfernt. Ich rief den Oberstaatsanwalt an und erklärte ihm die Sachlage, berichtete auch von meinem Buch. Im Gegenzug erklärte er mir, wieso sie das so hartnäckig verfolgten. Am Steuer des abgedrängten Pkw hatte nämlich ein Oberstaatsanwalt gesessen. Wegen möglicher Befangenheit war das Verfahren mittlerweile an die Staatsanwaltschaft der anderen Stadt abgegeben worden. Nun warte ich gespannt darauf, ob der nächste Hilferuf von einem polnischen, einem deutschen oder einem türkischen Ex-Kollegen kommt.

Doch zurück zu den Reaktionen auf das Buch. Bei einem Fototermin für die österreichische Zeitung *News* wollten die mich an einer Raststätte neben Lkws fotografieren. Ich fragte sie, wieso sie nicht einen Truck besorgt hätten von einem großen Lkw-Händler, normalerweise stellen sie das für einen solchen Termin gerne zur Verfügung. Die Redakteurin antwortete mir, das hätten sie versucht, aber ein namhafter Autohersteller habe abgesagt mit der Begründung, man kenne das Buch, das sei ein negatives Image und man wolle damit nicht in Verbindung gebracht werden.

Übrigens haben viele Journalisten positiv auf das Buch reagiert, aber natürlich nicht alle. Die Redaktion einer RTL-Sendung hatte zwei Ideen, die ich als besonders unverschämt empfand. Sie suchten einen Fernfahrer, der ganz viele verbotene Dinge tut, den sie eine Woche begleiten und dann dem deutschen Fernsehpublikum zum Fraß vorwerfen wollten. Es ist schön einfach, populär und quotenerhöhend, wenn man auf jemandem rumhackt, dessen Ansehen ohnehin schon im Keller ist. Die zweite freche Idee der Redaktion war, dass ich ihnen einen solchen Kollegen vermitteln sollte. Ich habe dankend abgelehnt.

Ein großes Nachrichtenmagazin hat mich auf andere Weise an der Nase herumgeführt. Bereits vor Erscheinen des Buches haben sie mir gegenüber Interesse signalisiert. Das geht nun schon ein halbes Jahr so. Alle zwei Wochen frage ich nach, was denn nun sei – und bekomme immer wieder die Antwort: Ja, das sei ein interessantes Thema und sie wollten darüber berichten. Wieso sie nicht den Mut haben, schlicht abzusagen, verstehe ich nicht. Aber das deckt sich mit den Erfahrungen, die mir andere Fachjournalisten berichtet haben. Oft versuchen sie, über die Fachpresse hinauszukommen und bieten den großen Massenmedien Themen an über den Arbeitsalltag von Fernfahrern, die Bezahlung, sinnvolle und sinnlose Transporte und vieles mehr. Aber häufig stößt man dort auf ein aktives Desinteresse, diese Themen zu problematisieren.

Aktives Desinteresse kommt auch von der zuständigen Gewerkschaft verdi und dem DGB. Wer solche Freunde hat, braucht seine Feinde nicht zu fürchten. Zwar gibt es an der Basis einige aktive und engagierte Kolleginnen und Kollegen, aber je weiter man dort in der Hierarchie nach oben schaut, umso weniger hat man als Fernfahrer das Gefühl, dort Verbündete zu haben. Von der im nordrhein-westfälischen Landesvorstand für uns zuständigen »Kollegin« bekam ich rechtliche Tipps, die sachlich definitiv falsch waren. Damit wollte sie mich wohl davon abhalten, gegen meinen Arbeitgeber vorzugehen, als dieser mir den Lohn schuldig blieb.

Schelte für das Buch bekam ich von manchen Kollegen und Spediteuren. Zum einen war das natürlich das Bellen der getroffenen Hunde, zum anderen kam die Kritik aber auch von den legalen Fahrern und Spediteuren. Sie werfen mir vor, ich hätte das nicht so lange mitmachen dürfen und mich wehren müssen. Die haben gut reden. Das hätte für mich den Rauswurf und die sofortige Erwerbslosigkeit bedeutet. Wer in der Branche einen Job hat, in dem er völlig legal bleiben kann, ist bis heute privilegiert. Die Gefahr bei Privilegien ist oft, dass man vergisst, dass es welche sind – und genau das führt dann zu einer Selbstgerechtigkeit, die mitunter den Blick trübt. Auch ich rufe mittlerweile Fahrer auf, sich zu wehren und all die Anweisungen nicht auszuführen, die ich selber über so viele Jahre befolgt habe. Aber das sagt sich so leicht. Wer solche Ratschläge gibt, kann das nur verantwortungsvoll tun, wenn er zugleich Rat und Hilfe geben kann im Umgang bei Problemen mit dem Arbeitsamt, der Schuldnerberatung, dem Arbeitsrecht oder bei der Suche nach einer neuen Stelle.

Außerdem hatten manche Kollegen die Befürchtung, dass das Aufzeigen der Missstände das Image der Fahrer noch weiter verschlechtern würde. Die Erfahrungen mit der Presse, insbesondere dem Privatfernsehen und den Zeitungen mit den großen Buchstaben, führen bei vielen zu einer Abwehrhaltung: Bloß nicht über das Thema reden, dann kriegen wir nur noch mehr auf den Deckel!

Aber zum einen lässt sich das Image kaum noch verschlechtern – Fernfahrer sind noch schlechter angesehen als Politiker, und das will etwas heißen. Zum anderen beruht die Befürchtung nur auf früheren Erfahrungen, denn ich bekam eher genau das Gegenteil mit: Endlich machen sich auch AutofahrerInnen mal Gedanken über den Menschen, der da am Steuer dieses ungeliebten großen Lkws sitzt, und das ist sehr zu begrüßen.

Nach Erscheinen des Buches kam ich auch in Kontakt mit Disponenten und denjenigen, die bei den Absendern und Empfängern von Waren für uns Trucker zuständig sind. Gerd aus Klagenfurt beispielsweise ist im Zentrallager einer großen Einzelhandelskette für den Wareneingang und die Leergutverwaltung zuständig. Er war verdutzt darüber, dass ich als Fernfahrer über den Einzelhandel besonders gerne schimpfe. Es war für ihn neu, dass in anderen Wirtschaftsbereichen die Fahrer nicht selbst ausladen, ja nicht einmal zur Hand gehen, sondern lediglich überwachen müssen. Er hielt mir vor, dass die Fahrer auch nie dagegen protestieren würden. Das ist aber nur logisch, da haben wir doch längst resigniert. Als Fahrer könnte ich genauso gut dagegen protestieren, dass es mittwochs manchmal regnet.

Ich bekam Kontakt zu Autobahnpolizisten, Verbandsfunktionären, einem Havariekommissar (ein Sachverständiger für Transport- und Güterschäden) und engagierten Ministerialbeamten (ja, solche gibt es überraschenderweise auch). Und ich sehe nach guten Gesprächen meine These bestärkt, dass viele der uns betreffenden Gesetze nicht in erster Linie dazu dienen, uns zu schikanieren und abzukassieren, sondern dass sie (auch) zu unserem Schutz gemacht sind und wir mit diesen Leuten in einem Boot sitzen.

Und ich lernte die Truckerfreunde kennen. Dazu muss ich ein wenig ausholen. Wie in so vielen anderen Bereichen gibt es auch für Fernfahrer eine Menge Internetforen. Doch fast alle sind ziemlich unflätig – auch das gibt es ja in vielen anderen Bereichen. Aber ein Forum ragt weit heraus: www.truckerfreunde.de. Von den mehreren Tausend Usern sind neunzig bis fünfundneunzig Prozent Fernfahrer, es sind aber auch Spediteure dabei, Disponenten, Polizisten und sogar einige Lokführer. Der Umgang miteinander ist nett und der Diskurs findet auf einem sachlich-freundlichen und fachlich sehr hohen Niveau statt.

Auch dort bekam ich Schelte für das Buch, weil manche befürchteten, dass ich das Truckerimage mit dem Buch vom elften ins zwölfte Untergeschoss befördern würde. Manche waren deswegen richtig sauer auf mich. Das ist auch verständlich angesichts der vielen schlechten Erfahrungen, die Fernfahrer mit ihrer Darstellung in den Massenmedien gemacht haben – deckt sich jedoch absolut und überhaupt nicht mit den Rückmeldungen, die ich tatsächlich bekam.

Die Truckerfreunde setzen sich ein für einen partnerschaftlichen Umgang zwischen Pkw und Lkw im Straßenverkehr. Mit ihrer Aktion »Hand in Hand durchs Land« haben sie einen konstruktiven Ansatz entwickelt. In einem Handzettel erklären sie Autofahrern, wie sich ein Lkw verhält und warum. Es gibt Antworten auf Fragen wie: Was sieht ein Lkw-Fahrer, wenn er rangiert? Warum beschleunigen Lkws so langsam? Was sieht ein Lkw-Fahrer im Spiegel? Oder warum braucht der Lkw so viel Platz? (Zitat: »Die Situation des Lkw-Fahrers ähnelt der einer Person, die eine Tür durch ein Treppenhaus trägt.«) Ein weiterer Handzettel, der sich an die Kollegen wendet, ist in Arbeit. Partnerschaftliches Verhalten im Straßenverkehr erfordert die Rücksichtnahme beider Seiten. Immer und immer wieder erzählen mir Autofahrer von Lkw-Elefantenrennen, durch die sie sich ausgebremst fühlen. Mir kommt das vor wie der Sozialschmarotzer, auf den die *Bild*-Zeitung schimpft und die dabei verschweigt, was für eine Randerscheinung dieser ist. Ihm stehen Hunderte von wirklich Bedürftigen gegenüber, die in großer Not sind und jeden Cent dreimal umdrehen müssen, aber die finden sich in der Berichterstattung nicht wieder. Genauso gerne wird auf rücksichtslose Lkw-Fahrer geschimpft. Die Tatsache, dass nur einer bis fünf von hundert so sind, wird dabei aktiv verschwiegen. Das ist ja auch viel einfacher und bringt Auflage und Quote.

Die Hand-in-Hand-Kampagne wendet sich also nicht nur an die Pkw-Fahrer, sondern auch an die Kollegen. Wer den Aufkleber auf seinem Fahrzeug hat, verpflichtet sich zu einer Art Ehrenkodex. Also: keine Überholmanöver, wenn man nur ein oder zwei Stundenkilometer schneller ist und der Überholvorgang mehrere Kilometer dauert. Und wenn einen so jemand überholt, dann halt mal kurz vom Gas gehen, um den wieder hereinzulassen.

Die Zeit ist reif für eine Imagekampagne für Lkw und deren Fahrer ähnlich der Brummikampagne (»fern schnell gut«) des Bundesverbandes für Güterkraftverkehr und Logistik vor gut zwanzig Jahren. Hier setzen die Truckerfreunde an und versuchen, eine Lobby für uns aufzubauen.

Unterstützung kam auch von ganz unerwarteter Seite. Der Chef der Düsseldorfer Frachtenbörse TimoCom schrieb mich an. Mit über 30.000 Kunden sind sie der europäische Marktführer in diesem Bereich. TimoCom nimmt keine Provision für die Vermittlung von Touren, versteht sich nicht als Spedition, sondern als IT-Unternehmen, welches die Internetplattform anbietet, auf die sich alle geeinigt haben, die Transporte anbieten oder suchen. »Wir wollen etwas für die Branche tun«, sagte mir der Chef im ersten persönlichen Gespräch. Das Unternehmen möchte seine Marktmacht dafür einsetzen, die Akzeptanz für den Lkw zu erhöhen und Verbesserungen für Transportunternehmen und Fahrer zu bewirken. Dringenden Handlungsbedarf gibt es auf vielen Baustellen: sei es die Parkplatznot, die Situation an den Be- und Entladestellen, der alltägliche Verteilungskampf im Straßenverkehr oder das Ansehen von Lkws und deren Fahrern.

Gerne nahm ich das Angebot des Düsseldorfer Unternehmens an, gemeinsam für diese Ziele zu arbeiten. So habe ich nun quasi die Seiten gewechselt, getreu dem Motto von F.W. Bernstein: »Die schärfsten Kritiker der Elche, waren früher selber welche.« Möglicherweise werde ich auch wieder mal hinterm Steuer eines (Show-)Trucks sitzen, dann aber unter hundertprozentig legalen Bedingungen, mit korrekter Bezahlung und respektvoller Behandlung durch Kollegen und Vorgesetzte.

Das Logbuch endet mit dem Satz: »Aber das erzähle ich vielleicht ein andermal.« Das nahmen manche LeserInnen zum Anlass, mich zu fragen, ob und wann ich denn ein weiteres Buch zum Thema schreiben würde. Diese Frage findet sich zum Beispiel auch bei den Rezensionen bei Amazon. Dazu kann ich derzeit nur eines mit großer Sicherheit sagen: Sollte es noch ein weiteres Buch von mir geben, dann wird es von einem Fahrer handeln, der nicht erst am Monats- oder Wochenende zum Ausschlafen kommt. Die Zeiten gehören für mich persönlich der Vergangenheit an – und das ist auch gut so. Dabei werde ich jedoch nicht vergessen, dass das bis heute ein großes Privileg ist.

Ich werde auch von dieser Warte aus nicht anklagend mit dem Finger auf diejenigen Kollegen weisen, die nach wie vor gezwungen sind, für zu wenig Geld zu lange hinterm Steuer zu sitzen. Die Hauptverantwortlichen hierfür sind und bleiben in meinen Augen die Auftraggeber und nicht die Ausführenden. Und die Politik, die sich schon viel zu lange davor drückt, sich grundsätzliche Gedanken über den boomenden Transportsektor zu machen. Bisher haben sich die zuständigen Politiker nur mit Populismus und Phantasielosigkeit blamiert. Der Bundesverkehrsminister fordert gebetsmühlenartig stärkere Kontrollen als Allheilmittel, weil die Lkws ja alle so böse sind – das kommt besonders in Wahlkampfzeiten gut an. In Nordrhein-Westfalen wird überlegt, Lkws nur noch nachts fahren zu lassen – und die Gewerkschaft macht sich in dem Bereich so unsichtbar wie möglich. Leider gilt man hierzulande schon als »nicht politikfähig«, wenn man ein Tempolimit auf Autobahnen fordert, wie es in nahezu allen anderen Ländern Europas seit Jahrzehnten existiert.

Die solidarischsten Stellungnahmen kamen übrigens von Menschen, die die meisten Gründe hätten, gegen Lkws zu sein: von dem Tiroler Transitforum und der Schweizer Alpeninitiative. Die Schweizer Umweltschützer waren beispielsweise die einzigen, die gegen Änderungen der Arbeitszeitgesetze protestierten, nach denen die maximal zulässige Wochenarbeitszeit für Lkw-Fahrer von 56 auf sechzig Stunden (!) erhöht wurde. Keine Gewerkschaft, keine Partei oder sonstige politische Gruppierung scherte und schert sich darum. Dabei hatte die Schweiz nur nachgezogen, um sich Resteuropa anzugleichen, dort gilt das bereits seit Jahren.

Es ist höchste Zeit für Empathie und Rücksichtnahme auf die Belange von Fernfahrern. Nur, wenn wir alle an einem Strang ziehen und uns nicht auseinander-, sondern zusammensetzen, können wir gemeinsam daran arbeiten, dass zu verändern, was letztlich ja niemand will: den alltäglichen Wahnsinn auf Europas Straßen.

Andreas Altmann
Gebrauchsanweisung für die Welt

224 Seiten. Gebunden

Moderne Raubritter in Mittelamerika. Gepökelter Schafskopf zum Frühstück in Timbuktu. Materialmüde Hängebrücken. Hitze, Durchfall, Fieber, Angst. Aber eben auch: die Zartheit eines Abends in Kabul. Die Freude beim Überlisten eines Grenzbeamten. Der Herzschlag des Zugfahrens. Shakespeare und Clapton in Nowosibirsk. Eine Liebelei in der Wüste. Das Spätnachmittagslicht über dem Sinai … Kaum jemand hat sich dem Zauber und den Härten fremder Länder so ausgeliefert wie Andreas Altmann. Sein Buch ist eine große, wilde, bisweilen verzweifelte Liebeserklärung an das Reisen in die Welt.

»Das Buch ist ein Appell, aufzubrechen und eigene Abenteuer zu erleben, ein hinreißendes Plädoyer für Freundlichkeit, Neugierde, Achtsamkeit, Chuzpe, Herzensbildung, Eleganz.«
Frankfurter Allgemeine Sonntagszeitung

01/2020/01/R

PIPER

Jochen Schmidt

Gebrauchsanweisung für Rumänien

240 Seiten. Gebunden

Zwischen Donaudelta, Siebenbürgen und Schwarzem Meer, zwischen Plattenbauten und Parlamentspalästen, der wilden Natur der Karpaten und den Klöstern der Moldau: Jochen Schmidt, der an verschiedenen Universitäten in Rumänien Sprachkurse belegt hat und das Land seit ersten Wandertouren in den 1980ern bis heute immer wieder bereist, offenbart den Charme einer Nation, die an morgen glaubt. Er erzählt von Draculas Erbe, selbstgebranntem Schnaps und so wichtigen Erfindungen wie dem Düsenflugzeug. Von großartigen Regisseuren und einer reichen Comic-Kultur. Von einem Volk, das heute stolz auf die Überreste römischer Besatzung blickt und den Einfluss Moskaus verschmäht. Von Constantin Brâncuşi, der schon als Kind aus einer Obstkiste eine Geige gebaut haben soll. Vom Abenteuer des Alltags und der Poesie des Provisorischen.

01/2015/01/R

Malcolm Gladwell

Blink!

Die Macht des Moments. Aus dem Englischen von Jürgen Neubauer. 272 Seiten. Piper Taschenbuch

Erst denken, dann handeln? Falsch!, sagt Malcolm Gladwell. Denn die Intuition kann in Bruchteilen von Sekunden Entscheidungen treffen, die besser sind als das Ergebnis langer Überlegungen oder Studien. Gladwell erklärt diese Augenblicke der spontanen Entscheidungen und ersten Eindrücke gekonnt und leicht verständlich. Er zeigt auch, wie wir diese Kunst erlernen und bewusster nutzen können: in der Liebe, im Beruf, bei Entscheidungsprozessen aller Art. Denn manchmal können zwei Sekunden ein ganzes Leben verändern …

»Das Buch gibt dem Einzelnen Instrumente an die Hand, etwas in der Welt zu verändern: Denn wer seine Wahrnehmung schult, so Malcolm Gladwell, der wird auch gesellschaftlich umsichtiger agieren.«
Psychologie heute

05/2665/01/L

Andreas Pröve

Meine orientalische Reise

Auf den Spuren der Beduinen durch Syrien, Jordanien und Persien. 352 Seiten mit 40 Farbfotos. Piper Taschenbuch

Ob im Hamam von Palmyra oder im Baghdad Café mitten in der syrischen Wüste, durch die spektakulären Schluchten von Petra und Wadi Rum, im Großstadtverkehr von Damaskus oder beim persischen Aschura-Fest: Wie Andreas Pröve mit seinem Rollstuhl den Orient bereist, ist Anlass für tausendundeine außergewöhnlich intensive Begegnung, die uns arabische Gastfreundschaft hautnah miterleben läßt.

»Ein großartiges Unternehmen, an dem sich alle, die ähnliche physische Belastungen zu ertragen haben, aufrichten können und durch das deutlich wird, was trotz einer rücksichtslosen und oft sogar feindlichen Umwelt durch Lebensmut und Abenteuerlust möglich ist.«
Frankfurter Allgemeine Zeitung

05/2190/02/R